法学教育研究

Legal Education Research

2021　第三十五卷　杨宗科 主编

法律出版社
LAW PRESS·CHINA
——北京——

学习“习近平法治思想”与法治人才培养

理论探讨

Contents

· Exploration of Theories ·

· Teaching Research ·

学习“习近平法治思想”与法治人才培养

以人才素质为导向　以人才培养规律为依据　科学设置培养模式

——国际法律人才培养的模式、内容与方法刍议

王晨光*

摘　要：国际法律人才培养是中央高度重视的大事，也是法学教育改革中的重点领域。应当注意的是，在培养国际化高端人才方面需要有全新的理念和全方位的设计。本文在分析了国际法律人才应具备的基本素质的基础上，提出要按照人才培养的规律，科学设计其教学项目、课程和教学方法，全面更新和改革国际法律人才的培养模式。如是，才能不辱使命，为我国培养能在国际舞台上发挥更大作用的高水平的国际法律人才。

关键词：国际法律人才　人才素质　培养模式　课程设置　教学方法

改革开放伊始，国家提出要加强法制建设，并且特别提到要大力加强对国际法的研究。40 多年的改革开放已彻底改变了我国较为封闭的状态，使我国进入了全面开放、深度融入国际社会的新阶段。我

* 王晨光，清华大学法学院长江学者特聘教授，研究方向：法学教育、卫生法学。

国需要了解国际社会,国际社会也需要了解我国;我国需要了解和尊重国际法律秩序,而国际法律秩序也需要顺应时代发展的大势,与时俱进。在这种新形势下,尤其是在全球百年不遇之大变局之际,习近平总书记高度重视国际法的重要作用,指出要提高国际法在全球治理中的地位和作用,确保国际规则得到有效遵守和实施,坚持民主、平等、正义,建设国际法治;①强调参与全球治理需要一大批熟悉党和国家方针政策、了解我国国情、具有全球视野、熟练运用外语、通晓国际规则、精通国际谈判的专业人才;②敦促要加强全球治理人才队伍建设,突破人才"瓶颈",做好人才储备,为我国参与全球治理提供有力人才支撑。③

尊重国际法权威,维护国际法律秩序,首先就需要有大批高水平的国际法律人才参与其中。改革开放以来,我国法学教育蓬勃发展,也培养出一些国际法律人才。但必须看到,与我国对高水平国际法律人才的迫切需求相比较,人才瓶颈尚未打通,国际法律人才培养大为滞后,跟不上时代的发展。这主要表现为对国际法律人才的素质理解片面,且未能抓住并依据国际法律人才培养的内在规律,科学设置培养模式,从而导致其培养模式不明确、教学内容陈旧、培养方法僵化。

针对这些问题,我国法学界尤其是法律教育界应当深刻反思,以国际法律人才素质为导向,以人才培养规律为依据,科学设置培养模式。有感于此,特提出如下建议,求教于大家,以期引起更多讨论,推动教学改革,加快国际法律人才培养。

---

① 参见习近平:《携手构建合作共赢、公平合理的气候变化治理机制》,载《习近平谈治国理政》(第2卷),外文出版社2018年版,第529页。

② 参见习近平:《提高我国参与全球治理的能力》,载《习近平谈治国理政》(第2卷),外文出版社2018年版,第450页。

③ 参见习近平:《提高我国参与全球治理的能力》,载《习近平谈治国理政》(第2卷),外文出版社2018年版,第450页。

一、国际法律人才应当具备的基本素质

国际法律人才仅仅是了解国际法规则的专家吗？显然不能这样理解。国际法律人才的培养模式不能按照单一学科的既定体系闭门造车，而应当打开眼界，以国际法律秩序现状及其发展趋势为场景，以国家和国际社会的实际需求为宗旨，认真分析并把握国际法律人才应当具备的能力和素质，并以此为导向，探寻并依据培养这些能力和素质的规律，设计和制定相应的课程体系、培养模式。

国际法律人才应当具备哪些特殊素质和能力呢？传统观点认为，国际法律人才应当具备良好的外语能力、扎实的国际法知识和一定的国际经历，即外语加国际法再加出国经历就等于国际法律人才。因此，最佳国际法律人才培养模式就是提高国际法学科地位，设立独立的培养项目，对相关人才集中进行国际法的强化培养。在这一认知指导下，20 世纪 70 年代末和 80 年代初，一些法学院系设立了本科国际法专业，也派遣了一些学生出国留学。但是在短时间内，这些特设的国际法本科专业就被逐步取消了，绝大多数零散派出留学的学生也鲜有从事国际法相关的工作。虽然国际法本科项目确实培养出了一些优秀的国际法律人才，但是作为一种单一目标导向的本科学位设置，其定位和培养模式的弊端逐渐暴露出来。这些弊端包括：把国际法当成与国内法分开的封闭法律体系，这种“单一的国际型”很容易使学生产生“国际法”与“国内法”割裂的二元观，轻国内重国际，从而误入严重偏科的歧路；把国际法作为纯粹的规则体系，没有提供应用规则的实际场景与相应的训练，虽然学生获取了很多国际法方面的知识，却缺乏法律人的基本素质和实践能力，与大学本科通识教育的教学理念相悖，与大类培养的本科教育模式不符。由于我国本科教育是基于高中毕业生基础上开展的，学生缺乏必要的社会阅历和通识教育的基础，虽然外语水平较高，掌握国际法书本知识的能力也很好，但知识储备过于单薄，而且在本科教育阶段很难在国

际法和法学课程中再加上其他必要的课程,如国际贸易、国际政治、外交等相关学科内容,以及金融、卫生、建筑、能源等其他学科的内容,与参加国际法律实践的需求相差太远,导致了国际法本科项目逐步褪色,最终融入大类培养的模式。

基于这一历史经验和教训,当再次痛感国际法律人才培养仍然是法学教育短板之际,我们就不能不扪心自问,思考国际法律人才培养的深层问题,如国际法律人才基本素质和能力、培养模式的内在规律、科学的课程体系,也就不能简单地以重设本科国际法专业项目或叠加国际法课程为目标。

外语加国际法固然是国际法律人才必须具备的基本知识和能力,但并非全部。国际法律人才还应当具备律师的基本素质和能力,要有参加国际争端解决和诉讼的能力,参与国际规范制定和演变的能力,为有关政府机构、企业和社会组织提供法律分析和制定对策的能力,也就是说要具备法律人的法治思维和解决法律难题的基本素质和能力。

为此,国际法培养项目还应当包括法学的基本课程和训练,应当对部门法的知识和实践有精深的了解。而单设的本科国际法项目往往会使学生甚至教师产生一个错觉,即这个项目的主要内容是外语和国际法,国内法课程包括基本律师的素质和能力都无关紧要,可有可无;加上历史的原因,我国以往在国际法舞台上实践的机遇并不多,很多国际法教师也没有亲身参与过国际诉讼或国际法实践,从而把国际法作为一种纯理论的知识体系加以介绍,导致国际法教学越来越教义化,学生学了很多概念和理论,却不知如何在错综复杂的国际场景中运用它们;如果毕业后没有这种国际法实践的机遇,国际法人才往往成为纸面书生,只知简单引述些国际法规则或案例,却无法为有关部门提供切实需要且有建设性(更谈不上什么创建性)的法律分析和建议。

此外,根据未来执业领域的需求,国际法律人才也需要对某些特定学科和领域有基本的了解和把握,比如要了解诸如国际政治、国际关系、世界史、外交、哲学等相关学科的知识;同时根据未来需要和个人特长学习其他学科的知识,例如,从事国际贸易法工作需要知晓国际商务、国际金融与投资等学科的知识，从事国际网络空间法工作需要了解互联网等通信领域和知识产权等学科的知识，从事国际环境保护法工作需要了解环境、能源、动植物等学科的知识，从事国际卫生法需要了解医疗卫生体制、医学、流行病学、药学、世界卫生组织等机构的相关知识。当然，国际法律人才还是以法学为学习和研究的主要领域，尽管不能也不必成为其他学科领域的行家里手，但至少要对相关学科和领域有所了解。如果我们把国际法尤其是国际法实践看作一个独立的与其他学科和社会领域无关的纯规则体系，按此思路培养出来的所谓国际法人才也就难免落入纸上谈兵和花拳绣腿的俗套。

基于上述考虑，本文认为单纯地以"国际法人才培养"为目标无法满足我国全方位参与维护和完善国际法律秩序的现实需求，因此以"国际法律人才培养"为宜。因为如前所述，国际法律秩序和国际治理体制不仅包括传统的"国际公法"、"国际私法"和"国际经济法"，而且包括国际知识产权法、国际环境法、国际空间法、国际能源法、国际卫生法、国际刑法、国际电信法、国际劳工法等众多新科技、新业态和新形势催生的新兴领域。国际法律实践中，不乏熟悉国际法规则的人无法在国际卫生、国际电信、国际能源、国际知识产权等专门领域发挥应有作用的实例。这不能不说是以往偏狭的"国际法人才培养"观念带来的影响。因此，"国际法律人才培养"的提法能够从理念上纠正这种认识误区，确立以国家和国际社会实际需求为宗旨，培养复合型高素质人才的观念。

如是，我们还面临一个现实问题，即不可能把所有部门法和相关学科的知识都在本科阶段灌输给学生。因此，在本科生阶段设立国际化项目，专门从只具备高中基础而无任何社会经历的学生中培养高层次国际法律人才的设想是不现实的，至少不能作为培养国际法律人才的普遍模式，因为它并不符合国际法律人才培养的规律，也无法培养出高水平国际法律人才。当然，在大类培养的法律本科学生中，尤其是高年级本科生中开设更多的国际法课程，培养学生对于国际法的兴趣，引导一些学生报考国际法研究生项目是必要的。这也是一些学校在本科高年级学生中设立"国际班"的初衷。

基于上述分析,国际法律人才的培养以研究生项目为宜,由有条件的院校开设有一定规模的国际法研究生项目;其招生对象也不应仅局限在法学本科毕业生,而应当包括其他学科的毕业生。

二、改革国际法教学内容

如前所述,国际法教学的内容不应仅仅局限在狭义的国际法规范体系,而应当具有交叉学科的特定,至少应包括三大部分:一是国内法规则体系。二是国际法规则体系。三是相关学科的知识体系。这三部分不是简单的拼盘,而是有机地结合在一起,从而使学生能够在这些知识体系基础上培养出统揽全局、融会贯通、深入分析和缜密设计的法治思维能力。

首先,国际法教学的内容不能仅以单纯的国际法规则体系为内容,而应当把国际法体系与国内法体系看作一个有机联系的整体。“国际法是指伴随着近现代主权国家的形成所产生的一系列法律原则、规则和制度的总和。国际法的产生和发展是时代产物,也是国家间政治、经济、军事、文化等综合力量对比的反映,是世界各国在国际合作与冲突中折中妥协的结果。”④虽然国际法与国内法是两套不同的规则体系,但两者之间存在不可切割的内在联系。国际法规则的形成、发展与变化无不反映着国家间的力量对比和角逐。很多国际法规则都是由具有国际影响力的大国的国内法规则演变而成,或者由这些大国推动而产生。例如,自 17 世纪中期《威斯特伐利亚和约》以来形成的国际法体系在很大程度上是西方大国推动建立的。“近代国际法发轫于欧洲,并先后为西班牙、葡萄牙、荷兰和英国等强国主导。近 70 年的国际法则事实上由美国主导。第二次世界大战结束以来形成的国际法律秩序主要体现了美国的设

④ 杨洁篪:《深刻认识和用好国际法 坚定捍卫国家利益 共同维护世界和平与发展》,载《求是》2020 年第 20 期。

想。”⑤如果不了解当时社会历史，不了解国际政治和外交背景，对于国际法规范理解就不会深入。此外，长期形成的以西方大国为主导的国际法还受到西方历史文化尤其是其主要法系的影响。比如国际法的渊源，除表现为成文法形式的国际条约外，还有表现为不成文法的国际习惯法、判例和权威公法学家学说，明显带有大陆法系和普通法系交融的特点。

而国际法规范体系一旦形成，则成为各国应当遵守的法律规范，并对国内法产生重大影响。比如我国就把《国际货物买卖公约》作为国内法的组成部分，适用于涉及该公约签署国当事人的货物买卖。再如我国加入世贸组织时，承诺按照世贸组织的相关法律规范全面审查修订相关的国内法规则。同时，很多国家出于国内政治、经济、文化、宗教等因素的考虑，在加入国际公约时作出保留或变通规定，或根据国内法对一些国际规则的效力和适用进行规范。因此，国际法与国内法的双向互动、⑥二者间千丝万缕的联系也显而易见，成为国际法实践中的特色，也使得国际法规则带有一定的不确定性。更有一些国家把自己的国内法强加于其他国家，利用长臂管辖的国内规则来审查和干预其他国家、组织和公民的行为。比如在本次疫情防控中，某些国家利用本国法律或者国际规则来对我国的防控措施进行歪曲和指责，甚至牵强附会地挑起争端、发起诉讼。凡此种种，都说明国际法律人才不能仅仅了解国际法规则，而且必须把国际法规则与国内法规则联系在一起研究和适用。这也是前面所述不能把国际法规则体系作为独立、封闭或自洽的规则体系看待的理由。

其次，国际法教学内容还应当包括相关学科的知识体系。其中包括与国际法密切相关的学科体系，如前述国际政治、国际关系、国际经济、世界史、外交史等学科，也包括与国际法律人才执业和工作的特定领域有关的其他学科的知识，例如，金融、环保、能源、基建、网络空间、流行

⑤　车丕照：《国际法可否作为治国之法》，载《光明日报》2015年5月13日，第14版。

⑥　参见赵骏：《国际法治与国内法制的双向互动》，载《光明日报》2015年5月13日，第14版。

病、医学和药学等知识。实践证明,缺乏这些基本知识的法律人很难在相关国际专门领域真正发挥建设性作用。

除了对上述相关学科知识的学习外,对研究国际法规则体系的研究还需要具有扎实的基本理论功底,不仅应当对诸如自然法学、实证主义法学、法律社会学、批判主义法学等法学理论有深入研究,还应当对相关学科的基础理论进行研究,比如对国际政治理论中“文明冲突”“大国崛起”“修昔底德陷阱”“国际权力更迭”等问题的研究,对于“现实主义”、“建构主义”、“自由主义”、“全球化理论”和“批判理论”等国际关系理论⑦的研究。尤其要理解这些理论的实际应用,并具备在此基础上推陈出新的功底、能力和眼界。例如,美国前总统特朗普曾在对外关系中试图提出所谓的“原则性现实主义”(Principled Realism)。⑧ 这不过是建立在民族国家和零和博弈基础上的现实主义理论的老调重弹,而且是更为偏激的以美国优先为主导的现实主义。如果对于这些基本理论没有了解,就很难抓住其实质并制定相应的对策。

针对当前世界的乱象,习近平总书记指出,世界上的问题错综复杂,解决问题的出路是维护和践行多边主义,推动构建人类命运共同体。⑨ 这是我国在历史发展紧要关头提出的中国方案、新的国际关系和国际法的理论基调,即“多边主义”和“人类命运共同体”理念。多边主义的要义是国际上的事由大家共同商量着办,世界前途命运由各国共同掌握。⑩ 在当前全球发展紧要历史关头,理论创新显然具有重大的理论和现实意义。我国提出的“多边主义”和“人类命运共同体”理念显然更符合国际社会发展的趋势,也理应成为构建国际新秩序的坚实理论

---

⑦ See Thomas H. Lee, *International Relations Theories and International Law*, Accessed Sep 15, 2019, http://ssrn.com/abstract=2606223.

⑧ 《美国对中华人民共和国的战略方针》,载美国大使馆网 2020 年 6 月 21 日,https://china.usembassy-china.org.cn/united-states-strategic-approach-to-the-peoples-republic-of-china/。

⑨ 参见习近平:《让多边主义的火炬照亮人类前行之路》,载新浪网,https://news.sina.com.cn/c/xl/2021-01-25/doc-ikftssap0702160.shtml。

⑩ 参见习近平:《让多边主义的火炬照亮人类前行之路》,载新浪网,https://news.sina.com.cn/c/xl/2021-01-25/doc-ikftssap0702160.shtml。

基础。

虽然当代国际法规则体系主要是西方主导的产物，但是国际法从来不是僵化和一成不变的静态体系，而是随着国际形势和潮流的发展不断丰富发展和变动的动态体系。值当今百年不遇之大变局之际，国际法学者应当有探究其背后的国际社会、政治、经济、文化等深层原因的洞察力，有与时俱进、推陈出新、引领国际治理和国际法制度发展的魄力和能力，并在教学中加上这种理论素养和能力的培养。习近平总书记强调，要提高我国参与全球治理的能力，着力增强规则制定能力、议程设置能力、舆论宣传能力、统筹协调能力。⑪

如果国际法教学当中没有包括这些相关学科的基本理论，培养出的人才对很多国际规则的理解和适用就难免限于简单的条文解释和应用，缺乏扎实的理论底蕴以及高屋建瓴的洞察力和推陈出新的创制能力。

三、素质和能力的培养重于单纯知识的传输

国际法教学内容的拓展是国际法律人才培养改革的重要部分，但并非全部。如果我们仅仅止步于国际法教学内容的拓展，就会陷入填鸭式的教学方法之中，着眼于多开课或加课时等形式化改革。多学多看多充实知识，这些固然不错。但一是难于把所有知识都灌输给学生；二是知识本身也在不断发展和更新，现有课本和教材也很难囊括所有的知识；三是即便把这些知识都教给学生，也只是把弓和箭交给学生，却并没有让学生去操练，有了知识却不知如何在实践中能动地运用这些知识，仍然难以培养出高水平的国际化人才。

因此，国际法律人才的培养应在学生获取和掌握知识的基础上，更加重视国际法律人才能力和素质的培养和塑造。尤其应当注重国际法

⑪　参见习近平：《提高我国参与全球治理的能力》，载《习近平谈治国理政》（第2卷），外文出版社2018年版，第450页。

治思维能力的培养,破除狭隘的单纯法律规则思维的僵化法教义学思维定式,厘清并准确把握国际法与国际社会方方面面错综复杂的关系;不仅要考虑法律规则,还要考虑相应的政治、经济、意识形态、文化、传统、心理等因素。如果就规则论规则,不了解相应国际和相关国家的政治、经济、意识形态等状况,就很难能动地运用法律规范解决复杂的现实法律问题和案件。

国际法律人才的能力和素质包括多个方面:首先是坚定的政治信念、服务国家和民族的精神以及建构人类命运共同体的胸怀。其次是出色的外语和沟通能力。最后是高超的法治思维能力。

法治思维能力是所有法律人都应当具备的核心能力,同样也是国际法律人才必须具备的能力。遵法守法当然是法治思维的基础。但法治思维最精要之处并非简单地套用和试用法律规则,而是能动地把法律规则适用于变动不居的现实环境,从而解决面对的种种复杂的法律问题,推动事态向公平正义的方向发展。就这一角度而言,它主要包括以下几个方面。

(一)防范风险的意识和能力

一般而言,法律是定纷止争的工具。定纷止争往往是指在纠纷已经出现后运用法律来解决争议或恢复原状。现代社会是风险社会,人们越发意识到法律更大的功能在于防范风险。因此法律人应当保持风险意识,坚持底线思维,在现有规则体系基础上创造性地设计新的法律路径,运用现有的法律规则能动地防范和排除各种风险。这就需要依法建立防范风险的新机制或制度。例如,在“一带一路”相关建设中,很多研究机构举办了各种研讨班或培训班,但其中多数内容都是对于“一带一路”的宏观政策解读,鲜有对于“一带一路”相关项目中的投资、环保、劳工、合作方式、政治、经济、文化等主要风险的法律分析;宏观正面论证多,具体风险分析少。这就暴露出一个弊端,即不少国际法律执业者对于操作层面的情况知之不多、缺乏经验,从而无法为我国企业走出去提供更深入的法律分析,尤其是提供防范和规避风险的法律建议和方案。

（二）跳出文本主义局限的全方位综合分析能力

毫无疑问，法律执业者所运用的主要工具是法律；但是法律并非在真空中运行，而是与社会方方面面有着千丝万缕的联系；况且法律规范并非一成不变的条文，在各种错综复杂的情况下，对其修订或重新立法的可能性总是存在。如果仅仅运用法律概念和条文来分析和解决问题，而不了解相关国家和国际政治发展动向，不考虑相关政治、经济、文化、意识形态等诸多因素，就难免出现食古不化或削足适履式的法律运用，无法提供精准深入的法律建议。例如，很多国际法学者就去年美国针对我国疫情防控发起的各种诉讼提供了很多好的建议，大多数法律学者，包括国外法律学者，都认为基于现行国际法和美国法国家主权豁免的规定，这些诉讼不可能成立，或认为我国抗疫活动与其他国家疫情损失之间没有直接因果关系。但是这种过于简单的分析往往忽略了美国国内利益集团转移国内视线、甩锅他人、遏制我国崛起等政治因素的创制功能。虽然美国有《外国主权豁免法》，但不能排除其国会专门为打开对华诉讼大门而修改该法的可能性。这种操作已有先例。例如，2016 年美国制定的《恐怖主义资助者制裁法》⑫修改了国家豁免规则，随后美国联邦法院受理了针对沙特的“9 · 11”案件诉讼。⑬ 以国土安全为由，美国立法和行政机构还可以故技重演。应该注意到，在复杂的国际形势下，如果简单地以某一国际法规定或某国国内单项法律规定为依据进行分析，似乎诉讼很难成立或缺少直接的因果关系链；但是如果借助一国的长臂管辖权，把相关的法律规定都组合在一起，也有可能促成诉讼成立或建立某种因果关系。这些都是高水平国际法律人才必须全方位考虑的变量因素。

---

⑫ 参见《恐怖主义资助者制裁法》(Justice Against Sponsors of Terrorism Act)，载美国国会网 2016 年 9 月 28 日，https://www.congress.gov/bill/114th-congress/senate-bill/2040/text。

⑬ 参见美国 ABC 新闻:《法律专家说允许 911 受害者家庭起诉沙特的法律会带来后果》(Legal Experts Say Law Allowing 9/11 Families to Sue Saudi Arabia Has Consequences)，载 ABC 新闻网 2016 年 9 月 29 日，https://abcnews.go.com/Politics/legal-experts-law-allowing-911-families-sue-saudia/story?id=42432568。

(三)换位思考的能力

法律是解决和防范风险的特殊途径和工具,而纠纷的形成往往是由于各种错综复杂的原因,加之双方的立场、观念和视角不同,都会有各自的事实根据和法律理由,从而各执一词。因此国际型法律专业人才就一定要学会换位思考,不仅从己方的立场、思路和策略角度思考,而且要从对方的角度进行思考,运用双方和国际社会都能够理解的话语进行沟通和交锋。

"知己知彼,方能百战不殆"。千万不能只按己方的思维逻辑进行推演,尤其要避免自说自话,仅用自家的语言和术语去跟对方沟通。在这方面我们已经有很多的教训,比如运用国内的政治术语或思维方式在国际上进行交流,往往导致我方意见和分析不为对方甚至国际社会所理解。在此次新冠疫情防控过程中,我国采取了联防联控等一系列行之有效的防控机制和措施,但联防联控机制很难被联邦制国家理解和采纳。因此,在向其他国家介绍我国防疫措施和经验时,就需要站在对方的角度考虑,并采用能够被对方理解和接受的术语和方法来表述。

(四)能动运用法律规范的能力

"法律是守成的""法律永远落后于时代的发展",这是法律人经常引用的两句话。在一定程度上,这两句话并不错。但是对律师而言,被现有法律规则束缚住手脚,缺乏能动性和创制性,则是可悲的。高水平国际法律人才应当具备运用现有法律规则能动地为己方提供最有利的法律建议和方案、制定最有利的法律路线图、推动事态或诉讼向有利于己方的方向发展的能力。例如,我国在1950年作出抗美援朝决定时,以中国人民志愿军的名义赴朝参战,而不是以中国人民解放军的名义参战。因为解放军是国家的军队,是官方的军事力量,如果以此名义出国参战,表明是国家派出的,包含向美国宣战的意思。而以志愿军名义出国参战,则是民间的,是人民群众志愿组织的军事力量。⑭ 这样就避免

⑭ 参见姜廷玉:《抗美援朝出国作战部队为何称"中国人民志愿军"》,载中国网,http://www.china.com.cn/military/txt/2010-05/14/content_20043688.htm。

了给美方对我国宣战的口实，不仅在法律上更加灵活，也为出兵朝鲜提供了法律根据。国际上这种例子很多。如在1962年9月发生的古巴导弹危机中，面对苏联在古巴部署的中程导弹，美国政府在对一系列应对措施进行深入分析后，没有采取直接轰炸导弹基地或登录打击的方案，而是采取了从海上封锁古巴的方案；最后在宣布动用海军舰只对古巴进行封锁时，采用的词汇不是封锁（*blockade*），而是检疫（*Quarantine*），并根据美洲国家组织制定的《美洲国家互惠援助条约》，在该组织中获得2/3以上多数成员国的支持，有些国家还派遣了军舰协助美国海军进行封锁。这种做法就避免了直接的军事对抗，不仅在法律上找到了根据，而且还为进一步的外交斡旋等活动留下了足够的空间。上述两个例子形象地说明，高水平的国际法律人才绝不能简单地适用规则，而应当能够能动地运用现有规则为自己的行动提供法律根据，并为相应的外交行为保留足够的空间。

（五）创新和引领法律与时俱进的能力

高水平国际法律人才不是匠人，而是建筑师；不仅要做规则的遵循者，更要做规则制定和发展的引领者，即能够在熟练运用法律规则的进程中提出和推动新规则、新机制的形成和制定，有意识地提出和发展新的理论，为国际秩序和人类和平发展做出创新性贡献。这样说听起来似乎有些好高骛远，实际上在风云变幻的国际舞台上，尤其在当前百年不遇之大变局之际，法律的发展和变化层出不穷，关键是我们是否具有这种眼光和能力，是否能抓住机遇，顺势而为，发挥引领作用。例如，在1958年决定我国领海宽度时，国际上并没有统一的领海宽度。1958年9月4日，我国公布了《中华人民共和国政府关于领海的声明》，宣布："中华人民共和国的领海宽度为12海里。"⑮再如，前述习近平总书记提出的"坚持多边主义""构建人类命运共同体"的主张也是针对当下世界大变局提出的我国基本外交思路，是对国际法基本原则和理论的发展。理念的提出只是第一步，更重要的是要把这些理念进一步细化，

---

⑮　陆儒德：《毛泽东亲定12海里领海宽度　得到国际认可》，载中国共产党新闻网，http://dangshi.people.com.cn/n/2012/0829/c85037-18861481-1.html。

尤其是要把它们转化为可以运行和实施的制度和机制。这种工作显然超出简单适用法律规则的范围,其建构性和创制性的特色不言自明。高层次的国际法律人才就应当有重视和开拓这种创制性工作的能力。

四、创新国际法教学方法

玉不琢不成器,了解了国际法律人才必备的素质和能力,以及适当的培养模式,接下来的问题就是教学方法了。

如何才能具备前述扎实的理论功底和精湛的法治思维能力?通过课堂讲授和阅读,博闻强识,当然是每一个国际法律人才必须经历的第一阶段,但不能止步于此。因为这一阶段的教学只是让学生学习和理解了国际法的基础知识,并没有把学生引进国际法律竞技的真正前沿(此处所讲的竞技前沿并非仅指实践场所,也包括国际法理论发展的最前沿和国际规则博弈演变的舞台),如仅仅视国际法为纯粹的规则体系,采用单向灌输的法教义学方法,则很难培养出高层次的国际法律人才,难以避免使其陷入其捉襟见肘的窘境。

据说某次国际谈判中,我方专家引用了某一国际条约的规定,并进一步作了阐释。对方在听完我方发言后说,你引用的条款是对的,但你的解释不对,因为我参与了该条款的起草。虽然参加起草并不一定就意味着其解释的正当性,但是参与过实践与没参与过实践的反差则被揭示得淋漓尽致。国际规则体系的产生、适用和发展都离不开现实的国际场景。因此国际法律人才要有实战意识,不仅应具有在现实国际争端和诉讼中运用国际法律规则解决争议、寻求正义的能力,还应具有缜密的法治思维,能够能动地运用现有规则,在变动不居的国际环境中实现正义,甚至通过参与国际法律规范制定、形成和改革,推动国际法律规则体系和理论的发展与完善,以维护多边化国际社会的秩序,推动人类命运共同体的建构。

因此,国际法律人才的培养必须加强理论与实践高度结合的第二阶段的训练;要像培养律师那样,采取多种形式让学生在生动再现的情境中学,不仅了解规则,而且要了解实务,了解影响实务的政治、经济、文化、意识形态等各种社会因素,从而具备处理复杂案件和事务的能力。这种能力的培养需要在国际法律人才培养方案中加入大量的案例分析和模拟国际会议、国际斡旋、国际争端解决和国际诉讼的教学内容,不仅着眼于规则的解释和适用,更要加强规则制定、议程设置、机制设计、制度建构、沟通协调、舆论引导、方案制定和路径推演等实践和技能训练的内容。

能力培养的一种有效方式是"情景教学",即把学生带入特定的情景中模拟演练。情景存在于多种多样的现实之中,不可能完全复制,因此把所有情景都搬到教室中似乎是不可能的事情。那又如何展现情景呢?

其一,可以把各种情景类型化。例如,把国际谈判的情景浓缩进谈判课程中,把国际争端解决和诉讼的情景纳入模拟仲裁或诉讼等课程中,把国际会议的情景揉入国际组织课程中。凡此种种,不一而足。

其二,在这种类型化的情景教学中,还可以将其进一步细化为各种不同的子类型。比如同是国际谈判,边境划定谈判与参加国际组织的谈判、生物安全谈判与环境保护谈判、国际融资谈判或能源投资谈判都有所不同。应当在学习掌握了基本的国际谈判理论和方法的基础上,因材施教,因人而异,根据学生的背景和兴趣,设定具体的谈判场景,使每一个学生都能够获得亲临其境的经验。

其三,这种情景并非一个简单的不变背景,而应当具有一定的过程性和延时性,即把整个过程逐步展现给学生,使其通过训练获得从头到尾的完整体验和训练。比如谈判,就可以设计出谈判准备、选择对象、方案设计、资料准备、沟通技巧、文件起草等不同阶段的教学内容;在每一个阶段还都可以根据具体情况,加入一些可变内容,如对方国内法律、谈判人员变化或情势变更等因素,培养学生临场应变的能力。

其四,这种教学需要有更多的指导老师参加或采用同学相互总结评论等方法,切记陷入僵化的形式主义怪圈,把情景教学变成了走过场或表演。

举一反三,其他如国际争端解决、国际组织等类型化的教学课程也都可以如法炮制,进一步划分为不同的子类型和具体情景,从而丰富教学内容,让学生有更多的理论与实践相结合的训练。

上述设计似乎看起来有些复杂,但确实体现且抓住了人才培养的内在规律,学与习、理论与实践、适用与创新相结合。确实,依照惯性或因循现有路径,没有任何风险,但也不会开拓新的路径或有所进取。如果教育者不分析把握教育的基本规律,不做开创性的顶层设计,又怎能期待受教育者成为出类拔萃的顶尖人才呢?套用一句老话,天下无难事,只怕有心人。

其实很多国家的法学教育为了跟上甚至引领法治发展,已经对其法学教育进行了诸多调整和改革。以美国法学院为例,除了继续保留法律文书写作、辩论技巧和法律诊所等实践课程外,还根据法律发展和实践的需求,推出了一些新的改革措施。例如,哈佛大学法学院要求2020级一年级JD学生除了必修民事诉讼法、宪法、合同法、刑法、立法与法规、财产法和侵权法以外,还要修1月开设的法律体验课、法律研究与写作课(其中包括模拟法庭训练),以及其他不少于6学分的体验式课程(律师职业道德、辩论、谈判、美国司法中律师技能、财务分析与商业评估、技术与公共利益、领导力基础等课程)。[16] 美国乔治城大学法学院则明确要求一年级JD学生不仅要为高年级课程打下主要实体法基础,还要培养律师所必备的分析、研究和写作能力。该院认为传统的课程设置是以普通法学习为主,以解决私人之间的私法纠纷为主;而美国法律制度已经发生很大变化,不仅普通法(判例法)体系外已经有更多成文法出现,法律纠纷已不仅仅是私人间的事务,普通法也越来越多地带有公法的性质,不能摆脱影响合同的社会、政治、经济等因素的影响。因此,该院把

---

[16] 参见哈佛大学法学院:《2020~2021年学术政策手册》(Handbook of Academic Policies 2020-2021),载哈佛大学法学院网,https://hls.harvard.edu/content/uploads/2020/09/2020-2021_HAP_Final.pdf。

一年级 JD 学生分成 A、B 两部。A 部按照传统一年级必修课程进行学习;B 部则按照新的课程体系学习。B 部课程首先要学习美国内战以来形成的法律规则体系,其次要学习 20 世纪以来形成的基于法与经济理论之上的法律体系,这些课程包括谈判与交换、民主与强制、政府程序、法律正义、法律写作与分析实务、法律程序与社会、当代财产法等课程。除这些课程外,到了高年级他们还需要修其他法律诊所或体验性教学课程。[17] 很多上述体验性课程或法律诊所课都以小班授课为主。

尽管我们也学习了国外的一些经验,开设了案例分析、法律诊所等课程,但这些课程往往被视为可有可无的边缘化课程,很少有法学院真正把这些课程作为骨干课程设置。至于把这种教学方法融入国际法课程和人才培养规划中的改革与实践,就更为少见了。很多院校积极响应培养高层次国际法律人才的号召,对国际法项目给予了更多的重视。这是令人欣慰的一面。但不能不看到,我国法学院系对国际法课程内容和培养规划乃至教学方法的改革仍未给予充分的重视,反而把更多的精力放在国际法能否成为一级学科、如何设置本科国际法项目等形式层面上。照此办理,即便国际法成为一级学科,国际法律人才从本科就开始培养,仍然难以培养出真正高层次的国际化法律人才,难以为我国民族复兴和人类命运共同体建设提供合格的人才。少关注形式化的改变,多关注实质性的改革,这是摆在我国国际法律人才培养面前必须做出的抉择。

以上分析和建议并非要否定知识传授的必要性和以往国际法律人才培养的经验,而是试图拓宽思路,探寻国际法律人才培养的基本规律,从而进行全局性的顶层设计,抓住人才培养的内在规律,推动和实施具有根本性的变革措施,补上我国国际法律人才培养的短板。

---

⑰ 参见乔治城大学法学院:《全日制法律博士项目》(Full-Time J. D. Program),载乔治城大学法学院网 2021 年 2 月 13 日,https://www.law.nyu.edu/academics/courses/requiredfirstyearcourses。

On Taking Talent Quality as Orientation and Taking Cultivation Principles as Observance to Set the Cultivation Model Scientifically

—On the Model, Contents and Methods of Cultivating International Legal Talent

Wang Chenguang

Abstract: The cultivation of international legal talent is a major concern of the central government and a key project in the reform of legal education in China. What should be aware of is that in how to cultivate high-end talents of international law needs a renewed theory and an all-inclusive design. This paper, based on the analysis of the basic qualities of international law talents, recommends that, being guided by the logic of legal talents training, Chinese legal education should scientifically design its teaching curriculum, program and pedagogy, and comprehensively update and reform the training mode of international legal talent. Only by doing so can we fulfill our mission of playing a greater role in the international arena and provide high-level international legal talent.

Key Words: international law talent, talent quality, educational mode, curriculum, pedagogy

高校涉外法治人才培养机制评价体系的构建

——以 CIPP 模式为研究视角

林少伟　杜星宇*

摘　要：高校涉外法治人才培养机制评价体系面临显性要素过度化、评价效果与初衷偏差化等诸多弊端。CIPP 模式所具有的动态追踪、全方位评价之优势或可补偏救弊。故，以 CIPP 为视角构建高校涉外法治人才培养机制评价体系可为应对之策。理论而言，其以持续发展为价值取向，遵循科学系统、简明实操、治理导向、本土特色的基本原则，依照背景、输入、过程、结果评价的次序自上而下构建三级指标体系。实践而言，其包含高校、政府、第三方等多元评价主体，开展实地考察与网络调查、主观评价与客观评价、全盘统计与样本筛选相结合的实施方式。但是涉外法治人才培养机制 CIPP 评价体系仍难以避免评价偏差与监管缺位。而借鉴域外经验，建立政府主导的元评价机制或将成为涉外法治人才培养机制评价体系逐步走向成

---

* 林少伟，西南政法大学课程思政教学研究中心教授，研究方向：民商法学；杜星宇：西南政法大学民商法研究生，研究方向：民商法学。

熟的标志。

关键词:涉外法治人才　教育评价　CIPP模式　指标体系　元评价

涉外法治人才的培养,是立足于中华民族伟大复兴战略全局和世界百年未有之大变局两个大局的系统工程,亦是依法治国的题中之义。①世界多极化、经济全球化与法治全球化之势方兴未艾,国际法学教育实现了从"国际化"到"跨国化"再到"法律教育全球化"的理念转变。② 为实现人才的有效增量,涉外法治人才培养从课程体系、教学方法、法律实践等多层次革故鼎新,③而教育评价通过一套完整的指标体系发现人才培养经验与不足,借以发挥对涉外法治人才培养机制未来发展产生的引导、参考、激励和调控功能。④ 2020年6月30日《深化新时代教育评价改革总体方案》(以下简称《深化改革总体方案》)强调结果、过程、增值、综合评价,提出"建立科学的、符合时代要求的教育评价制度和机制"。⑤"背景—输入—过程—结果"评价(Context-Input-Process-Product,CIPP)是教育评价中理论和步骤较完整、影响较大的一种评价模式,⑥通过背景评价诊断培养目标之合理性,借助输入评价判断培养方案可行与效用性,实施过程评价以调整改进培养过程,再以结果评价测量培养效果进而实现再循环。CIPP评价体系与《深化改革总体方案》中结果、过程评价交相呼应,其模型优势将破除我国教育评价效果与初衷偏差化、评价

---

① 参见王文华:《论涉外法治人才培养机制创新》,载《中国大学教学》2015年第11期。

② See Simon Chesterman, *The Evolution of Legal Education*: *Internationalization*, *Transnationalization*, *Globalization*, German Law Journal 10, 2009, p. 877 – 888 .

③ 参见张晓君、吴曼嘉:《论国际型法律人才培养》,载王瀚主编:《法学教育研究》第8卷,法律出版社2013年版。

④ 参见冯玉军、盖冰冰:《中国法学教育评估探究——基于主客观指标视角》,载《中国法学教育评估研究》2017年第6期。

⑤ 《中央深改委审议通过〈深化新时代教育评价改革总体方案〉》,载新华网,https://www.eol.cn/news/yaowen/202007/t20200701_1736125.shtml。

⑥ 参见蒋国勇:《基于CIPP的高等教育评价的理论与实践》,载《中国高教研究》2007年第8期。

机构公信力淡化、显性要素过于突出而致象征化评价等体系弊端，因而不失为涉外法治人才教育评价体系构建的可行之策。故本文将以CIPP模式为视角，确立涉外法治人才CIPP评价体系的价值取向，以价值取向指引评价体系的指标设计和实践方案，最后以元评价制度实现评价体系的自我检视，以期完善我国高校涉外法治人才培养机制评价体系。

一、涉外法治人才培养机制CIPP评价体系的价值取向

涉外法治人才培养机制评价体系的价值取向是评价系统建立的前提与基础，从根本上决定了评价内容、评价标准、评价方式等各种评价要素的选择。⑦ 我国涉外法学教育经历了从大众化教育到精英化教育、从素质教育到职业教育的历史转型，⑧其对应的评价体系正在从传统单一模式向现代化转型。立足全球视域而言，国际法治人才培养机制评价体系呈现以美国为代表的认证制和以英国为代表的审议制。其一，认证制追求竞争，其评价逻辑为认证机构制定统一标准，促使法学院不断加强法学教育正规化建设。以美国为例，ABA认证体系以学校排名作为评价结果，将学校认证与毕业生职业考试资格挂钩，通过法学院间的竞争机制促使法学院不断自我完善，以此推动机制革新。⑨ 其二，审议制追求改良，其评价逻辑为通过评价体系维持涉外法学教育标准与品质，以审议程序检测教学过程与结果，出现品质缺失立即采取行动以求改进。如英国的QAA审核制，即由审议机构（QAA）提供英国涉外法学教育品质保障服务，负责法学院的学术品质与标准的审议工作，通过

---

⑦ 参见冯文凯、陈碧君：《教育评价的当代价值取向表达与追求》，载《教学与管理》2020年第3期。

⑧ 参见吴汉东：《法学教育发展的历史轨迹与中国道路》，载《中国大学教学》2016年第1期。

⑨ 参见曹茂君、黄东海：《法学认证体系与美国法学教育的得失》，载《法治现代化研究》2019年第4期。

教学过程与教学结果的外部审核,查漏补缺,实现法学院内部品质保障。⑩

不同于竞争取向与改良取向,我国涉外法治人才培养机制CIPP评价体系应以持续发展作为价值取向,即通过CIPP评价体系实现涉外法治人才的个体持续性发展,实现高校涉外法学教育的内涵式发展。究其原因,概之有三:第一,CIPP模式中背景评价、输入评价、过程评价与结果评价分别为计划、组织、实施、再循环人才培养机制服务,环环相扣,循环改良。第二,我国早期涉外法学教育质量评价中,结果评价导向模式出现"物质化的投入要素、数量化的产出要素和标志化的结果要素"过于突出的现象,⑪导致五唯之风日益盛行。⑫ 而将持续发展作为价值取向,其指标建设将倾向于为应用型、复合型的涉外法治人才服务,将会适当加入弹性因素。第三,涉外法治人才CIPP评价体系既注重高校涉外法学培养环境、涉外法治人才培养方案与培养计划,又注重涉外法治人才培养效果,多维一体的评价系统有助于涉外法治人才培养机制的持续发展。因此,涉外法治人才培养机制CIPP评价体系指标设计与方案实施中,应以持续发展为价值导向,以此指导具体的机制建设与指标执行。

二、涉外法治人才培养机制CIPP评价体系的指标设计

(一)CIPP指标设计的基本原则

涉外法治人才培养机制CIPP评价体系应牢牢把握科学系统之理念而建章立制。"科学"即评价体系的建设应遵循涉外法治人才培养机制

---

⑩ 参见周仕德:《英国高教质量评价制度的变化:内涵、亮点及启示》,载《高教探索》2011年第5期。

⑪ 参见刘振天:《从象征性评估走向真实性评估——高等教育评估制度的反思与重建》,载《高等教育研究》2014年第2期。

⑫ 参见《深化新时代教育评价改革总体方案》,载中国政府网,http://www.gov.cn/zhengce/2020-10/13/content_5551032.htm。

的内在要求与客观规律。涉外法治人才培养是以精英为导向的法律职业教育,[13]其教学规模倡导小班教学,课程内容以中国法与国际法并重。除此之外,评价体系所包含的参数设置公正合理,评价方式实现资源配置与评价成本间的有效衡平。"系统"即评价体系井然有序、条理清晰,评价机构各有所职、各司其职。涉外法治人才 CIPP 评价体系以高校涉外法学教育为评价对象,但评价机构不局限于高校自身,因而各评价主体应形成区域协同评价机制,避免形成资源的反复输出与"九龙治水"之态。

涉外法治人才培养机制 CIPP 评价体系应符合简明实操原理而得以广泛应用。评价系统应以定量评价为主,定性评价为辅,重点突出,避免程序烦琐。[14] 第一,"简明"要求评价指标简单清晰、详略得当。评价指标过粗将导致片面、偏差的反馈结果,评价指标过细将增加成本而导致数据过剩,徒增无用指标。第二,"实操"要求指标执行方式具有可行性且易于操作,如涉外法治人才毕业生质量指标下,以雇主声誉作为参数之一,则可采用电话询问、调查问卷、实地考察等多种形式。由于涉外法治人才服务于我国涉外法律市场,岗位分布具有全球流动性与地区广泛性,因而采取线上调查是可操作且成本较低的最佳范式。

涉外法治人才培养机制 CIPP 评价体系应发挥治理导向,实现以评促学、以评促教。"治理是各种公共的或私人的个人和机构管理其共同事务的诸多方式的总和"。[15] 治理理论下,其运作模式以利益的协调整合为基础,各利益相关者秉持合作包容之态参与信息透明的运

---

⑬ 参见蒋悟真:《法学教育改革的目标、方向及培养模式》,载《湘江青年法学》2015 年第 2 期。

⑭ 参见霍存福、何志鹏:《法学专业教学质量评估的制度构想》,载《法制与社会发展(双月刊)》2002 年第 6 期。

⑮ 参见全球治理委员会:《我们的全球伙伴关系研究报》,牛津大学出版社 1995 年版,第 23 页。

行过程。[16] 涉外法治人才质量评价体系诠释了治理理论如何运用于高校涉外法学教育的改革之中,CIPP评价体系涉及多元主体,通过区域联动式评价机制,实现多主体对高校的涉外法治人才培养机制教学评价,以反馈结果促进高校涉外法学教育改革,达至以评促学、以评促教。

涉外法治人才培养机制CIPP评价体系应以本土化为制度特色,建立具有中国特色的评价体制。CIPP模式是二十世纪六七十年代由美国的教育评价专家团队提出的,我国引用该模式切忌亦步亦趋、依葫芦画瓢,而应以掌握理论原理为前提,建立具有本土特色与区域特性的CIPP评价体系。我国涉外法治人才服务于涉外法治建设,以"一带一路"倡议、对外开放基本国策等战略方针为导向,故背景评价中可衡量高校培养目标与涉外国家战略的一致性;在结果评价中,可检测人才培养效果与涉外国家战略的适应性。同时,我国因地理位置、经济背景等因素影响,涉外法学教育东西部呈现出较大差异,在输入评价时,可充分考虑诸多非教育因素,实现教学资源区域性的合理配置。

(二)确立涉外法治人才培养机制CIPP指标类型

涉外法治人才培养机制CIPP评价体系由背景评价、输入评价、过程评价与结果评价构成。背景评价本质是一种衡量高校涉外法治人才培养方案是否合理恰当的诊断性评价,在此基础上,输入评价则是针对实现培养方案所投入资源的量化判断,而其具体实施过程则需要借助过程评价进行监督,最后依赖于结果评价检测高校涉外法治人才培养机制的教学效果,为再循环人才培养提供经验。

1.背景评价。背景评价是在特定环境下评定其需求、问题、资源与机会,[17]其主要目的在于描述背景状况,知悉涉外法学教育的问题,判断培养方案、教学与服务目标的清晰度及与涉外法治人才市场需求的适配性。背景评价可从高校与学生两个维度开展,分别设置"涉外法学教育

⑯ 参见李斌:《高等教育评估中政府角色的转变取向——基于治理理论视角》,载《黑龙江教育(高教研究与评估)》2018年第2期。

⑰ 参见肖远军:《CIPP教育评价模式探析》,载《教育科学》2003年第3期。

学生基础”“高校涉外法学环境”两个一级指标。其一，涉外法治人才培养目标锁定于“高层次涉外法治人才”，集有限资源用于有信仰、有基础、有潜力的拔尖人才的培养。[18] 因而“涉外法学教育学生基础”下二级指标的设置重在通过外语能力、法律专业基础与法律素养等全方位诊断式评价，为输入评价提供基础参数，以便输入评价衡量所需投入的资源比例，再通过三级指标进行具体考察，以便因材施教。其二，培养方案是涉外法治人才培养的导向，而运行机制则是涉外法治人才培养的实践方式。因而“高校涉外法学环境”下设置“培养方案”与“运行机制”两个二级指标。纵观高校涉外法学教育培养方案，[19]其主要由培养目标与课程体系组成。“培养方案”通过对高校涉外法治人才培养目标与社会需求的适配性判断培养目标的合理性，通过课程体系的纵横向设置审视培养方案的有效性。就课程体系而言，横向维度主要包括课程的分类、类型化课程的丰富度、课程之间的学分占比，纵向维度的课程体系主要涉及课程理念、课程内容、课程大纲、课程考核方式等。因此，在“培养方案”指标下设置“涉外法治人才培养目标”“课程内容与学分占比”“具体课程教学规划”三个三级指标。另外，运行机制保障培养方案的有效性。目前中外合作办学、高校合作培养、“法律＋”双学位、涉外法律本硕连读、涉外法律实验班等模式乃是高校涉外法学教育的主要培养模式，“运行机制”下设置“涉外法治人才培养类型”指标，以此审查高校培养类型的丰富度与创新化。涉外法治人才培养机制 CIPP 评价体系之背景评价见表 1。

---

[18] 参见龚红柳：《新时期涉外经贸法律人才培养的若干思考——兼以对外经济贸易大学法学院为例》，载《中国法学教育研究》2015 年第 4 期。

[19] 参见中国政法大学《2019 级涉外法律人才培养模式实验班培养方案》，载中国政法大学教务处官网 2019 年 10 月 11 日，http://jwc.cupl.edu.cn/info/1055/5575.htm；清华大学《法学专业本科培养方案》，载清华大学官网 2017 年 4 月 24 日，https://www.law.tsinghua.edu.cn/info/1056/7009.htm。

表1　涉外法治人才培养机制CIPP评价体系之背景评价

一级指标	二级指标	三级指标	三级指标说明
涉外法学教育学生基础	外语基础	法律外语听力基础	考察基本法律外语听力能力，是否能够抓住重点、理解文句
		外语合同撰写基础	考察基本的法律外语词汇量和词汇运用
		外语沟通交流基础	考察基本的外语口语能力
	法律专业基础	中国法律制度基础	考察对民法、商法、经济法等中国法律制度的了解程度
		外国法律制度基础	考察对美国法律、英国法律等外国法律制度了解程度
		国际法律制度基础	考察对国际公法、国际私法等国际规则的知悉情况
	法律素养	法律信仰	考察是否执法必严、有法必依
高校涉外法学教育环境	培养方案	涉外法治人才培养目标	考察与国家涉外法治建设战略的适切性，如“一带一路”倡议、对外开放战略；与涉外法治人才市场需求的适切性
		课程内容与学分占比	考察课程设置是否涵盖了国际法理论课程、实务课程、法律外语课程、国际通识课程等，并通过学分占比判断课程设置的合理性
		具体课程教学规划	包括课程目标、课程进度规划、课程大纲、课程考核方式等
	运行机制	涉外法治人才培养类型	中外合作办学、高校合作培养、“法律+”双学位、涉外法律本硕连读、涉外法律实验班等模式

2. 输入评价。输入评价是在背景评价的基础上，对达到涉外法治人才培养目标各方条件、资源和方案的抉择，以资源的丰富度、匹配度与量化程度判定涉外法学教育方案实施的可行性。输入评价中将“国际化师资队伍”与“国际化支撑平台”分别作为一级指标。第一，“国际化师资队伍”以考察高校涉外法学教育教师质量的优质度为目标，可从量与质两个层次着手。国际法教师数量是量化标准，从专职教师数衡量其师资的充分性，从专业师生比检测其教师数量配置的合理性，以对应涉外法学教育的精英化特质。除此之外，国际化师资队伍的建设应高度重视外籍教师的聘用与管理。[20] 学历结构、涉外实务经验与海外背景则是质化标准，用于衡量国际法教师的学术水平与实务经验。第二，“国际化支撑平台”则以“经费投入”、“境内外合作资源”与“设施基础”为二级指标。首先，“经费投入”主要以课题等科研项目为主。其次，协同育人作为高校涉外法治人才培养理念，致力于校校协同、校企协同、校地协同，包含国内高校间的校校协同、[21]国际高校间的校校协同、高校与企业或政府部门实习基地的建立。因而，“境内外合作资源”下以国内外合作高校、合作实习点进行指标划分。最后，“设施基础”主要分为培养基地与协同中心，聚焦于高校参与科研基地的情况，以此判断高校在此部分的输入力度。涉外法治人才培养机制 CIPP 评价体系之输入评价见表 2。

---

[20] 参见邓瑞平、唐海涛：《卓越涉外法律人才国际化培养略论》，载王瀚主编：《法学教育研究》第 8 卷，法律出版社 2013 年版。

[21] 例如，中国政法大学与北京外国语大学开展国际法学人才联合培养。参见《中国政法大学 + 北京外国语大学：涉外法治人才培养的新模式》，载微信公众号“中国政法大学”2020 年 9 月 6 日，http://mp.weixin.qq.com/s/jkUBJOoE1p53gYvhPopliA。

表 2　涉外法治人才培养机制 CIPP 评价体系之输入评价

一级指标	二级指标	三级指标	三级指标说明
国际化师资队伍	国际法教师数量	国际法专职教师数量	该指标设置上限,超过上限即满分
		国际法专业生师比	该指标设置一个合理幅度范围
		外籍教师数量	该指标设置上限,超过上限即满分
	国际法教师质量	学历结构	硕士、博士、LLM、JD、SJD、JSD、PHD 人数
		涉外实务经验	任职单位或涉外法律服务经验
		海外背景	海外一流大学或研究机构
国际化支撑平台	经费投入	涉外法治人才培养经费投入项目	近五年国家级、省部级涉外法学教育纵向课题;国际法学会、中国法学会等涉外法学教育横向课题
	境内外合作资源	合作的世界一流大学数量及等级	属于国家级大学联盟、国际大学联盟或其他一流大学
		合作的双一流大学或一流法学学科所在院校数量	属于我国一流大学或一流法学学科所在院校的数量
		合作的国际项目实习点	国际组织、外国律师事务所、国内涉外律师事务所、涉外政府部门、涉外司法机关、涉外企业、涉外法律服务机构
	设施基础	国际法或外国法科研基地质量	国家级、省部级研究涉外法律或人才培养基地或中心;国家级、省部级协同中心,如“一带一路”法律研究协同创新中心等

3. 过程评价。过程评价，是对涉外法治人才培养机制进行监督与检查，发现实施过程存在的问题及潜在漏洞，以便及时做出调整与修改。涉外法治人才培养机制 CIPP 评价体系的过程评价一级指标分别设置为“涉外法治人才培养运行机制”、“涉外法学教育理论课程”与“涉外法学教育实务课程”。其一，“涉外法治人才培养运行机制”检测高校培养模式，全过程动态追踪评价以发现问题与修正路径。其二，“涉外法学教育理论课程”通过课程质量监督以反应课程实施问题。具体而言，对应设置“课程质量”的二级指标。“课程质量”下可分别设置“课程进度”“教学模式”“学生评价”三个指标。“课程进度”以背景评价中的“具体课程教学规划”为基础指数，通过比较分析预期规划与实践进度之差异，促进教师及时纠正教学目标、调整教学模式。涉外法学教育偏重专题讨论与案例教学，再借助模拟法庭、法律诊所、模拟联合国等形式进行辅助教学。[22] “学生评价”指标将从学生角度评价课程的实施效果、潜在问题及改良方法。其三，“涉外法学教育实务课程”从实务模拟与实务实践展开，分为“实务模拟质量”与“实习质量”两个二级指标。实务模拟分为校内模拟法庭与国际涉外法学赛事，而实习质量则分为实习单位评价与导师指导质量。涉外法治人才培养机制 CIPP 评价体系之过程评价见表 3。

表 3　涉外法治人才培养机制 CIPP 评价体系之过程评价

一级指标	二级指标	三级指标	三级指标说明
涉外法治人才培养运行机制	涉外法治人才培养模式	涉外法治人才培养项目质量	如中外合作办学、高校联合或院院联合“法律 +”双学位、本硕连读培养、涉外法律实验班质量

[22] 参见张晓君、吴曼嘉：《论国际型法律人才培养》，载王瀚主编：《法学教育研究》第 8 卷，法律出版社 2013 年版。

续表

一级指标	二级指标	三级指标	三级指标说明
涉外法学教育理论课程	课程质量	课程进度	是否与背景评价中“具体课程教学大纲”中课程进度相一致，倘若过快或过慢，说明理由
		教学模式	包括课堂提问、闭卷考试、案例分析、模拟法庭、课堂讨论等
		学生评价	对学生进行问卷调查，就课程弊端、改良、效果等进行评价
涉外法学教育实务课程	实务模拟质量	校内模拟法庭质量	包括每学期开展次数、参与人数、学生报告、老师评价等
		国际涉外法学赛事	包括获得奖项、参与人数、赛事级别、赛事种类等
	实习质量	实习单位评价	对在校生实习单位负责人进行网上调查问卷，对学生实习评价
		导师指导质量	对学生进行问卷调查，考察导师对学生的指导情况

4. 结果评价。结果评价为再次评价提供改良路径。涉外法治人才培养机制 CIPP 结果评价以“涉外法治人才质量”与“高校国际法学科建设质量”为一级评价指标，从个体发展与高校发展双重维度考量。就“涉外法治人才质量”指标而言，针对 2018 年教育部、中共中央政法委员会发布的《教育部、中央政法委关于坚持德法兼修实施卓越法治人才教

育培养计划 2.0 的意见》人才培养要求㉓,“涉外法治人才质量”下设置“专业素质”、“法律外语水平”、“国际视野”与“职业水平”四个二级指标。“专业素养”以综合法律基础与专业法律基础为考核重点;通过理论与实务两方面审视“法律外语水平”;以国际政治、国际经济等国际通识基础间接反应国际视野;通过雇主声誉与职业通识能力判断职业水平。就“高校国际法学科建设质量”而言,客观视角观之,下设“科研成果”“科研获奖”“科研项目”三大指标;主观视角观之,下设“国际法学科声誉”指标。涉外法治人才培养机制 CIPP 评价体系之结果评价见表 4。

表 4　涉外法治人才培养机制 CIPP 评价体系之结果评价

一级指标	二级指标	三级指标	三级指标说明
涉外法治人才质量	专业素养	综合法律理论水平	以通过法律职业资格考试为衡量标准
		国际法专业基础水平	考察对国际法及外国法掌握程度
	法律外语水平	法律外语基础知识水平	法律外语资格认证,如通过法律英语证书考试(LEC)等人数
		法律外语实务运用水平	考察使用外语从事撰写法律文书等涉外实务能力
	国际视野	国际通识基础水平	考察国际政治、国际经济、国际金融等掌握程度
	职业水平	雇主声誉	联系一定比例毕业生所在单位负责人,对其职业能力、职业道德、满意度进行评价
		职业通识能力	考察其语言表达能力、合作交流能力等

㉓　参见教育部、中共中央政法委员会发布《教育部、中央政法委关于坚持德法兼修实施卓越法治人才教育培养计划 2.0 的意见》(教高〔2018〕6 号,2018 年 9 月 17 日发布),其提出“培养一批具有国际视野、通晓国际规则,能够参与国际法律事务、善于维护国家利益、勇于推动全球治理规则变革的高层次涉外法治人才”。

续表

一级指标	二级指标	三级指标	三级指标说明
高校国际法学科建设质量	国际法科学研究水平	科研成果	考查学生学术论文质量、专著教材出版质量
		科研获奖	国家级、省部级的国际法科研获奖
		科研项目	国家级社会科学基金、全国教育科学规划课题、教育部人文社会科学研究项目;省部级及重要横向科研项目
	国际法学科声誉	国际法学科声誉	国际法学科的定位与目标、优势与特色、学科方向设置、国内外影响等

三、涉外法治人才培养机制CIPP评价体系的实践方案

(一)发展指标体系评价主体

“在社会中存在的都是各种各样的关系”,[24]正如法学教育隶属于政府、高校、社会行业产业发展交叉作用的关系体,协同评价则是多元评价主体“评估目的一体化和彼此需求满足的最大化”。[25] 高等教育的评价强调自我评价的首要作用,并经历了“外部强制性约束”到“内部自我规范与约束”的衔接与过渡,此种“以外部促进内部的理念”奠定了高校在评价体系中的第一位置。[26] 除此之外,高等教育治理理论强调多元利益主体平等参与教育治理,真正形成政府、学校、社会组织和市场多元主体共同治理高等教育的格局。[27]

㉔ [法]皮埃尔·布迪厄、[美]华康德:《实践与反思——反思社会学导论》,李猛、李康译,中央编译出版社1998年版,第133页。

㉕ 董小平:《创新高等教育协同评估机制》,载《中国高校科技》2019年第9期。

㉖ 参见陈兴明、李璇:《比较视野下中国高等教育评估制度的实践演进》,载《北京航空航天大学学报(社会科学版)》2017年第6期。

㉗ 参见陈思蒙:《公共治理理论对高等教育管理改革的推动》,载《江苏高教》2017年第7期。

第一,建立以政府部门、律师协会、中国国际法学会专业人士组成的专家委员会。其一,政府的评价权已逐步转变为"宏观的、间接管理的行政权力",[28]将其纳入评价主体,有利于政府部门宏观把握高校涉外法学教育与完善涉外人才培养政策。其二,全国律师协会与地方律师协会直接对接涉外法治人才市场,对其缺口数量、人才需求甚为了解,将其纳入评价主体有助于评价培养目标与社会市场的适切性。其三,中国国际法学会把握着国际法前沿科研成果,将其作为评价主体,或可对高校国际法科研投入资源、科研成果质量、科研创新路径等进行全方位精准的评价。

第二,深化第三方专业评价机构的市场竞争机制,提高服务供给的质量与效率。第三方专业评价机构的评价权或基于委托关系,或基于社会公认的权威地位,[29]通过市场竞争机制将不断优化评价体系。同时,由于第三方专业评价机构具备专业的统计系统与信息技术,对于大规模调查与评估更具优势。

第三,引入海外专家评价主体,形成国内外专家学者的协同评价。教育部等部委印发《统筹推进世界一流大学和一流学科建设实施办法(暂行)》中规定由政府有关部门、高校、科研机构、行业组织人员组成建设专家委员会,在数学、物理等6个学科试点邀请海外同行专家。[30] 法学学科专家委员会组成人员皆为国内专家学者,明显可见域外性不足,难以消除因身份印记、学科属性等因素对专家委员会委员产生的影响。[31]

---

[28] 吴华溢:《从一元到多元:合法性理论视域下中国高等教育评估政策的变迁》,载《黑龙江高教研究》2018年第8期。

[29] 如《中华人民共和国高等教育法》第44条"教育行政部门负责组织专家或者委托第三方专业机构对高等学校的办学水平、效益和教育质量进行评估",可见第三方评估可基于教育行政部门与第三方机构的委托关系;而现在公认的世界排行榜如《美国新闻与世界报道》排行榜、《泰晤士高等教育》排行榜则是通过其专业水平与业内声誉获得社会公认的权威地位。

[30] 参见《全国第四轮学科评估工作概览》,载中国学位与研究生教育信息网2017年12月28日,http://www.chinadegrees.cn/xwyyjsjyxx/xkpgjg/283494.shtml#3。

[31] 参见李牧、赵衍民:《法学学科的定位与发展》,载《高教发展与评估》2018年第5期。

涉外法治人才培养机制CIPP评价体系专家委员会中应引入适当比例的域外同行专家,形成国内外专家学者的协同评价。

(二)健全指标体系多元化实施方式

为达到评价体系中指标的有效实施,评价体系应采取实地考察与网络调查、主观评价与客观评价、全盘统计与样本筛选相结合,发展多元化实施方式。

评价主体实地考察,并借助电子化平台,实现线上与线下相结合的实施方式。以输入评价中“设施基础”为例,“设施基础”中下设的“国际法或外国法科研基地质量”不仅需要评价其组织管理、人员设置、研究方案等制度与方针,也需评价其研究设备、图书馆建设等基地建设条件。实地考察可通过直观检视实现评价的准确性与真实性。而网络调查主要适合于样本基数大、范围广泛的类型指标。

借鉴法学学科评估主观与客观评价方式,健全涉外法治人才培养机制CIPP主客观指标实施方法。我国第四轮法学学科评估中,既有对科研成果、科研获奖等硬性客观指标的客观评价,也包含对用人单位评价、学科声誉等弹性主观指标的“基于客观事实的主观评价”。[32] CIPP评价体系采取客观指标与主观指标相结合方式,因而其指标实施可借鉴学科评估的主客观结合评价。

全盘统计与样本筛选相辅相成、各有侧重。评价体系本质上是信息收集、处理、分析、得出结论的全过程,信息的准确性、代表性与真实性程度将决定评价结果的有效性与精确度,因而有时为达至信息的完整度所付出的成本与评价收益处于失衡状态。涉外法治人才培养机制CIPP评价体系中为实现成本与收益的衡平,应兼采全盘统计与样本筛选两种模式。全盘统计适用于样本基数小、有限范畴的类型指标,如“涉外法治人才培养类型”“国际法教师数量”等有限样本的指标。而样本筛选适用于样本基数大、范围广泛的类型指标,如“涉外法治人才质量”这一指标,选取一定数量具有代表性的优秀在校生与毕业生,并对其专业素养、

---

[32] 参见《全国第四轮学科评估工作概览》,载中国学位与研究生教育信息网2017年12月28日,http://www.chinadegrees.cn/xwyyjsjyxx/xkpgjg/283494.shtml#3。

法律外语水平、国际视野与职业水平进行综合评价。

四、涉外法治人才培养机制 CIPP 评价体系的元评价

元评价(meta-evaluation)为对一项评估活动、评估系统或评估工具的评估,[33]主要遵循评估与控制评估偏差的原则。[34] 元评价旨在正确有效地引导涉外法治人才培养机制 CIPP 评价体系,并指出评价的优势所在,[35]是涉外法治人才培养机制 CIPP 评价体系实施的重要保障,也是涉外法治人才培养机制评价制度理论与实践走向成熟的标志。

(一)元评价引入的必要性

涉外法治人才培养机制 CIPP 评价体系结合高校涉外法治人才培养的多种因素进行综合评价,是一套全面精确、完整动态的评价系统。但是,CIPP 评价体系存在如下问题:其一,教学评价会因信息不对称、主体利益诉求的不一致等原因导致道德风险、逆向选择等评价困境。[36] 其二,评价体系中问责机制的缺位导致评价的公平性得不到有效保障。其三,多元评价主体保障了评价的专业性及全面性,但也导致异质化主体间的利益冲突。鉴于此,元评价可作为涉外法治人才培养机制 CIPP 评价体系的监督机制。其一,元评价可进行评价过程的复盘,旨在服务决策和问题。[37] 其二,对于一个完整的教育评价体系而言,元评价是不可或缺的,是规范有序的督促者,是寻求新型发展趋势的有效手段,是发挥

---

[33] See Daniel L. Stufflebeam, *The Metaevaluation Imperative*, The American Journal of Evaluation 22,2001, p. 183 .

[34] See Scriven Michael, *Evaluation Bias and its Control*, Journal of Multi Disciplinary Evaluation 7, 2011, p. 79 – 98 .

[35] 参见王云峰等:《高等教育元评估理论模式探析》,载《高教发展与评估》2008 年第 2 期。

[36] 参见高文杰:《我国高职教育评估引入元评估制度的应然性与推进路径》,载《中国职业技术教育》2016 年第 9 期。

[37] See Scriven Michael, *An introduction to Meta Evaluation*, Educational Products Report 2, 1969, p. 36 – 38.

评价复盘、借鉴历史评价资料的重要方式。[38] 故通过元评价的监督问责机制,将有效促进涉外法治人才培养机制CIPP评价体系的有效运行,并进一步推动评价体系的改革与创新。

(二)元评价的引进路径与评价主体

我国引入元评价体系,可借鉴域外元评价制度。纵观域外法学教育元评价模式,呈现以美国为代表的民间组织主导型与以荷兰为代表的政府主导型。[39] 20世纪初期美国建立了法律认证体系,[40]法律认证是一种民间行为,由美国律师协会和美国法学院联合会协同推进。由于认证体系指标异化、因循守旧,评估质量难以保证,因而教育评估者不断反思并创制了元评价。这种基于民间组织的自治性与独立性而内生的元评价制度,以教育评价效益作为强大的驱动力,使个体与组织成为元评价形成的推动主体。而荷兰则是由政府简政放权,直接司职于法学教育评价的宏观管控与质量鉴定,以政府作为元评价主体。[41] 对比域外经验,我国更适宜以政府为主导的元评价模式。首先,我国并不具备涉外法学教育元评价的实践基础与实践经验。其次,我国涉外市场人才需求的巨大缺口及涉外法治政策的逐步推进对涉外法学教育提出了紧迫而严苛的要求,构建元评价体系已是刻不容缓。最后,据以往经验可知,我国教学评价主体多以政府和高校为主,缺乏评价市场主体自发形成对政府、高校评价体系的元评价。我国涉外法学教育元评价自发主体基础匮乏。故我国涉外法学教育元评价制度引入的最佳范式乃是以政府为主导的评价路径,由政府主导涉外法治人才培养机制CIPP评价体系的再评价。

---

[38] 参见方鸿琴:《国外教育元评估的分析及对我国的启示》,载《江苏高教》2004年第1期。

[39] 参见高文杰:《元评估:我国高职教育评估亟待引入的制度架构——基于新制度经济学的视角》,载《职教论坛》2016年第7期。

[40] 参见曹茂君、黄东海:《法学认证体系与美国法学教育的得失》,载《法治现代化研究》2019年第4期。

[41] 参见高文杰:《元评估:我国高职教育评估亟待引入的制度架构——基于新制度经济学的视角》,载《职教论坛》2016年第7期。

(三)建立具有涉外法学教育特色的元评价标准

元评价标准是开展元评价活动的基本依据,它提供了关于评价质量的操作性定义和处理各种评价问题的一般原则。[42] 关于元评价标准,美国高等教育元评价的两大主流标准分别是美国教育评估标准联合委员会以"实用性、可行性、合理性和准确性"为实质内涵的项目方案评价标准、人员评价标准和学生评价标准及美国评估协会颁布的四大评价指导原则。[43] 我国引入元评价制度时,可借鉴"实用性、可行性、合理性与准确性"四大标准,以涉外法治人才培养机制 CIPP 评价方案与评价主体为元评价对象。首先,"实用性"标准表现在审视高校 CIPP 评价体系的价值观与持续发展价值观的偏差,各指标统计的数据信息是否有效地参与指标计算,是否存在无效数据,是否存在指标时滞等。其次,"可行性"标准体现在衡量 CIPP 评价体系中高校、政府、第三方评价机构所付出的成本与收益是否衡平,检视 CIPP 评价体系的指标设置是否可量化、数据收集的难易程度。再次,通过评价指标设置、标准幅度、背景—输入—过程—结果评价全流程是否有违规行为等审查其是否具有合理性。最后,从评价的信息来源、统计方法、计算公式、评价报告的客观性等方面监督评价的准确性。

五、结语

涉外法治人才培养机制 CIPP 评价体系以动态性视角追踪高校涉外法治人才培养机制的发展全过程,背景评价从诊断性效能衡量高校涉外法治人才培养目标与涉外人才市场的适配性、培养方案设置的合理性;输入评价则以背景评价为基础,实现输入资源的量化统计与合理配置;

---

[42] 参见李贞刚等:《我国高等教育元评估的实践缺失与治理对策》,载《黑龙江高教研究》2015 年第 4 期。

[43] 参见王云峰等:《高等教育元评估理论模式探析》,载《高教发展与评估》2008 年第 2 期。

而过程评价侧重于培养机制运行过程的问题发现与动态监督,以便及时调整与改良;最后通过结果评价审视涉外法治人才的培养质量与高校国际法学科建设水平,为人才培养机制的改良提供总结性信息。除此之外,关于建立 CIPP 评价体系的元评价机制,本文从引进路径、评价主体与评价标准进行了原则性的制度设计,但评价程序、评价方式等具体实施措施仍为空白,这将成为下一步的研究方向。

On the Construction of the Evaluation System of the Cultivation Mechanism of Foreign-related Rule of Law Talent in Chinese Universities

—A Study from the perspective of the CIPP Model

Lin Shaowei   Du Xingyu

Abstract: The evaluation system of the cultivation mechanism of Foreign-oriented rule of law talent in Chinese universities is facing many disadvantages, such as excessive dominant factors, deviation between evaluation effect and original intention, and so on. The CIPP model has the advantages of dynamic tracking and omni-directional evaluation. Therefore, it should be considered as a measure to construct the evaluation system of the training mechanism of Foreign-oriented rule of law talent in Chinese universities from the perspective of CIPP. Theoretically, it takes sustainable development as its value orientation, which carries the basic principles of scientific system, concise operation, governance orientation and local characteristics, and constructs a three-level index system from top to bottom according to the order of background, input, process and result evaluation. In practice, it includes multiple evaluation subjects, such as colleges and universities, the government and the third party, which carries out the implementation of the combination of on-the-spot investigation and network survey, subjective and objective evaluation, overall statistics and sample screening. However, the CIPP evaluation system is still difficult to avoid the deviation of evaluation and the absence of supervision. This paper suggests that drawing lessons from foreign experience, the establishment of a government-led meta-evaluation mechanism may become a symbol of the gradual maturity of the evaluation system of the cultivation mechanism of Foreign-oriented rule of law talent.

Key Words: Foreign-oriented rule of law talent, education evaluation, CIPP model, index system, meta-evaluation

涉外法治人才培养中法律文书写作的教学改革*

林　婧**

摘　要：国内外形势的变化以及多个世所瞩目的涉外案件的发生，都印证了涉外法治人才培养的急迫性，中国对于法律文书写作教学也提出了新的改革要求。这主要反映在要求法律文书写作教学具备国际视野与多学科思维，承载中国话语对外输出的重要使命，并且以产出导向回应司法体制改革。新时期的法律文书写作教学改革容易陷入的误区包括：未准确定位文书写作与案例分析的关系，夸大人工智能在法律文书写作中的作用，忽略对法律文书最新发展动向的追踪等。教学改革的具体方向为：一方面，增加涉外法律文书写作赏析以及公关技巧讲解；另一方面，明确课程考核的重点是写作技能，考核的文书种类主要是法院文书与律师实务文书，不讲解、不考核与写作关联度较低的内容。

关键词：法律文书　写作技能　涉外法治人才　产出导向　公关思维

---

* 基金项目：本文为2017年国家社会科学基金项目“网络安全国际合作法律制度研究”（项目编号：17CFX047）阶段性成果。

** 林婧，福州大学法学院讲师，法学博士，中国政法大学博士后流动站研究人员，研究方向：国际法、网络法。

引　言

法律文书是法律思维、法学话语和法律规则的展示平台，其功能包括呈现思辨过程、供给法律话语（术语和修辞）、发展司法规则、探讨价值和伦理（公平正义）等。法律文书的质量反映了执笔人基本的法律素养及其所在单位的整体形象。

近年来，中央着力推进有关涉外法治人才培养的部署。2019 年 10 月，中国共产党第十九届四中全会通过《中共中央关于坚持和完善中国特色社会主义制度推进国家治理体系和治理能力现代化若干重大问题的决定》，强调“加强涉外法治工作，建立涉外工作法务制度，加强国际法研究和运用，提高涉外工作法治化水平”；2020 年 11 月，中国共产党历史上首次召开中央全面依法治国工作会议，强调要“坚持统筹推进国内法治和涉外法治，加快涉外法治工作战略布局”“坚持建设德才兼备的高素质法治工作队伍”。加之 2020 年年初“因新冠肺炎疫情对华追责索赔案”、“孟晚舟引渡案”以及“孙杨仲裁案”等世所瞩目的涉外案件的发生，都印证了有关涉外法治人才培养及其教学模式转变的必要性与急迫性。

至今，有关法律文书写作教学改革的研究多揭示传统教学存在的问题并提出改进建议，主要围绕教学实践性不足、教材内容陈旧以及教学手段、模式单一等问题展开讨论。这些已有问题仍未及妥善解决，新时代、新形势又对法律文书写作提出了新要求，需要我们进一步推进教学改革。目前，在研究生学习阶段设置法律文书课的高校较少（诚然可对此加以推广，如中国政法大学法律硕士学院设有《英文法律文书写作》研究生选修课），本文所指法律文书写作的教学改革主要针对所有高校在本科教育阶段，依托于《法律文书》课程的涉外法治人才培养。

作为涉外法治人才培养的重要组成部分，法律文书写作教学改革也需要顺势而为，更加突出时代性、国际性、跨学科以及人文精神，注意避免混淆文书写作、案例分析、口头表达三者之间的关系,辩证看待人工智能在法律文书写作中的作用。

一、涉外法治人才培养对法律文书写作教学改革的新要求

随着教育改革、司法改革的深入推进,培养涉外法治人才的目标对于法律文书写作教学提出了新的改革要求,主要反映在要求法律文书写作教学具备国际视野与多学科思维,承载中国话语对外输出的重要使命,并且以产出导向回应司法体制改革。

(一)具备国际视野与多学科思维

2018年,教育部、中央政法委发布了《关于坚持德法兼修实施卓越法治人才教育培养计划2.0的意见》,在2011年《关于实施卓越法律人才教育培养计划的若干意见》的基础上,重申了"培养一批具有国际视野、通晓国际规则,能够参与国际法律事务、善于维护国家利益、勇于推动全球治理规则变革的高层次涉外法治人才",并新增了"鼓励高校开发开设跨学科、跨专业新兴交叉课程""开展法学专业认证"等要求。2019年,教育部又发布《关于一流本科课程建设的实施意见》,强调"建设适应创新型、复合型、应用型人才培养需要的一流本科课程""教学内容体现前沿性与时代性,及时将学术研究、科技发展前沿成果引入课程""体现多学科思维融合、跨专业能力融合"。

相关要求投射于涉外法治人才培养中法律文书的写作训练,学生技能提升与拓展不仅仅需要国内法律知识、文字功底,还可能需要储备涉外法学、新闻传播学、翻译学、社会学、经济学、公共管理、计算机科学、医药学、生物学等多学科知识。这就要求立足于专业教育,兼顾"博雅教育",把专业教育和通识教育有机结合起来。[①] 如今,法科生的语文写作能力普遍缺失,甚至语感都没有很好地形成,更遑论法律专业写作、涉外

① 参见黄进:《新时代高素质法治人才培养的路径》,载《中国大学教学》2019年第6期。

文书写作。因此,有必要朝着增强国际性、应用性的方向,对法律文书写作课程进行改革。

(二)承载中国话语对外输出的重要使命

法律文书是法律思维、法学话语和法律规则的展示平台。“话语”不仅仅体现在外交辞令与学术成果中,也体现在法律文书尤其是涉外法律文书“话语”的组织与凝练中。党的十八大以来,党中央多次强调要“努力提高国际话语权”,而涉外法律文书正是中国特色话语体系的载体之一,是发展国际法律规则的重要手段,是“跨国司法对话”(Transjudicial Communication)可资利用的媒介,也是中国智慧和中国方案的展现。

“因新冠肺炎疫情对华追责索赔案”、“孟晚舟引渡案”以及“孙杨仲裁案”更凸显了高层次涉外法治人才培养的重要性,其影响不仅仅在国际法治上,对国际政治、国际关系、国际经济也会产生巨大的溢出效应。而中国在参与全球治理的过程中,仍然缺乏通晓国际规则、精通外语、能够写作具有国际影响力的法律文书的专业人才。法律文书写作教学改革需要训练学生在国际化的平台上传递“话语”的能力。

(三)以产出导向回应司法体制改革

公众对司法公信力的质疑既源于对实体裁判的不服,也与法律文书尤其是裁判文书的制作水平有关。社会各界对于法律文书写作质量的不佳反馈,主要包括文书不符合基本写作规范,逻辑结构不清晰,缺乏对争议焦点、诉请理由或裁判理由的充分说明或论证等,让人搞不清结论的来龙去脉。

对法律文书写作的重视,就始于中国司法体制改革的顶层部署。2013 年党的十八届三中全会通过的《中共中央关于全面深化改革若干重大问题的决定》明确要求“增强法律文书说理性”,2014 年党的十八届四中全会通过的《中共中央关于全面推进依法治国若干重大问题的决定》再次要求“加强法律文书释法说理”;最高人民法院 2015 年发布的《关于全面深化人民法院改革的意见——人民法院第四个五年改革纲要(2014—2018)》中也提出,要推动裁判文书说理改革,建立裁判文书说理的评价体系;2017年,《最高人民检察院关于加强检察法律文书说理工作的意见》发布。实践中,司法机关不定期评选优秀法律文书;全国法律专业学位研究生教育指导委员会也从2017年开始,每年主办全国法律专业学位研究生法律文书写作大赛。

司法改革既要解决体制问题,也不能忽视细节工作。将提高法律文书质量作为提升司法公信力的突破口,相对体制革新来讲,成本小且难度低,却可能取得事半功倍的效果。法律文书教学改革正是要对司法体制改革的需求作出回应,开展产出导向的"新法科"法律文书课程建设,尤其需要提升判决书、起诉书、不起诉决定书的写作质量,因其与当事人"获得感"及其能否"心悦诚服"密切相关。

二、涉外法治人才培养中法律文书写作教学改革的误区

法律文书写作教学改革容易陷入若干误区,有的是一直以来悬而未决的问题,如文书写作与案例分析的关系定位问题;有的是新时代的新问题,如夸大人工智能在法律文书写作中的作用、忽略对法律文书最新发展动向的追踪等。

(一)未准确定位文书写作与案例分析的关系

法律文书写作教学的主要目的是帮助学生改善文字表达,给学生解释为什么这样写比较好,而非过多引导学生思考案情。法律文书写作教学中,对于文书写作、案例分析、口头表达这三者的训练均需涉及,但轻重有别。法律文书作为一种文字表达,同法律思维、实务经验、口头表达能力紧密相关,却又各有侧重。

早期的法律文书教学多为一讲概念、二讲格式,讲格式就是先写什么、后写什么。随着教学改革的推进以及授课教师认识的深入,对法律文书格式背后的理念有了更多的思考。有学者认为,用于教学或竞赛的案情及证据都是虚拟或高度简化的,然而法律文书正是用以承载真实的法律事实,倘若事实还没有弄清楚就开始写法律文书,其危害后果难以

估量;侧重于讲授法律文书写作的格式、方法和注意事项等形式要件,必然忽视实质性内容。② 但这将本不应也无法由法律文书写作一门课程来承担的重任,完全压在法律文书写作课上。对所谓“真实法律事实”的探寻应当是刑侦课或实习的内容,而所谓“实质性内容”则是有限课时中难以面面俱到而只能适当举例说明的。在教学过程中,事实的挖掘、法律依据或类案的检索、诉讼策略固然略有涉猎,也需要警惕教学案例不同于真实案例可能产生的漏洞,但法律文书写作课程的教学重点依然应当是写作,是语文。这不仅关乎写作格式的规范与否,也涵盖素材取舍、论述思路以及行文逻辑等写作技巧。一方面,写作规范不是无须讲解、只需自习的形式要件。格式是“门面”,是“第一印象”。“概念—格式”的教学模式固然不可取,但也不能低估教师讲解格式规范的作用。如果没有授课教师专门提点文书格式的注意事项,学生或许根本看不出或是记不住不同的文书格式各有什么特点、为什么要设计这样一种格式。另一方面,素材取舍、论述技巧以及行文逻辑等训练必然伴随一定的实质性思考,这也正是需要着重予以讲授的。

法律文书写作虽然离不开基本的案例分析,但写作规范与技巧仍是课程讲授的重点。写作规范不只是格式,还包括准确使用褒贬义词,避免使用带有强烈感情色彩和道德评价的词语,措辞不带有定罪预判的色彩,检查是否遗漏了争议焦点的归纳以及能够降低执业风险的固定文字等。写作技巧则包括逻辑结构是否清晰,是否存在重复啰唆、篇幅冗长、不够精练等问题,叙事角度、语序等如何影响阅读感受;甚至于如何提高律师实务文书的可复制性,令其得以更多地被法官、检察官复制到裁判文书、检察文书中,这样减少了法官、检察官的工作量,自然更有利于他们对律师观点的认同。

(二)夸大人工智能在法律文书写作中的作用

人工智能研究的勃兴,对于前沿性、时代性以及跨学科的提倡,让人们产生了一种期待:法律文书的生成,是否会像“拍立得”一样快捷?

---

② 参见王春丽:《法律文书教学的多维透视》,载《中国法学教育研究》2017年第2期。

“AI + 法律”是否会成为一种终极业态？法律人是否会因此失去价值？法律人的核心竞争力究竟是什么？

不可否认，利用大数据分析挖掘技术，通过对裁判文书的自动分析，对案件的事实和争议焦点等关键信息进行智能提取和对应关联，同时针对识别到的要素，自动推送类似案例以及有关法律法规，有效提高了法律人研判案情的针对性和实效性。但无论立足当下还是展望未来，“AI + 法律”都存在诸多需要反思的问题。

从立足当下的角度来看，目前的人工智能仅在电子卷宗自动编目、诉讼文书辅助生成、类案智能推送、量刑辅助等司法辅助性活动中取得了一定效果，效果似乎也相当有限，其核心仍是一种电子化的信息处理方式，并未体现计算机自主思考后进行加工的“额外知识”，而仍是“人 + 电子化”或者说是数字化，且智能化程度有限也使得精确度不足。③ 换言之，当前技术所能实现的，只是将存在统一规律的工作交给机器，以提高效率与规范性。这种便利的实现前提是，案件的基本事实、争议焦点、法律适用等要素齐全，并且与已结案件具有实质的相似性。如果为图省事，忽略了不同案件的实质区别，在法律文书中机械地复制案件要素，不仅不能反映案件的实际情况，还可能造成冤假错案。在司法活动中，法律人仍起到最后“拍板”的作用，包括采取怎样的诉讼策略、如何平衡法理与情理的价值评判。

从展望未来的角度来看，即使人工智能技术越发成熟，即使能够交由人工智能处理的法律事务越来越多，“AI + 法律”仍将也应当一直受到科技伦理的质疑，人的命运能够全然交由技术来决定吗？有学者提出以“负面清单”模式来管控科技创新风险，同时强调“负面清单”模式是一种间接的科技创新激励方式，它不能替代正面清单模式的激励功能，而是一种补充机制，以应对科技创新活动的不确定性。④ 在未来，我们

---

③ 参见左卫民：《从通用化走向专门化：反思中国司法人工智能的运用》，载《法学论坛》2020 年第 2 期。

④ 参见吴新叶、江荣荣：《科技创新中的“负面清单”模式——以政策激励为视角》，载《中国高校社会科学》2016 年第 6 期。

依旧要为技术设立边界，并时刻保持警醒。

由此关注高校教学，法学教育粗放式扩张带来法学教育工具理性的抬头和商业主义的蔓延，法律职业主义的这种技术性进路使本已浮躁的高校更加功利化，并加剧了法学教育的“去素质化”，“技术至上”的技术主义路线极易导致法治伦理危机。[⑤] 对跨学科、“互联网 +”不假思索的吹捧，容易忽视人本理念，走入法律文书写作课程没有设立必要、只需建设人工智能系统的“唯技术论”误区。

我们不应对人工智能写作法律文书抱有盲目的期待，而要在法律教育中明确人工智能与法律之间的“手段—目的”关系。[⑥] 将新技术融入传统教学并不意味着完全取代传统教学方式，不是放任对新兴科技手段的过分依赖，也不要低估人类写作法律文书的智慧。

（三）忽略对法律文书最新发展动向的追踪

一方面，如今大多教材在“法律文书的演进”部分，只停留在中国古代法律文书的产生和演变、近现代法律文书的发展，未及当代司法文书改革最新动态的梳理与评介。例如，民商事案件裁判文书简化格式（针对简易程序中的小额诉讼）的推行，包括表格式裁判文书、令状式裁判文书和要素式裁判文书等，遵循了裁判文书繁简分流的要求；再如，2020年最高人民法院发布《公益诉讼文书样式（试行）》，将2016年《民事诉讼文书样式》中的公益诉讼部分重新进行修订，并填补了检察公益诉讼中民事、行政文书样式的空白。不仅如此，大多数法律文书教材的体例、内容几乎千篇一律，既不符合2015年开始逐步更新的法律文书样式要求，也没有顾及科技发展对法律文书写作的影响，更没有意识到法律文书在对外交往中可能扮演的重要角色，这与现实发展严重脱节。

另一方面，教学过程中对于最新教学资源的引介也很薄弱，未能留意到一些官方网站均提供相当数量、种类繁多的法律文书实例或样式，

---

⑤ 参见冯果：《论新时代法学教育的公共精神向度》，载《中国大学教学》2018年第10期。

⑥ 参见毛高杰：《人工智能驱动下的法律教学改革》，载杨宗科主编：《法学教育研究》第27卷，法律出版社2019年版。

如中国裁判文书网、中国法院网－中国法院案例报道、12309中国检察院网、法律家·中国法学多用途教学案例系统等。

三、涉外法治人才培养中法律文书写作教学的改革方向

涉外法治人才培养中法律文书写作的教学改革需要贯彻产出导向的教学理念，与时俱进调整课程内容与课时分配，一方面增加涉外法律文书写作赏析以及公关技巧讲解；另一方面优化课程考核方式。

（一）增加涉外法律文书写作赏析

涉外法治人才培养要求拓展学生的国际视野，引导学生重视涉外法律文书写作技能的基础训练。诚然课时有限，但至少引导学生学会鉴赏具有代表性的涉外法律文书，尤其在精英/专业法学院（相对于综合法学院而言）。⑦ 又由于"法治的内涵扩大，涉外法治成为重要的法治建设内容，涉外法务工作成为新的制度性设计和要求"，⑧将涉外法律文书写作赏析添加到律师实务文书写作单元较为妥当，这需要相应地调整课时分配。还要注意涉外法律文书写作中，写作、法律、英语这三部分相互关联却又不能相互取代的训练。

具体而言，要分辨非涉外法律文书与涉外法律文书的区别。虽然法律文书都是基于事实和法律且围绕争议焦点来写，但非涉外法律文书与涉外法律文书的不同之处则在于：首先，涉外法律文书往往需要律师在管辖权、法律适用上给予更多的关注和论述。管辖权方面，可能涉及管辖权的积极冲突或消极冲突，涉及"不方便法院"规则（Forum non convenience）的应用；法律适用方面，更可能扩及国际公约、国际惯例、国际案例以及外国法、外国判例。其次，涉外法律文书常用的写作方法是英美法系较为通用的IRAC写作法，即"问题—规则—运用—结论"写作

⑦ 参见杜焕芳：《涉外法治专业人才培养的顶层设计及实现路径》，载《中国大学教学》2020年第6期。

⑧ 柳华文：《论进一步加强国际法研究和运用》，载《国际法研究》2020年第1期。

法(Issue-Rule-Application-Conclusion),遵循识别问题(problem)、结合法律法规、找到争议焦点(issue)并分析说理的顺序,对是非曲直作出判断并提出争议解决方案。最后,在语言表达方面,涉外法律文书写作训练中的英语训练包括法律英语,以掌握大量法律术语为前提。如"议案"(bill)、"法案"(act)与"法"(law)三个词语分别代表不同的含义,时常被混淆。在此基础上,要令中国话语中特有的概念和表达能够为他国接受,需要寻找恰当的外国词汇和表达方式。

此外,在写作英文法律文书时,特别要注意避免使用长句与生僻词,尽量使用短句和词组,不需要僵化地一字一句都对应中文法律文书,可适当采取意译的方式。当然,涉外法律文书的翻译与解读都有一定难度,引导学生增长多学科知识就尤为必要。

(二)结合公关技巧的讲解

写作法律文书不仅要考虑行文上的规范与准确,还需要考虑法律文书公开后的社会影响甚至是国际影响,这从"吴秀波出轨门"中吴秀波的律师函、"孟晚舟引渡案"中华为公司的回应以及"孙杨仲裁案"中孙杨的律师函中,都能够汲取正面的经验与反面的教训。故而法律文书写作教学中可以尝试讲解相应的公关技巧,培养法科生的公关思维。

公关文书是具有公关性能和公关意识的公关专用文体和非专用文体,其中非专用文体包含法律文书。⑨ 危机公关的原则包括真诚沟通原则与权威证实原则,⑩高质量的法律文书可以成为负责任沟通与公信力表态的重要窗口,反之则可能加剧负面效应。

"孙杨仲裁案"中,孙杨的代理律师于2020年2月29日发布律师声明,通篇充斥了"邪恶战胜正义、强权取代公理"等宣泄情绪的用语,"本次检查明显属于兴奋剂检察官假公济私、公报私仇"等缺乏证据的推测性论断,以及"带有民族偏见、国家立场"等试图绑架国家利益、煽动民族情绪的说辞,而鲜见客观、中立的专业见解。这样的律师声明,不仅没

---

⑨ 参见倪任俺:《公关文书的内涵和外延》,载《办公室业务》2003年第4期。

⑩ 参见游昌乔:《反败为胜:如何建立有效的危机管理体系》,中国水利水电出版社2007年版。

有挽回孙杨的名誉,反而更加深了负面影响。

“孟晚舟引渡案”中,作为对2020年5月27日加拿大法院裁定结果孟晚舟无法获释的回应,华为公司表示“我们对不列颠哥伦比亚省高等法院的判决表示失望。我们一直相信孟女士是清白的,我们也将继续支持孟女士寻求公正判决和自由”。华为公司的公开声明通过精准运用“相信”“支持”二词,实现了公司与个人的责任切割,也进一步巩固了华为顽强沉稳的企业形象。

需要注意的是,蕴含公关思维的法律文书写作仍属于专业性而非文学性写作,其措辞应专业、规范、准确、精练,而非表面上文采斐然,实则华而不实,甚至是“为赋新词强说愁”。

与此同时,在法律文书写作教学中强调公关思维,并不意味着走入另一个极端,即误以为“公信力取决于公关技巧,受众对实质性行为和公关性行为缺乏辨别能力”。[11] 申言之,将公关思维引入法律文书写作教学,不能动摇课程的定位仍是写作课,不是实体法或诉讼法课程,也不是法律检索课、公关口才课,只是在法律文书的法律效果之外,合理制造一些公关效果。

(三)优化课程考核方式

法律文书课的开课时间通常设置在大三上学期较为合适,也就是在完成主要的实体法与程序法学习之后、毕业实习之前来进行法律文书写作训练,同时在毕业实习中增加对法律文书写作水平的监测与考察。相应的考核体系构建则包括三个方面。

第一,课程考核的重点是写作。首先,课程不讲授、不考核与写作关联度不大的内容,如各类法律文书的概念、特点、适用范围、制作意义,以及对古代法律文书、近现代法律文书的介绍。因而在题型的选择上,写作题占有绝大部分的分值,选择题、判断题、填空题都是次要的,不需要设置概念辨析题、简答题、论述题或案例分析题。其次,课程不讲授、不考核其他课程中已讲授的内容。法律文书课程教学以刑法、民法、刑事

---

⑪ 马得勇、孙梦欣:《新媒体时代政府公信力的决定因素——透明性、回应性抑或公关技巧?》,载《公共管理学报》2014年第1期。

诉讼法、民事诉讼法等实体法、诉讼法为先修课程，学生须先从基础的实体法与程序法课程中获得扎实的法律解释学训练。但法律文书写作考核又不纠结于法学基础知识点，而以考察写作规范与技巧为核心。最后，评卷的过程中，在审查法律文书基本要素完整、结构规范的同时，根据案件的特殊性，尽可能尊重执笔人的专业判断与个人风格，从而达成规范性和个性的统一。

第二，课程考核的文书种类主要是法院文书与律师实务文书。对于法科生来说，进入公安部门工作并需要书写侦查文书的概率相对较小，进入检察机关工作的学生也不多；又鉴于侦查文书与检察文书密切相关，写作要点几乎一致。仲裁文书、公证文书、监狱文书等，由于适用范围非常狭窄，基本可以不予讲解，自然也不予考试。“产出导向”要求教学与考核不能泛而不精、盲目求全，最需要考核的部分事实上就是总论（通用规范与技巧）、法院文书以及律师实务文书三个部分，以期重点突破、以点带面、举一反三。

第三，平时分主要来自学生分组研讨与优秀法律文书评选。这需要采取“自学 + 训练 + 点评”的教学模式，线上线下相结合，适当引入翻转课堂模式，组织学生分组寻找其感兴趣的案例来写作法律文书，或是评析特定的法律文书，进而形成集体研讨成果，再进行组内或各组之间的互评，激励学生主动展现思考过程、自己寻求解决问题的路径。其间，通过网络投票、在线问卷、访谈等形式持续改进课程建设。

结　论

作文要如使船，撑一篙是一篙，作一篇是一篇；不能像驴转磨，走了三年，只在磨道里转。⑫ 涉外法治人才培养中法律文书写作的教学不仅仅在于“批量生产”了多少法律文书，而在于这个过程中学生的行文能

⑫ 参见汪曾祺：《徙》，载《汪曾祺自选集》，商务印书馆2015年版，第363页。

力与思辨能力得到了多少增进。故而,教学改革需要遵循涉外法治人才培养的目标指引,把握互联网时代科技之“变”与人文内核的“不变”,明确法律文书课程属于写作课的定位,厘清文书写作与案例分析的主辅关系。教学改革朝着提升涉外性、前沿性与针对性的方向:一方面,增加涉外法律文书写作赏析以及公关技巧讲解;另一方面,明确课程考核的重点是写作规范与技巧,考核的文书种类主要是法院文书与律师实务文书。

On the Reform of Legal Documents Writing Course in the Cultivation of Foreign-Related Rule-of-Law Talent

Lin Jing

Abstract: The changes in the domestic and international situation and the occurrence of many foreign-related cases that have attracted worldwide attention have confirmed the urgency of cultivating foreign-related rule-of-law talent, and has also put forward new reform requirements for the teaching of legal document writing. This is mainly reflected in the requirement that the teaching of legal document writing need to have an international perspective and multidisciplinary thinking, which bears the important mission of Chinese discourse to the outside world, and responds to the reform of the judicial system with output orientation. The misunderstandings that are easy to fall into in the reform of legal document writing teaching in the new era, including: not accurately positioning the relationship between document writing and case analysis, exaggerating the role of artificial intelligence in legal document writing, and ignoring the tracking of the latest developments in legal documents. The specific directions of the teaching reform are: on the one hand, increase the appreciation of foreign-related legal document writing and public relations skills; on the other hand, it is clear that the focus of the course assessment is writing skills, and the types of documents to be assessed are mainly court documents and lawyers' practical documents. Content that is less relevant to writing is not assessed.

Key Words: legal documents, writing skill, foreign-related rule-of-law talent, output-oriented, public relations thinking

法律英语教学内容的范式革新

——以培养涉外法治人才为目标

杨 帆*

摘 要:习近平法治思想提出“统筹推进国内法治和涉外法治”与“建设德才兼备的高素质法治工作队伍”是推进全面依法治国两个方面的要求。对于法学教育而言,法律英语教学是培养涉外法治人才的重要环节。现行法律英语教材主要存在三种体例,分别以部门法为界限、以英美某国法律为主体、以章节难度为次序。这三种常用体例无法满足涉外法治人才所需的“学术型涉外法律能力”与“实践型涉外法律能力”,因而亟待对法律英语教学内容进行革新。法律英语教学应当充分遵循语言学习的规律,从法律英语词汇、语法的特殊性展开,还要舍弃面面俱到的法律介绍,将教学重心转向主要英语国家的法律基础知识,另外需要将我国主要的涉外法律纳入教学范围,尝试“走出去”与“引进来”双轮驱动我国法律英语教学内容的范式革新。

关键词:习近平法治思想 涉外法治人才 法律英语 教学内容

* 杨帆,扬州大学法学院讲师,法学博士,研究方向:法律英语、刑事诉讼法、司法制度。

习近平总书记在中央全面依法治国工作会议上提出，推进全面依法治国要重点抓好的工作包括“坚持统筹推进国内法治和涉外法治”和“坚持建设德才兼备的高素质法治工作队伍”。[①] 对于法学教育而言，涉外法治人才的培养为加快涉外法治工作战略布局提供了有力的人才支撑。[②] 其中，法律英语教学成为涉外法治人才培养过程中的重要一环。法律英语作为一门专业选修课程自21世纪初我国加入WTO之后在各大法学院校兴起，何家弘教授曾用“一石二鸟”形容法律英语教学的功效：既“用法律学外语”又用“外语学法律”。[③] 然而，被寄予厚望的法律英语教学，其教学效果在教学实践中却有“鸡肋”之嫌。[④] 究其根源，是因为现行法律英语的教学内容不符合语言学习的规律，因而亟须对法律英语的教学内容进行改革。依据教育界学者的定义，教学内容是指教学过程中同师生发生交互作用、服务于教学目的达成的动态生成的素材及信息，其关键要素包含“资源”（其中包括“教材”）、“方法”（其中包括“教学策略”）、“主体”（其中包括“教师”）等方面的内容。[⑤] 基于此，本文首先分析现行法律英语教材的常用体例及其症结，继而对其能否实现培养涉外法治人才的教学目标进行审视，最后提出我国法律英语教学内容完善的方式。

---

① 《习近平在中央全面依法治国工作会议上强调　坚定不移走中国特色社会主义法治道路　为全面建设社会主义现代化国家提供有力法治保障》，载新华网，http://www.xinhuanet.com/politics/leaders/2020-11/17/c_1126751678.htm。

② 参见金歆：《以习近平法治思想为指导　推进涉外法治人才培养》，载《人民日报》2020年11月27日，第4版。

③ 何家弘：《法律英语》（第4版），法律出版社2008年版，前言第4页。

④ 参见张法连：《新时代法律英语复合型人才培养机制探究》，载《外语教学》2018年第3期。

⑤ 参见李臣之：《论教学内容创生：规定性要素及基本路径》，载《课程·教材·教法》2007年第2期。

一、现行法律英语教材的常用体例及其症结

法律英语教材作为法律英语教学的重要载体,反映出现行法律英语主要的教学内容。通过对图书市场和各大高校教材使用的调研发现(本文选取各大院校广泛采用、具有一定代表性的法律英语教材作为分析对象),现行法律英语课程教材形成了三种常用体例:第一种以部门法为界限,宽泛介绍英美国家的相关法律;第二种以英美某国法律为主体,粗略介绍该国的法律规范;第三种则以学习的难易程度为序,随机选取学习篇章。

(一)以部门法为界限,宽泛介绍英美相关法律

第一种法律英语教材体例以部门法为界限,简要介绍英美国家相关法律。采用此种体例的法律英语教材目前占据主导地位,具代表性的有何家弘的《法律英语》、张法连的《法律英语》以及沙丽金的《法律英语》。此种法律英语教材体例的优点是覆盖面广泛,基本涵盖了所有的部门法领域,这对拓宽学习者的知识面具有积极意义。但是,此种体例的法律英语教材不但对编写者的部门法知识提出了极高要求,同时也给授课者与学习者的教学过程带来巨大挑战。在众多开设法律英语课程的高校中,该门课程一般被定位为 32 学时的“专业选修课”,⑥而采用此种体例的法律英语教材往往涵盖十余种部门法,即便是用中文学习我国的相关部门法都难以达到课程教学的目标,遑论用外语学习外国的相关部门法。

在学习我国部门法知识时,教学课时通常是 32 课时或 48 课时,甚至 64 课时,但法律英语课程一般为 32 课时,学习任务却多达数十种域外部门法。虽然法律英语学习的域外部门法知识与其他课程学习我国部门法知识的内容深浅并非相同,但是用国内一门部门法的课时甚至一

⑥ 参见刘国生:《法律英语课程设置和教学模式研究》,载《西南政法大学学报》2012 年第 1 期。

半的课时去学习域外数十种部门法显然不切实际。本文认为,域外部门法的教学不应悉数纳入法律英语教学的范畴,而应当在学习国内部门法的过程中,通过比较法学的方法获取相关知识。在条件成熟的学校,还可以通过开设专门的域外部门法双语课程或全英语课程,深度学习相关的域外法知识。例如,武汉大学法学院已开设了美国财产法、美国合同法、普通法实务等全英文课程。⑦ 若课程采用双语或是全英语授课方式,则对学习者的基础法律英语知识提出了较高要求。因此,法律英语的课程不能安排至大四学年,而应当提前至大二学年或是大三上学期。在实践中,有较多学校已将法律英语课程的授课时间提前至大二、大三学年,甚至是大一学年。例如,吉林大学法学专业涉外型法律职业人才实验班便将法律英语课程的学习分解至四个学期(大一学年与大二学年),共计 68 个学时;⑧南京大学卓越法律人才国际班也将法律英语课程安排至大一下学期。⑨ 但是,仍有部分学校将法律英语课程作为大四学年的课程,如上海交通大学凯原法学院推荐学生在大四上学期选修法律英语课程。⑩ 有学者指出,这一做法不利于大学外语与专业外语教学环节的有效衔接。⑪ 同样,这也无法为域外部门法的全英文或双语学习夯实基础。

(二)以英美法律为主体,粗略介绍该国法律规范

第二种法律英语教材体例以英美法律为主体,其中又以美国法律为重心。市面上绝大多数法律英语教材都以英美国家法律为主体,之后再以部门法为界限来介绍该国的法律制度。此种模式与第一种模式存在

---

⑦ 参见《2013 级法学专业培养方案(含英语高端涉外法律人才试验班)》,载武汉大学法学院官网 2014 年 11 月 19 日,http://law. whu. edu. cn/info/1275/5062. htm。

⑧ 参见《法学专业涉外型法律职业人才实验班指导性教学计划及进程表(2013 版)》,载吉林大学法学院官网 2014 年 9 月 29 日,http://law. jlu. edu. cn/info/1232/11197. htm。

⑨ 参见《"卓越法律人才国际班"培养方案英语课程教学计划》,载南京大学法学院官网 2016 年 10 月 8 日,https://law. nju. edu. cn//rcpy/bkjy/20200108/i66368. html。

⑩ 参见《2019 级法学培养方案》《2019 级法学专业方案说明》,载上海交通大学凯原法学院官网 2020 年 12 月 22 日,https://law. sjtu. edu. cn/Article041103. aspx。

⑪ 参见孟超、雷震:《卓越法律人才培养背景下法学专业英语课程设置研究》,载杨宗科主编:《法学教育研究》第 28 卷,法律出版社 2020 年版。

交叉现象,而非完全区别开来。何家弘的《法律英语》便体现了这两种模式的交叉,该教材第四版已经加上了副标题"美国法律制度"。编者在该教材的前言中解释道,加上"美国法律制度"副标题是因为书中的主体部分都以美国的法律为基石。之所以较多法律英语教材将教学内容限定在美国法律制度中,一方面是由于美国作为世界最大经济体与世界各国的法律互动频繁;另一方面则是受制于教材编写者的教育背景。不可否认,美国的法律制度是法律英语教学的重要组成部分,但法律英语教学应该是否等同于美国法律制度教学?从法律英语教学的教学目标来看,显然并非如此。

此种法律英语教学模式与第一种模式都存在"只重视知识获取,而忽视实际应用能力"的通病,这种"重视知识获取"的倾向,或以部门法为限,或以某国法为重。实际上,即便是此种教材体例所追求的"知识获取",也掣肘着法律英语教学内容的完善;而其忽视的"实际应用能力",则要求法律英语教学摒弃面面俱到的篇章阅读,遵循语言学习的规律,最终实现由"知识获取"向"应用能力"的转变。此外,随着我国话语权的日臻强大,法律英语的教学内容应当适时扩大,应当将我国诸如《涉外民事关系法律适用法》等重要涉外法律纳入教学范畴,这也是培养高素质涉外法治人才作为法律英语教学目标的题中应有之义。⑫ 在目前常见的法律英语教材体例中,编写者与讲授者聚焦于国外的法律规范,却忽视了我国涉外法律在实践中的广泛运用。随着我国经济的高速发展和对外开放的不断深化,越来越多的外国企业与公民在我国进行投资、就业、学习,但是当其实施相应的法律行为或产生一些法律纠纷时,却难以在我国找到足以胜任的涉外法治人才。⑬

(三)以篇章难度为次序,随机选取相关英文文献

第三种法律英语教材体例意识到语言学习是一个渐进的过程,采用

---

⑫ 参见曾令良:《卓越涉外法律人才培养的"卓越"要素刍议》,载《中国大学教学》2013年第1期。

⑬ 参见仲伟合等:《国家外语能力建设视角下的外语教育规划》,载《语言战略研究》2016年第5期。

此种模式的教材以篇章的难度为次序,随机选取相关英文文献。此种模式的法律英语教材减轻了学生的学习压力,尤其适合英语基础较为薄弱的学生。梳理编写者的教育经历可以发现,采用此种体例的编写者多以语言研究为主要学术背景,相关代表性教材有张法连的《基础法律英语教程》《高级法律英语教程》和李立、张清的《法学英语》。虽然采用此种教材体例的学者意识到了语言学习的规律并力图作出改变,但是其仍然依托篇章作为教学单元,而未能充分利用语言学习规律从法律英语的词汇与语言的特殊性出发开展教学。随机摘选难度各异的英文篇章虽然可以减少教学的枯燥性,但是这种范式更类似于大学通用外语课程的教学模式,未能充分体现法律英语教学的独有特点。

相形之下,此种法律英语教材的体例比前两种模式更符合语言学习的规律,但是仍需对此种模式进行优化。首先,此种模式的法律英语教材需要将法律英语词汇与语法的特殊性作为独立章节纳入教材体系,因为词汇与语法是篇章的构成元素,只有了解法律英语词汇与语法的特殊之处,才能够在篇章的学习中产生举一反三的功效。其次,采用此种体例的法律英语教材需要强化法律英语的实践导向。判例在普通法系国家具有重要法律效力,判例的学习是英美两国法学专业学习的重要素材,因而法律英语若要实现其实践效能需要将实践案例纳入教材体系,并增加实践案例在教材中的比重。最后,英美两国也制定了一些成文法,可以将成文法也纳入教材体系。不过,这些成文法涉及诸多部门法,若要全面涵盖这些法律也是不可行的,可以摘取具有代表性的成文法进行讲解,例如,可以将《美国联邦证据规则》作为教材的一个篇章,因为美国具有较为先进的证据理论并在其司法实践中尤其强调证据规则的运用。

二、现有教学内容能否实现法律英语教学目标的追问

法律英语教材反映出法律英语课程的教学内容,而教学内容最终又

要服务于法律英语的教学目标。对于法律英语的教学目标而言,无论是2020年确立的习近平法治思想还是2011年教育部与中央政法委联合出台的《关于实施卓越法律人才教育培养计划的若干意见》都明确了法律英语的教学目标,该意见提出:涉外法律人才是培养卓越法律人才的重要部分,应当把涉外法律人才定位为“应用型、复合型的法律职业人才”,以期适应世界多极化、经济全球化的深入发展和国家对外开放的需要。由此可见,国家对于涉外法治人才的培养注重其“实际应用能力”。但是,现有的法律英语教学范式是否能够完成预定目标?本文结合法学专业学生的主要职业规划,将涉外法治人才所需要的能力分为“学术型涉外法律能力”与“实践型涉外法律能力”。“学术型涉外法律能力”主要以培养“学术型涉外涉外法治人才”为导向,主要侧重研究者的培养;“实践型涉外法律能力”则以培养“实践型涉外法治人才”为目标,主要旨在培养法官、检察官以及涉外律师。但是,这两种能力并非完全割裂,无论是“学术型法治人才”还是“实践型涉外法治人才”,往往需要同时具备“学术型”与“实践型”两种涉外法律能力,本文仅以职业方向的不同进行划分。

(一)学术导向:“学术型涉外法律能力”的培养

虽然我国法学研究日益强调“中国问题”,但“国际视野”仍然是解决“中国问题”的重要维度,⑭因而精通一门或多门外语是开展学术研究的一项必备技能。英语作为国际通用语言,自我国学术研究之初便是开展比较法研究的重要语言工具。对于研究者而言,学习法律英语主要是为了阅读域外判例与成文法、撰写学术论文、开展学术交流。随着我国英语教学的不断深入,撰写学术论文的内涵也得到了相应拓展。在20世纪,由于我国研究者的英语能力较为薄弱,因此撰写学术论文一般是以域外资料作为镜鉴继而撰写中文论文,其中既有单纯翻译国外理论的文章,也有运用比较法方法撰写的学术论文。21世纪以来,研究者的语

⑭ 例如,有学者运用“国际视野”对证据科学研究领域的走向展开研究,以期为我国证据法学的发展提供镜鉴。参见吴洪淇:《证据科学的走向:国际视野与中国语境——对证据问题研究领域的初步分析》,载《证据科学》2009年第4期。

言能力有了显著提升，有较多英语基础扎实的研究者运用英语撰写学术论文并在国内外期刊上发表，深化了我国学者与国外法学界沟通交流的程度。

但是，能够熟练运用英语进行学术论文写作的研究者仍然不多，能够熟练阅读英文文献继而撰写中文论文的研究者也是少数，这反映出我国法律英语教学与“学术型涉外法律能力”的培养之间仍然存在鸿沟。学者们的研究领域通常集中在某个部门法，因此学者们对于法律英语学习诉求一般集中在其深耕的部门法领域。依据现行法律英语教材三种体例，第一种模式从表面上来看似乎与“学术型涉外法律能力”的培养目标较为贴合，但是由于编写者与授课者部门法知识的局限性，此种模式往往难以在有限的学时里完成其“宏大”的预期目标，最终造成“贪多而嚼不烂”的“鸡肋”状况。对于某个部门法的精深学习，有赖于具有扎实部门法知识并具有英语背景的教师进行讲授，国内部分有条件的高校已经进行了相应的课程探索。[15] 因此，应当对法律英语的教学目标进行“减压”，将其定位为着重培养基础法律英语能力的课程。[16]

（二）实践导向：“实践型涉外法律能力”的培养

相较于“学术型涉外法治人才”而言，实践中对“实践型涉外法治人才”的需求更加广泛，而培养学生的“实践型涉外法律能力”则必须借助法律英语的教学。在求职市场，85%的法务岗位要求求职者熟练掌握英语，82%以上的求职者仅有单一的法律背景，64%的涉外案件则由于缺乏既通晓英语又擅长法律的专业人士匮乏而无人问津。[17] 用人单位的广泛需求与求职者相应能力的欠缺暴露了我国法律英语教学的弊病。现有法律英语教材的三种体例未能充分利用语言学习的规律，使英语基

---

⑮ 参见胡铭、项雪平：《卓越涉外海洋法律人才培养模式》，载《中国法学教育研究》2014 年第 1 期。在某些高校，全英文专业课程的教学也出现困难。参见彭海青：《全英文法律教学的经验、困难与发展探索——北京理工大学法学院实践的个案分析》，载杨宗科主编：《法学教育研究》第 25 卷，法律出版社 2019 年版。

⑯ 参见龚茁：《国内法律英语研究二十年》，载《河北法学》2014 年第 11 期。

⑰ 参见周长军、石莹：《涉外法律人才培养的探索与实践——以山东大学法学院为例》，载杨宗科主编：《法学教育研究》第 15 卷，法律出版社 2016 年版。

础较为薄弱的学生在学习法律英语课程之初信心受挫。即便对于英语基础较好的学生,那些忽视学习难度的教材体例也使教师难以合理地安排教学进度,最终只可能实现“知识获取”之效,而未能实质性地提升学生法律英语的实际应用能力。

以律师职业为例,我国国内对涉外律师的需求日益增多,涉外律师在我国境内执业的服务对象既可能是有跨国往来的中国企业或公民,也有可能是来我国投资、就业、学习的外国企业或公民。若服务对象为前者,涉外律师需要充分掌握目标国家的相关判例与成文法,这时法律英语词汇的特殊性与句式的复杂性往往给律师带来巨大的阅读障碍,这主要是由于其未具备合格的“实践型涉外法律能力”。若服务的对象为后者,涉外律师运用的法律一般为我国的涉外法律,但由于其服务的对象为外国企业或公民,法律英语能力的欠缺会使其服务质量大打折扣,甚至会因为无法与客户沟通法律问题致使案件败诉或给客户带来巨大的经济损失。此外,现行法律英语教学只讲授域外法律,却忽视了对我国相关涉外法律的讲解。虽然也可以单独开设讲授这些涉外法律的英文课程,但是由于相关法律已经在相应的中文教学课程中有所讲解,学生已经基本掌握了这些法律知识,因此笔者认为可以将这些纳入法律英语课程的教学内容中,以期实现法律英语教学培养“实践型涉外法治人才”的“对外”与“对内”双重目标。

三、我国法律英语教学内容的完善路径

现行法律英语的教学内容难以满足“学术型”与“实践型”涉外法治人才的培养目标,亟待在遵循语言学习规律的基础上对法律英语的教学内容进行革新。笔者认为,法律英语的教学内容可以分为“总论编”与“分论编”:“总论编”主要讲解法律英语词汇与语法较之普通英语的特殊之处,并结合一些短小且具有趣味性的短文激发学生的学习兴趣,夯实学生法律英语的基础;“分论编”则要摒弃以部门法为界限或是以某国法

为重心的面面俱到式的教学方式,将教学重心转移至主要英语国家的基础法律知识的讲授,如司法制度、证据制度以及法律职业与伦理等方面的内容,并尝试将国内主要的涉外法律纳入教学范畴,实现“引进来”与“走出去”双轮驱动,最终实现法律英语培养卓越涉外法治人才的教学目标。

(一)充分遵循语言学习的规律,从法律英语词汇、语法的特殊性展开

语言作为人类沟通交流的工具,由“语音、语义、词汇、语法”四个要素组成。[18] 法律英语在长期的形成过程中,形成了较之普通英语特殊的词汇与语法,因此法律英语的教学应当从词汇与语言两项要素切入,否则难以理解由词汇和语法两项基本要素构成的语篇。对法律英语词汇和语法特殊性的讲解在法律英语教学中起到了基石作用,只有充分理解作为法律语言基本要素的词汇与语法的特殊性,才能够在之后更复杂的篇章学习中提升学习效率,这也是将其纳入法律英语教学内容“总论编”中的原因所在。法律英语词汇的特殊性体现在“熟词生义”“英语古代词语”“古法语词”“拉丁词和短语”等方面。[19] 没有学习过法律英语的学生往往很难熟悉一些专业法律词汇的含义。在面向60位法学专业本科学生(其中30位学习过法律英语课程,30位未学习过法律英语课程)法律英语词汇掌握情况的调研中,学生的作答情况见表1。

表1 法学专业本科生对法律英语“熟词生义”掌握情况

词汇	普通英语中的含义	法律英语中的含义	“法律英语中的含义”回答准确率/%	
			未学习法律英语学生	曾学习法律英语学生
code	密码	法典	36.6	83.3
security	安全	证券	13.3	76.6
title	标题	所有权	0	10
serve	服务	送达	0	3.3
prejudice	偏见	损害	0	0

⑱ 参见高名凯:《语言论》(第2版),商务印书馆2011年版,第177页。

⑲ 参见潘庆云:《中英法律语言的前世今生及其改革优化的对比考察(上)》,载《语言文字周报》2019年1月2日,第2版。

根据对60位法学专业本科学生的调研情况来看,学习过法律英语课程的学生对相关词汇在法律英语中含义的熟悉程度优于未学习过法律英语课程的学生,这在法律英语常见词汇"code"与"security"中表现较为明显。但是,对于"serve"和"title"两个词汇而言,即便学习过法律英语课程的学生对其在法律英语中的含义也不甚了解,这种情况在"prejudice"一词中的表现更为突出,无论是否学习过法律英语课程的学生都不了解该词汇在法律英语中的含义。

由此可见,以往法律英语课程的教学内容在一定程度上涉及了法律英语词汇特殊性的教学,但并未将法律英语词汇的教学作为教学内容中的重点,导致学生未能掌握司法实践中常见的词汇,这对于涉外法治人才的培养较为不利。虽然语言的学习不能脱离语句和篇章,但在法律英语的学习中,由于词汇和语法的特殊性,致使即便是英语母语人士在学习法律英语时也像是在学习一门"外语",因此在法律英语的教学内容中应当突出法律英语词汇和语法的重要性,在"总论编"单设两章专门讲解法律英语的词汇与语法,并在之后的篇章教学中对涉及的法律英语词汇进行总结,构建法律英语学习的词汇库。同时,为了确保法律英语语言的精准性,法律英语在法条、判例以及契约中大量使用长难句,有时一个法律条文可能多达数百个单词并叠加若干个从句,⑳因此法律英语教学需要通过相关例句来讲解法律英语语法的特殊性,避免学生在之后材料阅读过程中的畏难情绪。

(二)舍弃面面俱到的法律介绍,将教学重心转向主要英语国家的法律基础知识

现有的三种法律英语教材体例无一例外都强调域外法律规范的全面介绍,因而法律英语教学承担着在有限教学课时内学习众多域外部门法的"不能承受之重"。上述三种教材体例实际上对编写者、讲授者与学习者的各个部门法能力都提出了极高要求,即便通过中文讲授域外的某个部门法都颇具挑战性,遑论用英语在短短几十个课时内讲授域外某个部门法的

---

⑳ 参见杨敏:《系统功能视域下的法律英语翻译》,载《外语研究》2012 年第 2 期。

知识。因此,意图通过法律英语课程教学实现对域外某个部门法的深入了解,是不切实际的。本文认为,法律英语课程的教学目标不宜好高骛远,应当舍弃对域外法律面面俱到的介绍,把有限的教学课时集中在提升学生对于主要英语国家法律基础知识的掌握中,不宜将“分论编”以部门法进行划分,而应当将教学内容聚焦于主要英语国家的法律制度、司法制度、证据制度、法律职业与伦理等方面的内容。选择这四个角度作为法律英语“分论编”的教学内容,意在加深学生对主要英语国家法律基础知识的了解,只有在了解这些内容的基础上,学生在学习相关国家的部门法知识时才能够有的放矢,这也为学生日后双语或是全英文学习域外的部门法课程夯实了基础。首先,对法律制度的讲解避免了学生套用我国的法律制度理解域外法律制度。例如,虽然英美法系国家主要以判例法为主体,但是也有很多成文法(written law)或制定法(statutory law),初学法律英语者甚至对此也不甚了解。再如,美国作为联邦制的国家,各个州都具有立法权,何时应当适用州法律,何时适用联邦法律,都可以通过法律英语教学予以讲解。其次,英美法系国家的司法制度也与我国有较大差别,其中具有代表性的便是陪审团制度,美国的陪审团又分为大陪审团(grand jury)和小陪审团(petty jury),可以通过学习《十二怒汉》(Twelve Angry Men)等经典文章和影视资料让学生了解英美国家的司法制度。再次,在司法制度的学习过程中,可以融入证据制度的内容进行讲解,因为证据的采信是裁判过程中的重要争点,而英美法系国家的相关证据理论也与我国有较大差异。最后,法律职业与伦理体现了英美法系的法律文化,若学生想要成为“实践型涉外法治人才”,必须深入了解域外的相关法律、法规与习惯。上述四个方面的教学内容避免了现行法律英语教学内容的枯燥性,授课者可以通过观影、小组辩论、模拟法庭等多种方式激发学生的学习兴趣,实现法律英语教学的寓教于乐。

(三)将我国主要涉外法律纳入教学范围,尝试“走出去”与“引进来”双轮驱动

法律英语的教学目标绝不是只培养精通英美法律的涉外人才。随着越来越多的外国企业和公民来我国投资、就业与学习,我国的涉外法律在司法实践中也被越来越广泛地适用。[21] 求职市场对于既精通我国涉外法律又熟练掌握法律英语的复合型人才需求增多,但是同时具备这两项能力的求职者数量却难以满足市场需求。因此,我国的法律英语教学不能只将英美国家的法律制度"引进来",还要尝试让我国的涉外法律"走出去"。对我国主要涉外法律的学习通常在部门法教学过程中有所涉及,但是这些课程一般通过中文授课,因而学生虽然掌握了相关的法律知识,却难以运用英语将相关法律知识付诸实践。主要原因在于,涉外法律服务的对象一般为外国企业或公民,这对服务者的法律英语能力提出了较高要求。而实践中常见的情况是服务者虽然精通我国的涉外法律,却由于法律英语能力的欠缺导致难以直接与客户进行沟通,这时若再聘请专门的英语翻译,不仅浪费了巨大的时间成本,还可能因翻译偏差给客户带来巨大的经济损失。

本文提出将我国的主要涉外法律纳入法律英语"分论编"的教学内容中,符合我国"实践型涉外法治人才"的培养目标,也不会给法律英语教学带来较大压力,因为学生一般已经具备了这些部门法知识,只需要学习这些法律的英文版本与实践案例即可。由于法律英语课程中对于我国涉外法律的教学主要着重培养学生的沟通能力,因此可以在教学中通过案例演练的方式,让学生扮演案例中的不同角色,以此提升学生的法律英语的实际应用能力。具体而言,可以将《涉外民事关系法律适用法》《外商投资法》《中外合作经营企业法》《境外非政府组织境内活动管理法》等我国主要的涉外法律纳入法律英语"分论编"的教学内容中,选取实践中争议较多或案情较为复杂的案例,在学习相关法律英文版的基础上引导学生通过英语进行实战演练,为培养既通晓国内涉外法律又精通法律英语的"实践型涉外法治人才"夯实基础。但是,也不宜将过多的涉外法律纳入教学范畴,因为我国的涉外法律作为法律英语课程"分论编"的教学内容只能占"分论编"教学内容的1/2或是1/3,否则会在有限的教学课时内过分削减对域外法律基础知识的讲解,造成顾此失彼的局面。

---

[21] 参见刘思达:《中国涉外法律服务市场的全球化》,载《交大法学》2011年第1期。

四、结语

涉外法治人才的培养离不开法律英语的教学环节，而现行法律英语的教学内容却难以完成培养涉外法治人才的教学目标。鉴于此，本文提出，要在遵循语言学习规律的基础上对法律英语的教学内容进行革新。教师是知识的传授者，无论对法律英语的教学内容如何进行改革，都需要有一批合格的法律英语教师队伍作为支撑。在各校教学实践中，法律英语课程一般由法学院具有海外留学背景的教师或是有外语学院从事法律语言学研究的教师承担教学工作，二者在教学内容的侧重上往往有所不同。[22]但是，如果按照现行法律英语教材的三种常用体例设计教学内容，无论是何种教育背景的教师实际上都难以扛起法律英语教学的重担。本文提出法律英语教学内容的革新，对“教”与“学”的过程都产生了有益影响：一方面，从遵循语言学习规律的角度，减轻了学习者的学习负担；另一方面，从教学内容由精深的域外部门法知识向英语国家法律基础知识转变的角度，缓解了授课者由于相关学科背景不足而引发的教学压力。

On the Paradigmatic Innovation of Legal English Teaching Content

—Aiming at the Cultivation of Foreign-Related Rule-of-Law Talents

Yang Fan

Abstract: Xi Jinping Thought on the Rule of Law entails two demands

[22] 参见张清：《法律语言学科之教师团队建设研究——以ESP教学理论与实践为鉴》，载《中国法学教育研究》2016年第3期。

for comprehensively promote the law-based governance in China, that is, "to coordinate the promotion of the domestic rule of law and foreign-related rule of law" and "to build a high-quality legal work team with both morality and ability". As for the legal education, legal English teaching is an indispensable part of cultivating foreign-related legal talents. There are three major modes of the current legal English teaching content and each of them respectively emphasizes on the branches of law, the law in one of certain English-speaking countries, and the sequence of chapters according to their difficulties of the law. According to the author of this paper, the current three modes fail to foster the "academic" and "practical" competences that required by the cultivation of Foreign-related legal talent. Thus, it is urgent to innovate the content of legal English teaching. The new mode of legal English teaching should fully follow the rules of language learning, starting from the particularity of legal English vocabulary and grammar. It should abandon comprehensive legal introduction to the laws, procedures and legislations of English-speaking countries, and then it should shift the focus of teaching content to the basic legal knowledge of English-speaking countries and also should cover Chinese primary foreign-related laws in the scope of teaching content to realize the two-wheel drive of both "going out" and "bringing in".

Key Words: Xi Jinping Thought on the Rule of Law, foreign-related rule-of-law talent, legal English, teaching content

国际法教学中嵌入式法律检索的方法与进路*

周　园**

摘　要:推进涉外法治工作离不开一流的涉外法治人才,国际法教学是培养涉外法治人才的重要路径之一,然而法科生缺乏法律检索技能的现状严重影响了国际法教学质量的提高和涉外法治人才的培养。嵌入式法律检索是将专业课教学和法律检索技能培训有机结合的创新方法,通过特定教学内容的选择及学生检索需求情景的创设,可有效实施嵌入式法律检索。具体的实施路径为法律检索基础方法讲授和检索技能强化,配合以教学效果评估、反馈和改进,使得嵌入式法律检索技能教学与国际法实体法教学有机统一,提升国际法的教学质量,夯实涉外法治人才的培养基础。

关键词:国际法　嵌入式法律检索　教学方法

---

* 基金项目:2019年度中国博士后基金项目"海外国有资产流失的法律规制问题研究"(项目编号:2019M653895XB);2017年度陕西省社科基金一般项目"陕西自贸区专属投资争议解决研究"(项目编号:2017F002)。

** 周园,西北政法大学国际法学院博士后,陕西师范大学讲师,法学博士,研究方向:国际私法。

引　言

习近平总书记在2020年11月中央全面依法治国工作会议上强调,要坚持统筹推进国内法治和涉外法治。党的十八届四中全会明确提出要加强涉外法律工作,①中央全面依法治国委员会第二次会议指出加强涉外法治专业人才培养。② 新形势下推进涉外法治凸显重要和紧迫性。涉外法治所涉领域众多,既包括内国法、外国法和国际法等内容,又涵盖立法、执法和司法等环节,在国家法治建设中占有重要地位。王瀚教授认为,“涉外法治的核心是我国在对外事务中运用国际法治思维和国际法治方法,来管理和规范我国具有涉外因素的政治、经济和文化活动,依据国际条约和我国涉外法律来增强涉外执法、涉外司法、涉外法律服务和涉外事务管理的能力”。③ 其中,推进涉外法治的主体是人,培养高质量涉外法治人才是关键举措。随着“一带一路”建设的不断深入,我国与世界各国的互动愈加频繁,对涉外法治人才培养提出了更高的要求。国际法教学是我国培养涉外法治人才的重要路径之一,④与国内法不同的是,国际法的学习和运用涉及大量的外文法律文献资料,诸如国际条约、国际判例、国内立法和司法解释、案例、政策、命令、法律文化及学术成果等,对学生的法律检索能力具有更高要求。然而,这项重要的法律技能在我国国际法教学中长期缺席,主要原因在于:一方面国际法有限的教学时间、庞杂的知识内容与较难的法律检索技能间存在矛盾;另一

① 参见党的十八届四中全会通过的《中共中央关于全面推进依法治国若干重大问题的决定》。

② 参见《习近平主持召开中央全面依法治国委员会第二次会议并发表重要讲话》,载国务院官网,http://www.gov.cn/xinwen/2019-02/25/content_5368422.htm。

③ 王瀚:《加强涉外法治建设,不断推动改革开放》,载《陕西日报》2014年12月9日,第6版。

④ 本文所指的国际法仅指狭义的国际公法,广义的“国际法”还包括国际私法和国际经济法。

方面在于国内法学教育对法律检索技能缺乏重视。[⑤] 如何在有限的国际法教学课时中教授学生国际法资料检索技能，帮助学生更深入地学习理解国际法并展开进一步的研究创新，切实提高我国涉外法治人才培养质量，是一个需要重点关注的问题。

一、国际法教学中引入嵌入式法律检索的必要性

美国大学与研究图书馆协会2019年修订了本科生信息素养示范课程具备的要素及最佳做法，与以往有明显区别的地方在于此次修订给出的七项要素均强调并体现了文献资源检索与专业课结合的方法，[⑥]该方法被称为"嵌入式检索"(embedded librarians)。"嵌入式检索"突出了文献资源检索的工具性特点，将其定位为在专业课教学中实施的、服务于专业课需求的信息素养技能，以应对科技、现代出版信息及数据数量的急速增加为文献资源检索带来的挑战，该方法在美国一些知名大学的理工和医学类专业课教学中已推广应用且实际功效得到验证。"嵌入式法律检索"则是将专门法律检索融入专业课授课中，根据该课程实际需求进行针对性的检索技能培训，其本身作为授课内容的有机组成部分。国际法教学中引入嵌入式法律检索是解决学生缺乏国际法资料检索技能的有效措施，有助于提高国际法教学质量，应对技术革新挑战。

（一）我国高校国际法教学与国际法资料检索技能培训现状

叶圣陶先生认为写作的源头在于"获得完美的原料"，[⑦]对于国际法教学而言，学生深入理解国际法知识，进行研究写作及实践运用的前提也是获得准确充分的国际法资料。相关调研显示，目前国内知名法学院校大多数没有提供专门法律检索正式课程，仅以选修课或图书馆培训讲

---

⑤ 参见苏力：《中国法律技能教育的制度分析》，载《法学家》2008年第2期。

⑥ The Association of College and Research Libraries (ACRL), *Characteristics of Programs of Information Literacy that Illustrate Best Practices: A Guideline*, 载美国图书馆协会网，http://www.ala.org/acrl/standards/characteristics，最后访问日期：2021年6月20日。

⑦ 叶圣陶：《怎样写作》，中华书局2007年版，第2页。

座形式为学生讲授基础法律检索技能。[⑧] 虽然调研样本有限,但国内一流法学院校的专门法律检索教学尚且不足,管中窥豹,可以推测全国627所开设法学本科专业的高校的国际法教学中的专门法律检索较为欠缺。[⑨] 国际法的教学课时通常为54课时左右,教学内容既包括庞杂的理论知识,又包括复杂的国际法实践,教学时间看似已无法安排国际法资料检索技能培训,学生只能被动接受教师讲授的信息。例如,国际法每个章节都会涉及国际条约,教师只能选择性介绍或列举,学生无法获悉完整的条约信息,如某一条约的谈判历史、争议焦点、签字国、加入国及其条约保留等。又如,在分论"空间法"的教学中,《外空条约》和《月球协定》等重点条约会在教学中出现,但与空间法新问题有关的条约或其他资料难以详细讲授。随着科技的进步和探索外空进程的不断加快,外空环境保护、商业开发、星球资源争夺已经对现有的国际法带来挑战,美国高盛公司甚至预测太空经济会成为未来的投资风口,[⑩]学生基于学术兴趣或未来从业可能需要了解与此相关的更多国际法知识。

同时,学生难以直接参与国际法实践、感受国际法的运用,课堂上的国际法案例成为学生理解国际法实践的重要途径。国际法案例多为英语且篇幅较长,课堂讲授的案例只能以改编后的简短形式呈现,可能会遗漏案例中的其他国际法问题。例如,"荷花号案"[⑪]作为国际法中的一个经典案例,常被用来讲授国家管辖权问题,常设国际法院对此案所作判决原文为61页及6份反对意见,[⑫]学生通过查阅原始文献可以发现该案不仅涉及管辖权,还涉及国际法真空问题,即备受争议的"国际法不禁

---

⑧ 参见于丽英、韩宁:《中国法律检索教育的新发展》,载《中国法学教育研究》2016年第2期。

⑨ 参见张文显:《中国法治40年:历程、轨迹和经验》,载《吉林大学社会科学学报》2018年第5期。

⑩ 参见Noah Poponak, Jake Siewert, *Space-The Next Investment Frontier* 2017,载高盛集团官网,https://www.goldmansachs.com/insights/podcasts/episodes/05-22-2017-noah-poponak.html。

⑪ The Case of the S. S. "LOTUS", 1927 P. C. I. J. (ser. A) No. 10 (Sept. 7).

⑫ See International Court of Justice, *Series A: Collection of Judgments (1923 - 1930)*, Accessed April 14, 2021, https://www.icj-cij.org/en/pcij-series-a.

止即允许”原则,该原则如今被美国解读为美国法域外适用的合法性依据,这使得重新研究“荷花号案”判决原文有了新的意义。国际法的教学目标是培养涉外法治人才,具备国际法资料检索能力是应有之义。缺乏国际法资料检索技能支撑的国际法教学令学生“知其然而不知其所以然”,难以满足涉外法治人才培养目标。

(二)国际法文献资料的特点

国内法立法体系完整且具有严密的条理性,对应的文献资料存在天然关联性。学生只需明确待检索的问题,就能找到对应的法律法规、案例、专著论文和参考工具。例如,学生想查询“人脸识别”技术的法律规制,首先,可查询到我国《消费者权益保护法》、《刑法》和《民法典》等多部法律都明确规定了个人信息保护条款;其次,可在全国人大国家法律法规数据库、⑬司法部行政法规库⑭等官方网站快速检索到对应法条,通过中国裁判文书网或北大法宝等数据库可精确检索到相关案例;最后,可在中国知网或图书馆查找到专著论文和参考工具。一些专业付费数据库还能依据检索问题综合提供法律法规、同类案例、司法观点和学术研究等资料,即“一键生成检索报告”。与之相比,国际法文献资料分布广泛、缺乏体系性且语言多元化,专业数据库难以提供如国内法资料一般便捷高效的检索服务,这意味着学生即使明确了研究问题也只成功了一半,检索国际法文献资料需要耗费更多时间。例如,当学生想查询国家主权豁免问题时,该问题对应的法律文件包括国际条约[如《联合国国家及其财产豁免公约》(未生效)]和国内立法(如美国和加拿大等都有外国主权豁免专门立法),案例来源包括国际司法或仲裁机构的裁判及国内法院审理的涉及主权豁免的案例,其他相关资料有国际组织的决议、国家的公报、声明及专著论文等。学生脑海中如果尚未建立起一个明确的国际法知识框架,无法对国际法文献资料进行分类,检索过程将犹如“大海捞针”般艰难且低效。

---

⑬ 载国家法律法规数据库官网2021年4月14日,https://flk.npc.gov.cn/。

⑭ 载行政法规库官网2021年4月14日,http://xzfg.moj.gov.cn/search2.html。

(三)技术革新对传统国际法文献资料检索模式的挑战

21世纪以前,学生获得国际法文献资料的主要渠道是印刷和出版物。由于国际法文献资料数量庞杂,这些纸质资料的作者只能以自己信奉的标准原则择取主题内容,学生难以看到信息“全貌”,即难以获得原始文献。如今,随着互联网的普及和电子信息技术的发达,一些国际条约、国内立法、国际法案例等可直接在有关机构的官方网站上免费获取,诸如Westlaw、Lexis和Heinonline等专业法律数据公司以数据库的方式辅之以复杂精妙的检索技巧设计,可以让用户获得较为全面准确的国际法文献资料。这些数字化资源相对于传统纸质资源具有检索便利、获取速度快的优势,有学者断言“法律信息在技术革新背景下正在以前所未有的速度生成,大量的信息以电子形式公开访问,打印复制的纸质国际法资料正在被互联网数字资源取代”。⑮ 互联网科技拓展了国际法资料范围,国际组织的决议和国家政府部门网站的信息及国内立法的修订都可随时获取。技术革新带来了法律检索方法的更新,在原有检索纸质资料方法的基础上,需要及时学习运用电子资料检索方法,掌握正确的国际法资料检索技能,避免淹没在信息的海洋中。

二、国际法教学中的嵌入式法律检索方法

单独的国际法资料检索技能培训受制于师资、课时及学分安排等复杂因素的影响,不符合我国国际法教学实际。嵌入式法律检索可避免上述问题,在体现专业性的同时能够结合教学内容,克服图书馆检索培训泛而不精、缺乏明确目标的弊端。在国际法教学中引入嵌入式法律检索方法,需遵循深度嵌入并服务于教学实践的原则,让该方法作为整个教学环节的一部分,作用于解决具体国际法问题。

---

⑮ Terry Hutchinson, *Developing Legal Research Skills: Expanding the Paradigm*, Melbourne University Law Review 32, 2008, p. 1073.

（一）实施嵌入式法律检索的教学内容选择

国际法教学内容包括基本原理和具体规范两部分，选择适宜与国际法资料检索相结合的特定教学内容是实施嵌入式法律检索的关键步骤。教学内容的选择需遵循嵌入式法律检索实施的基本特点。首先，教学内容应具有明确的检索目标。国际法中的部分教学内容本身涉及查找某类信息资料，这些内容中可提炼出待检索的问题，以便向学生讲授相应的检索方法。例如，“国际法的渊源”要求学生掌握《国际法院规约》第38条，如何查找国际条约、国际习惯、一般法律原则和确定法律原则的补助资料，就顺理成章地成为嵌入式法律检索讲授的主题。其次，教学内容的先后顺序应与国际法资料检索技能由易到难、循序渐进的学习规律相一致。国际法资料检索技能培训的第一阶段主要向学生展示检索的目的和功能，引发学生对检索技能的重视和学习兴趣，为后续教学奠定基础。第二阶段为检索方法讲授阶段，直接教学生如何查找国际条约、国际习惯、国际法案例或著作论文等。第三阶段侧重检索技能与国际法知识点学习的综合运用，引导学生依据所学知识发现并分析具体问题，最终通过运用检索技能探究该问题的解决办法。最后，所选择教学内容与国际法资料检索相结合后，整个教学环节既能体现该教学内容本身所蕴含的知识维度，又能体现国际法资料检索反映的认知维度，给学生一种发现并运用国际法的真实体验。

（二）实施嵌入式法律检索的基于学生需求环境的创设

我国高校一般在本科二年级开设国际法课程，学生此时初步具备基本的法学知识，但尚未接受法律检索技能培训。低年级法科生普遍漠视法律检索技能，只有在经历了毕业论文写作或实习后才认识到该技能的重要性。[16] 可见，国际法资料检索技能必须在学生感到“需要”的时候逐步引入，即营造一种学生“有国际法资料检索需求”的环境来实施嵌入式法律检索，学生才能更有效地学习和运用该技能。大二法科生经过一年的适应准备，具备更强的可塑性，在国际法教学中有利于实施嵌入式

---

⑯ 参见凌斌：《法科学生必修课：论文写作与资源检索》，北京大学出版社2013年版，第5页。

法律检索。这种基于学生需求的环境,可以通过“阅读、评论、分析和写作”四项举措来创造。具体而言,可以在讲解某个知识点后,要求学生阅读该领域专著论文等来深化认知。此时如何查找国际法专著论文就成为学生完成阅读的前提条件,教师可根据学生检索到的阅读材料实际状况来示范有效的检索方法。

教学内容中涉及的前沿问题可以作为评论话题,学生表达观点需要准备论据。充分的论据应涵盖国际法的四种渊源,自然语言直接检索也许能找到部分条约和学术论著,但国际习惯作为“通例被接受为法律”的证据,存在于国际法主体的各种实践中,没有经过专门的检索培训往往难以查找。法律写作和法律检索均是法学教育中的技能教育,二者之间相辅相成、密不可分。进行系统的法律检索后将检索结果有效地表达给读者是法律检索的重要目标和价值体现。同时,对写作而言,“巧妇难为无米之炊”,即使一个拥有一流写作能力的国际法专家,如果没有“米”(写作需要的国际法资料)也难以开展写作。学生要围绕某个国际法主题撰写小型论文,必须检索与选题相关的国际法资料才能“有米下锅”。基于学生的“需求”实施嵌入式法律检索,这种技能才有可能得到学生的实践,检索获得的知识才有可能存储在学生的脑海中。[17]

三、国际法教学中的嵌入式法律检索进路

涉外法治人才培养强调法律职业教育,法律职业教育的核心目标是为学生提供其日后执业必须具备的法律检索技能。在国际法教学中加入技能教学单元,使资料检索成为国际法教学的“助推器”,响应了涉外法治人才培养需求,复合我国法学教育中日益增长的职业导向,令国际法教学更好地服务于我国涉外法治建设。国际法教学中具体开展嵌入

---

⑰ See Martina Sharpe, *Making Meaning Through History: Scaffolding Students Conceptual Understanding Through Dialogue*, Ph. D. diss., University of Technology, 2003, p. 243.

式法律检索的进路,是指教师在国际法教学中规划固定的技能课程,循序渐进地开展检索基础方法指导和演示,通过习题训练来强化学生的检索技能,让学生将已学到的检索技能迁移到新的、不熟悉的国际法领域,最后进行教学效果评估,基于学生的反馈和教师的反思,及时改进教学方法以便达到最佳效果。

(一)检索基础方法讲授

法律检索作为法学教育的组成部分,需教会学生"创造性地解决问题的能力"。如果法科生的主要学业目标是理解国际法的运行方式,那么掌握系统的国际法资料检索技能,而非仅仅被训练完成一些零散的检索任务,则是实现主要学业目标的基础。国际法资料检索方法主要分为传统文献资料检索、法律专业数据库检索及互联网文献资料检索(后两者统称为"电子资源检索")三种方法。这三种方法在实践中通常是交叉使用的,其中电子资源检索在当前应用得更为频繁。国际法总论的教学重点是"国际法的渊源",该主题适宜实施嵌入式法律检索。

第一,关于国际条约的检索。对于我国缔结或参加的双边或多边条约,可在外交部网站中的"条约数据库"⑱进行检索。对于我国没有缔结参加的多边条约,可在联合国条约数据库⑲中查找,该网站提供交由联合国秘书长保存的多边条约现况的最详尽信息。在其他全球性或区域性国际组织的官方网站中,可以分别查询到这些组织制定的相关条约。在许多国家的政府网站中,也建立了以本国缔结或参加的条约为主的专门网页。纸质印刷型国际条约汇编一般只有在国家图书馆、中国社科院或国际法研究实力较强的高校图书馆中才获得收藏,因此通过互联网检索国际条约是最适合学生选择的途径。

第二,关于国际习惯的检索。国际习惯表现在三个方面:(1)国家间的外交实践。(2)国际组织和机构的实践。(3)国家的内部行为,如

---

⑱ 载中华人民共和国条约数据库官网 2021 年 4 月 10 日,http://treaty.mfa.gov.cn/Treaty/web/index.jsp。

⑲ See United Nations, *United Nations Treaty Collection*, Accessed April 15, 2021, https://treaties.un.org/.

国内立法、司法判决和行政命令等。我国商务部建设的"全球法律网"[20]提供了部分国家商事领域的国内立法,世界法律指南[21]和世界法律信息研究所[22]提供了部分国家的国内立法和法院判决。在各国的政府官方网站中可以查找其外交政策、声明和公报等。在政府公报在线[23]网站也可以查询这类信息。许多国家还会出版非官方国际法年刊,刊登国家的国际法实践类学术文章,也可通过相关著作和论文来检索国际习惯。由于一般法律原则在实践中大多已经被国际条约和习惯所吸收,所以无须特殊的检索方法。

第三,关于国际法司法判例的检索。国际法院是联合国的司法机构,所作判决不具有"判例"效力,咨询意见也不具有法律拘束力,但在国际法实践中二者却发挥重要影响。例如,"诺特鲍姆案"涉及国家属人管辖中的有效国籍判断问题,教师可以演示查找该案判决原文的过程,向学生介绍国际法院官方网站收录了1947年至今所有的判决、未决案件材料、咨询意见和正式出版物等。同时,告诉学生其他专门性法院或区域性法院裁判的案例也可在其官方网站中查询。

(二)检索技能强化训练

基本的检索方法讲授结束后,还需以检索报告的方式强化训练学生的检索技能。一方面旨在巩固学生的检索技能;另一方面在于帮助学生解决国际法资料检索中的一些难点,即如何从大量检索结果中筛选和评估有价值的资料,如何将待检索的法律问题概念化来提取和组织检索术语,如何管理检索过程,从综合性的检索结果进入越来越精确的检索结果等。在开始检索前,学生必须要理解国际法和国内法的关系,明白二者的区别。同时,学生应建立起国际法检索思路框架,这有助于学生把检索需求与特定形式的国际法联系起来,经过筛选后援引需要的检索信

---

[20] 载全球法律网2021年4月10日,http://policy.mofcom.gov.cn/pact/index.shtml。

[21] See The World Law Guide, Accessed April 10,2021. www.lexadin.nl/wlg/.

[22] See World Legal Information Institute, Accessed April 10,2021. www.worldlii.org.

[23] See Government Gazettes Online, Accessed April 10, 2021, http://www-personal.umich.edu/graceyor/doctemp/gazettes/index.htm. 参见戴瑞君:《寻找国际法——国际法文献检索与利用》,载中国法学网2021年4月10日,http://iolaw.cssn.cn/。

息。完成对某个特定问题的检索报告,应引导学生制订检索计划,该方法有助于缩小检索范围,提高检索结果的精确性。检索计划分为如下步骤:第一,识别法律问题。第二,确定检索词。第三,查找相关的原始资料和二次资料。第四,撰写检索报告。学生完成检索报告后,教师就检索结果引导学生反思其在检索过程中查找和筛选信息的不足之处,示范更为有效的检索方法。

以“国际法上的国家责任”为例,要求学生制作关于“日本排放核废水入海事件”的国际法资料检索报告。第一,学生需要利用本章所学知识,识别出该检索题目所涉国际法问题是日本排放核废水的行为是否属于国际不法行为,需检索国际法依据(原始资料)和相关学术研究(二次资料)。第二,学生初步进行自然语言检索,获取与待检索问题相关的背景知识,制定一个清晰有效的检索方案。其中,使用自然语言检索时,需注意使用搜索引擎命令来增加精确性,常用的命令有:(1)inurl:网址+关键词,意指在特定的链接中搜索含有关键词的网页信息。(2)filetype:文件格式 pdf/doc/ppt+关键词,限定查找结果的特定格式。(3)site:域名+关键词,指仅从特定网站或网域获得结果。(4)intitle:关键词,指查找网页中有关键词的页面。第三,确定检索词为“discharging of radioactive water from the Fukushima”、“the decision by the Japanese government relates to international law”及“international environmental law”等。第四,在联合国条约数据库检索《联合国海洋法公约》第十二部分“海洋环境的保护和保全”及《日内瓦公海公约》第 25 条规定,在国际海事组织官网中查询《伦敦倾废公约》中对于“海洋倾倒”的规定。结合这些国际法规定,学生可初步发现日本有国际法上的义务防止任何可能产生的跨国环境损害。就向海洋倾倒核废水而言,日本必须采取一切谨慎和预防措施,其排污计划必须严格依据《联合国海洋法公约》第 206 条的规定进行环境影响评估。对该事件可借鉴性较强的相关案例如“特雷尔冶炼厂案”(一国不得实施跨国环境损害的第一个司法案例)可以通过美国&加拿大国际联合委员会官方网站查找,“莫克斯工厂案”可在联合国海洋法法庭官网查找。相关学术资料,可以在学校图书馆查找纸质资源以及从法律专业数据库查找电子资源。通过此项训练,学生既提高了检索技能,又拓展了国家责任法的知识。同时,此项训练既回应了国际法热点问题,又有效锻炼了学生的科研创新能力。

(三)教学效果的过程性评估和改进

在国际法教学中实施了嵌入式法律检索方法后,需要教学全流程结束后进行教学效果的评估,并针对发现的问题采取有效改进措施。教学效果是一个动态检测和评价的过程,基于嵌入式法律检索的技能教学属性及在国际法教学中的从属地位,应当注重对其教学效果的过程性评估;实施评估、反馈和改进的具体步骤。评估的标准包含:学生是否掌握基础检索方法;学生是否可以将国际法问题概念化并提炼组织检索关键词;学生是否能够将国际法资料检索过程组织为可管理的逻辑单元,即从综合性结果转向愈来愈精确的结果;学生是否能够找到权威法规政策、案例或学术成果来解决一个创新或前沿的国际法问题。这四项指标要求的检索能力由入门到精湛,当学生能达到全部指标时,就基本具备了国际法学习运用所要求的检索技能水平。㉔ 向修完该课程的学生发放问卷调查,了解学生对嵌入式法律检索的真实认知和反馈,以此作为教师展开学情分析的依据。通过主题式检索报告作业,从中观察学生是否制定了有效检索计划,判断其真实检索技能水平,依照上述评估标准给予学生成绩评分,作为国际法课程总成绩(分为实体法部分和检索技能部分)的一部分。这两种方法也能促使教师反思以学生为本的国际法教学中实施嵌入式法律检索的改进方案,例如,利用课堂提供普遍问题的评论和指导,及时纠正学生不正确的检索习惯,诸如只考虑原始资料不考虑二次资料,或不注重检索结果的准确性等。通过教学演示向学生介绍实时更新的检索资源及更复杂的检索技能,之后让学生通过新一轮的模拟训练强化其检索技能。对于国际法检索技能成绩优异的同学,可以单独颁发国际法检索技能证书或实施专门奖励,引导鼓励学生积极学

㉔ See Brooke Bowman, *Researching Across the Curriculum: The Road Must Continue Beyond the First Year*, Oklahoma Law Review 61, 2008, p. 554.

习检索技能,更加深入地学习国际法知识。

四、结语

在国内外的法学教育中,法科生缺乏必要的法律检索技能已不是一件新鲜事。中华人民共和国成立 70 年来,国际法已经发展成为我国推进全面依法治国和改革开放、共建“一带一路”和人类命运共同体的重要法律工具。我国高校中的国际法教学是为国家培养涉外法治人才的关键环节,但目前的国际法课程没有为学生提供国际法资料检索技能的学习机会,致使生长在“互联网 + ”时代的法科生往往依赖百度等搜索引擎来寻找复杂国际法问题的答案,忽略其他资源的价值,不能在毕业后适应国际法实务工作,因而无法满足国家对复合型人才的需求。作为国际法学习和运用的必要技能,国际法资料检索技能的教学和培训应该得到更多的重视。国际法教学中引入嵌入式法律检索可有效提高学生的国际法资料检索技能,不会与正常教学安排及人力资源发生冲突,是适宜于我国国际法教学实际的一种创新高效的解决方案。该方法通过教学内容的设计优化及学生学习动机的创设驱动,在训练学生检索技能的同时,能够有效配合国际法知识讲授和拓展。

Embedded Legal Retrieval in International Law Teaching Methods and Approaches

Zhou Yuan

Abstract: The promotion of foreign-related legal work is inseparable from first-class foreign-related rule-of-law talents. International law teaching is one of the important ways to cultivate foreign-related rule-of-law talent.

However, the lack of legal retrieval skills of law students has seriously affected the improvement of the quality of international law teaching and the training of foreign-related rule-of-law talents. Embedded legal retrieval is an innovative method that organically combines professional course teaching and legal retrieval skills training. Through the selection of specific teaching content and the creation of student retrieval demand scenarios, embedded legal retrieval can be effectively implemented. The specific approach is the teaching of basic methods of legal retrieval and the enhancement of retrieval skills, combined with the evaluation, feedback and improvement of teaching effect, so as to organically unify the teaching of embedded legal retrieval skills and the teaching of international law, which can improve the teaching quality of international law, and lay a solid foundation for the cultivation of foreign legal talents.

Key Words: international law, embedded legal retrieval, teaching methods

法学院加强国际环境法教学的背景、障碍及对策*

林　森**

摘　要：加强国际环境法教学的背景在于，国际环境法是我国开展环境外交的有力保障，是国际法新发展的典范，是法治人才培养机制变革的必然要求。当前，法学院的国际环境法教学因为受重视程度不够导致课程开设不理想、教学内容疏漏较多、教学方法存在短板和实践教学停滞不前而受到困扰。在对策上，建议抓住法学学科体系重构的机遇，做好课程开设的基础性工作。通过理论创新重构国际环境法基本理论，优化并增补教学内容，突出我国的实践经验。重视知识融合，采用跨学科的教学方法。拓展实践教学的手段，积极与政府、专家和企业界开

---

* 本文系国家社科基金重点项目"气候变化所致损失损害责任之国际法机制研究"（项目编号：17AFX028）、国家社科基金一般项目"少数民族地区生态自治立法研究"（项目编号：13BMZ002）、河南省教育厅人文社会科学研究一般项目"环境协商民主法治化问题研究"（项目编号：2017－ZZJH－156）、河南科技大学教育教学改革研究与实践项目"法学专业课堂教学中'双师同堂'模式研究与探索"（项目编号：2019YB－055）之阶段性成果。同时，鸣谢中国政法大学国际环境法研究中心主任、博士生导师林灿铃教授及匿名评审专家提出的宝贵意见。当然，本文文责自负。

** 林森，河南科技大学法学院（知识产权学院）讲师，国际环境法博士后，法学博士，研究方向：国际环境法、科技法。

展合作。如此,国际环境法教学将走向健康的发展道路。

关键词:国际环境法　环境外交　国际法　实践教学　人类命运共同体

引　言

国际环境法是关于国际环境问题的原则、规则和制度的总和,是主要调整国家在国际环境领域的具有法律拘束力的规章制度,是保护环境和自然资源、防治污染和制裁公害的国际法律规范,是建立在"地球一体"概念上的国际法新领域。① 环境保护与和平、发展相同,已成为当今世界主题,②一国越是熟悉国际环境法,就越是能更好地维护自己的国家利益。目前,我国已深度介入国际环境保护进程之中,需要更多了解、熟悉国际环境法的专业人才从事相关工作。法学院应当积极响应这一趋势,认真思考如何在现有基础上有针对性地加强国际环境法教学,做好智力支撑的保障工作。

一、法学院加强国际环境法教学的背景

(一)环境外交需要国际环境法的有力保障

2018年6月,习近平总书记在中央外事工作会议上指出"世界处于百年未有之大变局"。③ 大变局的本质,是国际力量对比变化,由此引发国际格局大洗牌、国际秩序大调整。④ 当前国际形势错综复杂,要因应由此导致的困难,积极开展环境外交是开创我国外交工作新局面的重要手段。

---

① 参见林灿铃:《国际环境法》(修订版),人民出版社2011年版,第22页。

② 参见林灿铃:《国际环境法之立法理念》,载《清华法治论衡》2010年第1期。

③ 习近平:《努力开创中国特色大国外交新局面》,载新华网,http://www.xinhuanet.com/politics/2018-06/23/c_1123025806.htm。

④ 参见黄惠康:《中国特色大国外交与国际法》,法律出版社2019年版,第42页。

具言之,国际环境问题的风险性质使得各国无法选择置身事外而免受灾难性后果的影响。[⑤] 积极参与制定、实施国际环境法是理性选择的必然结果。国际环境保护天然地拥有无可比拟的道德与话语优势,一般不直接涉及敏感的意识形态,各国在价值追求上高度认可要承担共同责任。[⑥] 因此,开展环境外交面临的争议会小得多,能使我国有效团结大多数国家,为齐心协力共建国际新秩序创造良好的氛围。环境外交的开展无疑需要精通国际环境法的合格人才,法学院加强国际环境法教学正是满足这一需求的具体举措。

(二)国际环境法的地位空前提高

国际环境法于1972年联合国斯德哥尔摩人类环境会议正式形成,[⑦] 但在随后短短四十余年的时间里,各类国际环境法律文件已高达五百余件且数量还在飞速增长,这在国际法各新兴分支中是相当罕见的,称其为国际法新发展的典范并不为过。[⑧]

帕特莎·波尼(Patricia Birnie)和埃伦·波义尔(Alan Boyle)认为,国际法在传统上以不受限制的国家自由为定位,而国际环境法却要对国家施加常规化的限制。[⑨] 国际环境法上不断涌现出新的对世义务,将承担起为国际社会提供宪法性规则的重任,其影响力已全面渗透到国际法的方方面面,甚至可能改写国际法未来的走向。对此潮流,法学院需要加强国际环境法教学方能准确把握。

(三)法治人才培养机制变革的必然要求

2021年2月,教育部学位管理与研究生教育司、司法部律师管理局联合发布了《关于实施法律硕士专业学位(涉外律师)研究生培养项目

---

⑤ 参见林森、乔世明:《试论环境风险的法律规制》,载《西北民族大学学报(哲学社会科学版)》2015年第3期。

⑥ 参见林森:《全球环境保护中的共同责任原则——兼论林灿铃国际环境法学思想之精要》,载《河南科技大学学报(社会科学版)》2018年第4期。

⑦ 参见林灿铃、吴汶燕主编:《国际环境法》,科学出版社2018年版,第6页。

⑧ 参见林灿铃:《国际环境立法的伦理基础》,中国政法大学出版社2019年版,第119~123页。

⑨ 参见[英]帕特莎·波尼、埃伦·波义尔:《国际法与环境》(第2版),那力、王彦志、王小钢译,高等教育出版社2007年版,第1页。

的通知》。[10] 王健教授指出,该项目的出台完全是基于服务国家战略的现实需要,是法治人才培养工作主动回应国家涉外法治工作需要的结果。[11]

一个突出的亮点是,指导性培养方案在“推荐强化模块课”的规定中,将国际环境法列入“职业能力模块”的推荐课目里,这是对国际环境法之于涉外法治人才培养重要性的极大肯定。由于此次确定的十五家培养单位均是国内顶尖高校和政法院校(如北京大学法学院、西北政法大学等),示范效应不可小觑。这将极大地促进其他层次和类型的法治人才培养机制加快变革步伐,加强国际环境法教学已成为法学院工作的当务之急。

二、法学院加强国际环境法教学面临的障碍

(一)受重视程度不够

总体来看,能贯穿不同层次培养阶段,提供进阶的国际环境法课程的高校不多。较为突出的例子是,中国政法大学较早就为本科生开设了国际环境法课程,在此基础上又分别于2005年和2008年首开独立的国际环境法硕士研究生、博士研究生招生方向。除此之外,华东政法大学、武汉大学法学院等对国际环境法也给予了相当程度的重视,在教学上取得了显著成绩。

与之形成巨大反差的是,在其余为数众多的高校法学院中,国际环境法课程的存在感很弱。以本科阶段为例,法学院的课程设置首先要按照教育部相关规定来开设核心课程,然后结合所在高校的学科优势及当

---

[10] 参见学位管理与研究生教育司(国务院学位委员会办公室):《关于实施法律硕士专业学位(涉外律师)研究生培养项目的通知》,载教育部,http://www.moe.gov.cn/s78/A22/tongzhi/202102/t20210226_515055.html。

[11] 参见王健:《培养涉外法治人才的一个新尝试:法律硕士专业学位(涉外律师)研究生培养项目的特点和意义》,载法学学术前沿网2021年2月27日,https://mp.weixin.qq.com/s/xXRgYrIwZJHVK DtVrdhIJg。

地社会经济发展需求，进一步设置配套的专业基础课与辅助性专业基础课，从而形成一个完整的课程群。从实际情况来看，国际环境法只是作为国际法教学的一个单元而存在，课时极为有限，甚至被视为可讲可不讲的内容。同时，费安玲教授指出，法学在多数地方综合性院校与特色专业性院校属于新设专业，课程群建设支离破碎，很多课程都因办学力量薄弱而无法开设。在已开设课程中，法学院更愿意开设国内法课程，而不愿加大对国际法的投入，更不会主动考虑开设国际环境法课程。⑫本科阶段尚且如此，其他培养阶段的情形更是可想而知。

原因在于，首先，国际法在多数法学院中处于弱势地位，被认为欠缺实用性，对学生就业帮助不大，国际环境法也随之受到波及，备受冷落。其次，国际环境法的综合性很强，与很多国内法和国际法其他分支都存在突出的交叉现象，很多人认为国际环境法课程的开设没有必要。

（二）教学内容疏漏较多

主流的国际环境法教材大多以“总论”加“分论”的模式编排，主要存在以下不足。

1.“总论”缺乏解释能力。相关介绍往往照搬通用国际法教材中有关基本理论方面的内容，没有注意到国际环境法的“机能性”（functional），使之与立足于“领域性”（territorial）的国际法基本理论间的关系日益紧张。⑬ 朱文奇教授指出，既有的国际法基本理论植根于威斯特伐利亚的主权概念框架，对外交和领事关系法、条约法等传统分支具有强大的解释能力，而环境从未成为被关注的对象，这一状况直至《联合国宪章》制定时亦未改观。⑭ 显然，国际法基本理论也需要与时俱进，实现对自身的超越，唯此才能为国际环境法提供逻辑自洽的解释工具。

问题在于，应以何种范式实现超越？越来越多的分析指出，受制于历史局限性，以西方思维和观念为基准形成的国际法基本理论终究难逃

---

⑫ 参见费安玲：《中国法学专业本科课程体系设计改革研究》，中国政法大学出版社2016年版，第105～109页。

⑬ 参见［日］村濑信也：《国际立法：国际法的法源论》，秦一禾译，中国人民公安大学出版社2012年版，第173页。

⑭ 参见朱文奇：《现代国际法》，商务印书馆2013年版，第321页。

为资本逻辑所支配的内在缺陷。将以西方为中心书写的国际法发展史奉为“正统”,认为非西方的实践无足轻重,这种认识已遭到强烈批评。[15]何志鹏教授指出,国际法实际上体现的是不同类型人在跨国交往的过程中所试图建立的规则,并不仅仅是西方人独特的意愿,也不仅仅陈述着西方国家的利益需求。[16] 国际法需要在不同文明的追寻和争取之下,在不同文化的阐释之下,避免单向度的存在状态,逐渐走向平衡,走向健康的发展。[17] 这一卓见极具启发意义,只是“总论”对此尚缺乏理论自觉性,创见不足是时来已久的遗憾。

2.“分论”疏漏较多。(1)对我国国际环境法的实践着墨甚少。国际环境法教学要通过比较、借鉴,让学生准确理解我国的主张并思考如何维护国家利益。当前我国国家治理的主题正日益从内政主导型向内外统筹型转变,[18]不关注我国的实践,就会让“分论”失去主心骨。联合国其他常任理事国的教材很重视对本国实践的讲授,美国的教材甚至潜藏着一种美国的实践就是国际法的观念。[19] 相形之下,我国在这方面尚缺乏“以我为主”的意识。(2)对间接涉及国际环境保护内容的评析不假思索地全盘接受。[20] 这些内容对环境变量的考虑大多是附随性的,有的甚至是出于政治上的需要,不加甄别地接受相关表述必然会造成误读。例如,迷信世界贸易组织的环保措施就不可取,因为“这种习惯性倾向可能潜在地会将国际裁决机构的解释实践不加辨别地推定为一种权威性的完美成例而加以崇奉,容易忽视甚至径直漠视国际裁判因自身的

---

⑮ 参见[德]巴多·法斯本德、安妮·彼得斯主编:《牛津国际法史手册》,李明倩、刘俊、王伟臣译,上海三联书店2020年版,第1042~1066页。

⑯ 参见何志鹏:《国际法的西方传统与中国观念》,载《法学杂志》2018年第2期。

⑰ 参见何志鹏、孙璐:《国际法的中国理论》,法律出版社2017年版,第26页。

⑱ 参见张骥:《人类命运共同体的政治外交逻辑》,载《复旦国际关系评论》2019年第2期。

⑲ See Anthea Roberts, *Is International law International*?, Oxford, Oxford University Press, 2017, p. 161.

⑳ See Tim Stephens, *Multiple International Courts and the "Fragmentation" of International Environmental Law*, Australian Year Book of International Law 25, 2006, p. 227 – 272.

利益导向性而可能存在的‘异化’”。[21]（3）缺失对国际环境法遵行机制的介绍。遵行是国际法体系存在与发展的核心问题。[22] 对国际环境法律文件的机械陈述只能告诉学生在事实层面发生了什么，但不能告诉学生其是否得到遵行、又是哪些因素影响着遵行。由于这些内容在“分论”中很少提及，学生难以透过文本发现真正的法律争点是什么。

（三）教学方法存在短板

对法律规定的分析是培养法律人基本思维能力的必由之路，因而法教义学的方法就成为法学院教学的主流，[23]但对于国际环境法还不能一概而论。

国际环境法主要是对一般义务而不是对权利进行规定，而且这些义务性规定的特点常使其被认为缺失“法律性”。一方面，大量国际环境宣言、决议、指南、准则、建议和行动纲领等，用语高度抽象；另一方面，“框架条约模式”虽然避免了因争议而导致立法陷入僵局，[24]但也使之具有强烈的软法性质，不符合传统意义上国际法规范的结构与逻辑。[25] 概言之，国际环境法在“合法性”、“规范性”与“合理性”之间存在特别突出的相互分离状态，国家的态度更多地取决于利益取舍，这远非聚焦规范本身就能厘清的。[26]

（四）实践教学停滞不前

国际法因循国内法的做法，试图紧密围绕司法裁判，尤其是强化模拟庭审活动来培养学生的实践能力。[27] 但是，这对于国际环境法还缺乏

㉑ 魏磊杰：《我国国际法研究的主体性缺失问题：反思与祛魅》，载《学术月刊》2020年第8期。

㉒ 参见何志鹏：《国际法的遵行机制探究》，载《东方法学》2009年第5期。

㉓ 参见薛波：《为什么法科生上课必须重视法条？——基于法解释学/教义学立场的解读》，载杨宗科主编：《法学教育研究》第27卷，法律出版社2019年版。

㉔ 参见林灿铃：《国际环境法实施机制探析》，载《比较法研究》2011年第2期。

㉕ 参见万霞：《国际法中的“软法”现象探析》，载《外交学院学报》2005年第1期。

㉖ 参见何志鹏、孙璐：《国际软法何以可能：一个以环境为视角的展开》，载《当代法学》2012年第1期。

㉗ 参见王卿：《国际法学课程群建设中的实训实践教学探索》，载王瀚主编：《法学教育研究》第18卷，法律出版社2017年版。

针对性,因为国际环境问题更适宜以过程导向的预防性治理来解决,即重在综合审视各种材料和因素,进而论证、提出应对方案,而非执着于经由线性思维所得出的某种非此即彼的答案。㉘

校内实践教学方面。以事后损害填补为主旨的司法裁判对于国际环境法缺乏实质意义,真正走入司法程序的案件少之又少,而这些极少数的案件审理周期还非常漫长,迟迟没有结论,加大了教师运用案例、法律诊所开展教学的难度。

校外实践教学方面。法院和律师事务所是最常见的实践基地,但其多数缺乏涉外案件的处理经验,甚至根本没有案源可以操作。对于欠发达地区的法学院来说,这种现象相当普遍。

三、法学院加强国际环境法教学的对策

(一)抓住发展机遇,做好课程开设的基础性工作

2019年11月,中国共产党第十九届中央委员会第四次全体会议中强调要加强国际法研究和运用。㉙ 黄进教授认为,这意味着法学学科体系的重构必须考虑国际法发展的特殊需求。㉚ 杨宗科教授认为,法学院的培养目标今后要强调国际化导向。㉛ 随着法学学科体系重构的持续推进,国际法及其各分支在教学上将会获得较以往更多的支持。可以预期,国际环境法也将迎来彰显自身重要性的重大机遇,有机会获得恰当的学科定位,并在法学院的课程设置中占有一席之地。但是,这一机遇

㉘ See Arie Trouwborst, *Prevention, Precaution, Logic and Law: The Relationship Between the Precautionary Principle and the Preventive Principle in International Law in International Law and Associated Questions*, Erasmus Law Review 2, 2009, p. 107 – 110.

㉙ 中国共产党第十九届中央委员会第四次全体会议:《中共中央关于坚持和完善中国特色社会主义制度 推进国家治理体系和治理能力现代化若干重大问题的决定》,载《人民日报》2019年11月6日,第1版。

㉚ 参见黄进:《完善法学学科体系,创新涉外法治人才培养机制》,载《国际法研究》2020年第3期。

㉛ 参见杨宗科:《论"新法学"的建设理路》,载《法学》2020年第7期。

要变为现实,很大程度上要看国际环境法是否在学科建设上做好了准备,是否能在学术共同体中得到更广泛的认可,是否能更好地服务于国家战略。本文认为,国际环境法需要围绕以下两个方面继续努力。

1. 不断提高学术研究水平。由于种种原因,国际环境法的学术研究起步较晚,对现实的回应能力不足。研究者之间缺乏学术沟通与批评。学术组织建设缓慢,无法形成研究合力,高水平研究成果较少。公允地讲,这些不足并非国际环境法所独有,但鉴于国际环境法是极具开发潜力的学术富矿,出现这种状况是不应该的。这需要我们认真反思,找到症结所在,通过潜心钻研来扭转局面。

2. 完善课程开设的论证工作。当代法律部门间的界线时常处于动态的调整之中,"漂移的部门法"将成为常态。[32] 这一分析同样适用于国际环境法。我们必须讲清楚国际环境法在研究对象、研究视角、研究范式、拟解决的问题等方面与相关国内法、国际法其他分支之间存在什么样的实质性区别,究竟哪些内容确实是经由国际环境法的分析才能证成的,否则课程开设的必要性就会大打折扣。例如,国际环境法与环境资源保护法就共享许多重要的术语、理论和背景知识。但二者毕竟不是一回事,仍然需要把握好"漂移"的必要限度。这种区分不是为了"抢地盘",而是为了在搞清楚自身定位的前提下,做好知识传授的衔接工作。

(二)科学设计教学内容

1. 以人类命运共同体为范式重构"总论"中的基本理论。国际法的分散化决定了不同国家的政治倾向、文化精神可以在其规范及运作中留下印迹,[33]而东方文化包括中国文化是国际法基本理论创新的重要思想源泉。[34] 作为一种新的国际观,人类命运共同体冲破了西方世界构筑的单一现代性图式,[35]但其并不否定威斯特伐利亚体系合理性的一面,而

---

[32] 参见刘承韪:《娱乐法的规范意蕴与体系构建》,载《政法论坛》2019 年第 4 期。

[33] 参见何志鹏:《中国特色国际法理论:问题与改进》,载《华东政法大学学报》2013 年第 1 期。

[34] 参见石文龙:《论 21 世纪国际法的理论创新》,载《东方法学》2014 年第 1 期。

[35] 参见黄炬:《构建人类命运共同体对一元现代性的超越》,载《四川大学学报(哲学社会科学版)》2020 年第 5 期。

是力求消除资本逻辑主导下的国际体系存在的弊端,使尊重国家主权这个在既有国际体系下无法彻底实现的准则,在新的国际体系下得到真正落实。[36] 如此,人类命运共同体便实现了对国际法基本理论的扬弃,进而为重构国际环境法基本理论提供了新的范式。

在人类命运共同体的指引下,一方面,国际环境法基本理论将转向"寻找中西方文化在人类大同、共生共处上的一致性,总结出各种文明在价值取向上的共通性",[37]不断扩展对全人类共同利益的关注,持续地形成共同的价值观念,促使国家自发地努力搭建协调集体行动的一体化组织平台。[38] 另一方面,国际环境法基本理论将成为更加开放和包容的系统,能够为寻找针对特定语境的(context-specific)的创新方案提供理论支持,其灵活性足以消弭前述理论与实践之间的脱节。[39]

2. 优化并增补"分论"的具体内容。(1)突出基于我国实践提出的新思想、新概念、新制度等。其一,理念方面。高度重视对我国生态文明建设经验的总结,打通国内国际两个层面的隔阂,"这既是统筹国内国际两个大局的重要方式,也是提升中国国际话语权与领导力的重要途径"。[40] 其二,体系方面。进一步整合国际环境法律文件,从跨界环境问题、区域环境问题和全球环境问题三个层次分别加以阐述。我国在这些层次上的实践各具特色,以此为框架教学,问题意识更加突出,知识体系更为科学。(2)辩证分析交叉内容。对于间接涉及国际环境保护的内容,应当在完整陈述其立场的基础上引导学生独立思考。对于已有结论的典型案例,应当追问其观点能否在国际环境法上找到依据,如果存在

---

[36] 参见郑广永:《论从威斯特伐利亚体系到构建人类命运共同体的必然性》,载《北京联合大学学报(人文社会科学版)》2020年第3期。

[37] 马忠法:《论构建人类命运共同体的国际法治创新》,载《厦门大学学报(哲学社会科学版)》2019年第6期。

[38] 参见李杰豪:《体系转型与规范重建:国际法律秩序发展研究》,社会科学文献出版社2019年版,第233~237页。

[39] 参见[美]兰迪·裴文睿:《法律在多极世界的未来:面向全球新政》,郭晓明译,载《金陵法律评论》2016年第2期。

[40] 杜焕芳、李贤森:《人类命运共同体思想引领下的国际法解释:态度、立场与维度》,载《法制与社会发展》2019年第2期。

冲突又如何解决。对于尚无定论的前沿问题,要鼓励学生做批判性探究。(3)增补有关遵行机制的内容。国际环境法的遵行以非对抗性为特征,目的在于积极促进和协助履行义务,而不是像传统做法那样动辄诉诸强力措施。[41] 据此,不遵约机制和协同履约机制理应成为优先增补的对象。这些机制的落实大多需要依托环境影响评价、环境信息交流(含公众参与)、资金与技术援助(能力建设)、争端解决制度的运作,[42]应给予完整细致的呈现。

(三)引入跨学科的教学方法

除了法教义学的教学方法以外,教师还需要掌握伦理学、经济学、政治学、社会学等多学科的知识,并适当引入其特有的教学方法开展跨学科教学。其中,我们格外强调要挖掘国际关系学在这方面的潜力。

无论是当下还是未来,现实主义、自由主义和建构主义的国际关系理论对国际环境法都有着极为突出的影响。曹炜博士指出,国际环境法的造法机制建立在国家的"关注"而不是国家的"同意"之上,[43]而国家为何会予以"关注",在何种程度上来彰显"关注",又选择何种方式表达"关注",其判断不但深受国际关系的影响,有时完全就是国际关系演变的直接后果。推动以国际关系学为代表的其他学科与国际环境法互动,有利于防止教学异化为一种脱离了现实世界的乌托邦式的空洞宣讲。[44]

国际关系学可以从两个方面发挥深化教学的功能。其一,以规则为对象。探讨某个规则的起源背景及其是如何在国际社会中发展形成的,运行效力如何。给出规范及其运行的政治、经济、社会、文化理由,研讨其运行中的正当性问题。针对某些主张、国际环境法律文件及行为进行基于国际关系格局与国际关系中行为体的目标进行意图解释等。其二,以规则为手

---

[41] 参见张弛:《国际法遵守理论与实践的新发展》,武汉大学法学院2012年博士学位论文,第75~90页。

[42] See Philippe Sands et al., *Principles of International Environmental Law*, Cambridge, Cambridge University Press, 2012, p.601-771.

[43] 参见曹炜:《国际环境法造法机制研究》,载《中国人民大学学报》2016年第5期。

[44] 参见刘志云等:《国际关系与国际法跨学科研究:探索与展望》,法律出版社2017年版,第236页。

段。将规则作为一种准绳、一个标尺,来衡量国际关系中的某一种思想观念、行为方式、立场表达,分析其是否符合某些国际环境法律规范,或者判断不同的国际关系立场所拥有的规则依据,以及在规则论证上的缺漏。[45]

(四)拓展实践教学的手段与渠道

法学实践教学作为课程的实践化,不是单纯的实践,其目标不在于具体问题的解决,而是知识及其可能应用的展示和体验,其主旨应置于法学知识与方法及其可能应用的传授。换言之,法学实践教学以展示法学的知识体系所凝结的界定问题和解决问题的智慧为重点。[46] 据此,我们就没有必要沉浸在难以模拟司法裁判的挫败中,而是应突破思维禁锢,省略与主旨无关的形式追求,根据国际环境法的特点大胆探索。

1.校内实践教学的改进。运用侧重"说理"的手段,提高对分析过程的考核。(1)国际环境法辩论赛。其实施成本低,能够让不同水平的学生都参与其中得到学习获得感。(2)国际环境谈判。我国对联合国的学术研究较为发达,重要环境谈判的资料容易获取。教师可分配角色由学生扮演,设置问题并要求其独立撰写说明材料、提供咨询意见。[47] (3)准司法程序。国际环境法上有不少把非强制性调解程序与有约束力的争端解决机制相结合的准司法程序,其不拘一格,对学生吸引力很大,应努力整理此类特殊的程序规定并加以转化利用。[48]

2.校外实践教学的改进。寻求外部合作机会,探索发挥应用价值的路径。(1)政府的扶持。在我国,外交部条法司起着类似政府律师的作用,其与一些法学院的业务交流、人员借调极大地提高了实践教学水平。除该司以外,地方政府职能部门(如外事、海关、卫生、农业、水利等部门)以及各类民间涉外法律服务机构等,其业务范围内可能有可利用的

---

[45] 参见何志鹏:《新时代国际法理论之定位与重构:接榫国际政治的互动探究》,载《法学评论》2020年第4期。

[46] 参见蔡立东、刘晓林:《新时代法学实践教学的性质及其实现方式》,载《法制与社会发展》2018年第5期。

[47] See David A. Wirth, *Teaching and Researching in International Environmental Law*, Harvard Environmental Law 2, 1999, p.423–431.

[48] 参见杨泽伟等:《"一带一路"倡议与国际规则体系研究》,法律出版社2020年版,第277~280页。

相关资源,可争取其给予指导。(2)提升涉外法律专家的作用。我国有一些派驻各类国际环境组织的外交工作者,在确保遵守外事纪律的前提下,可充分发挥这些专家的实务优势,以多种形式提供指导。(3)与企业界保持互动。我国在海外火电投资、农地购买种植等业务上亟须做好环境合规工作。法学院应顺势而为,根据实际需求,安排学生参与一线工作,并尝试为经营活动提供有关的法律服务。

四、结语

国际环境法关系着全人类的命运走向,学习和运用国际环境法是当今时代提出的重大课题。当前国际环境法在受重视程度、内容组织、教学方法和实践教学这几个方面遇到的障碍尤为突出,为此我们提出了若干应对之策。随着国力的不断增强,我国对国际环境法的规则制定将发挥更大的影响力,在相关重大国际体系中会获得显著的话语权。[49] 如何紧密地围绕我国的实践动向,更加系统和全面地阐释我国的主张,为我国引领国际环境法的发展潮流贡献自己的力量,这将是今后国际环境法教学需要承担的新任务。

A Study on Strengthening the Teaching of International Environmental Law in Law School' Background, Obstacles and Countermeasures

Lin Sen

Abstract: The background of strengthening the teaching of international

---

⑲ 参见林灿铃:《国际环境法的发展与中国贡献》,载孔庆江主编:《国际法评论》第9卷,清华大学出版社2019年版,第152页。

environmental law is based on that international environmental law is a powerful guarantee of China to carry out environmental diplomacy and a typical model of the new development of international law and a requirement for the reform of the cultivation mechanism of rule-of-law talent. At present, the teaching of international environmental law in law schools are set with four obstacles. These obstacles include that the course has not been set up ideally due to the lack of attention; there are many omissions in the existing teaching content; the teaching method is flawed and the practical teaching is stagnant. With regard to the corresponding countermeasures, the author of this paper suggests that international environmental law should seize the opportunity for reconstructing the legal discipline system to manage the basic work about the course design and the teaching content should be optimized and supplemented by theoretical innovation and the practical experience of China should be highlighted. Law schools should expand the means of practical teaching and cooperate with the government, experts and business circle actively. In this way, the teaching of international environmental law will develop healthily in the future.

Key Words: international environmental law, environmental diplomacy, international law, practical teaching, a Community of Shared Future for Mankind

理论探讨

新时代公安法学教育改革探析*

王政勋　孟　璐**

摘　要:公安教育的目标是培养公安专业人才,公安教育中法学教育应当是其重要基础和支撑。公安法学教育既要遵从法学教育发展的一般规律,又要体现公安教育的特殊需求。新时代,公安法学教育应当是服务公安工作现代化,体现"卓越法治人才"实质内涵的专业教育。针对公安法学教育目标技术性浓厚、实战化教学不足、法律运用能力有限的现状,公安法学教育应当以习近平法治思想为指导,强化人权保障、执法公正的理念教育,以学科建设为龙头,从课程设置、教学模式和教学方法等方面提升执法能力,实现"良法"与"善治"有机结合。

关键词:法治人才　通识教育　政治建警　学科建设　执法能力

为全面深入推进依法治国,党的十九大作出了

---

* 基金项目:本文系2019年度河南省高等教育教学改革研究与实践项目《BOPPPS模式下创新卓越法律人才培养方式研究》(项目编号:2019SJGLX471)阶段性成果;河南警察学院一流科研团队建设项目"数据法治和合规研究"的阶段性研究成果。

** 王政勋,西北政法大学教授,博士生导师,研究方向:刑法学、反恐法学;孟璐,西北政法大学2019级博士生,河南警察学院法律系副教授,研究方向:法学教育、反恐法学。

优先发展教育事业、加快教育现代化、建设教育强国的重大部署。针对创新法治人才培养机制,2018年9月,教育部、中央政法委联合发布《关于坚持德法兼修实施卓越法治人才教育培养计划2.0的意见》(以下称《法治人才计划》),对2011年通过的《关于实施卓越法律人才教育培养计划的若干意见》(以下称《法律人才计划》)进行升级,指明了新时期我国法学教育的方向。公安机关是国家重要的行政执法和刑事司法力量,在法治国家、法治社会、法治政府建设中负有重要职责。2015年公安院校进行招录体制改革,明确了公安院校是公安队伍人才培养的主渠道。公安法学教育既有和法学教育的内在相通性,又具有极强的行业针对性。长期以来,公安教育与法学教育的关系、公安法学教育的定位都不甚清晰,本文拟在厘清这些关系的基础上,以卓越法治人才计划为指引,探讨新的时代背景下公安法学教育的应然定位,在考察公安法学教育现实的基础上,提出公安法学教育改革的实施路径。

一、基本概念的厘清

(一)公安教育概况

何为公安教育,有学者认为,从其性质、过程和目标上讲,公安教育是一种专门为从事警察职业和公安工作的需要而量身定做的从业教育。① 也有学者认为,公安教育主要是为公安机关培养、训练合格专门人才的教育。② 通常意义上的公安教育包括公安职业培训和公安学历教育两个方面。我国公安教育是在公安职业培训的基础上发展起来的,大体上经过初创阶段(1946~1976年)、起步阶段(1977~1998年)、发

① 参见王建舜:《浅谈公安教育、公安文化与公安软实力的逻辑生成》,载《公安学刊》2011年第5期。

② 参见萧伯符:《高等公安法学教育之两大关系论略》,载《江苏警官学院学报》2007年第1期。

展阶段(1999～2014年)、提升阶段(2015年至今)。[③] 在办学方向上,对于公安教育中学历教育和培训教育何者为主,学界认识并不统一,实践中也进行了一定的尝试和探索。2015年,公安部、人社部等六部门联合发布《关于公安院校公安专业人才招录培养制度改革的意见》(以下简称《意见》)将公安教育界定为服务公安工作需求、培养公安专业人才的教育活动,从根本上解决了"办什么样的公安院校"的问题,确立了学历教育为主的公安教育方向。本文所称的公安教育仅指公安学历教育。目前,承担公安教育的院校主要有两类,一类是由西北政法大学为代表的地方性院校建立的公安学院,另一类是传统的公安类院校。由于地方性院校的公安学院不享受《意见》政策红利,本文讨论范围为公安类院校。公安类院校有两大组成部分:一是公安部直属院校,如中国人民公安大学、中国人民警察大学、中国刑事警察学院。二是地方公安厅(局)和地方政府共建的公安院校。经过数十年的发展,经历了专科升本、院校合并等一系列转型升级,我国公安类院校整合发展到2019年的35所,其中本科院校25所、专科高职院校10所,约占全国高等院校总数的1.3%。[④] 在办学层次上形成了专科、本科、研究生(硕士、博士)完整的人才培养体系。在学科建设上,2011年教育部《普通高等学校本科专业目录》中增设公安学和公安技术为一级学科,其中公安学归属法学门类,公安技术归属工学门类。在专业设置上,形成了治安学、侦查学、禁毒学、刑事科学技术等为代表的24个特色专业,覆盖主要公安业务领域。

(二)公安教育与法学教育

"法律是一门艺术,在一个人能够获得对它的认识之前,需要长时间的学习和实践"。[⑤] 法学教育是通过对法律知识的系统学习,能够掌握

---

③ 参见吴跃章、薛宏伟:《现代公安高教特色发展战略探索:差异化办学、特色化发展、职业化建设》,中国法制出版社2017年版,第9～18页。

④ 参见王龙:《公安高等教育发展历史回顾与新时代展望》,载《公安学研究》2019年第5期。

⑤ [美]诺内特、塞尔兹尼克:《转变中的法律与社会》,张志铭译,中国政法大学出版社1994年版,第69页。

从事法律工作的基本知识和技能,具备一定的工作能力。⑥ 在西方国家,法学教育内在共生于法律职业的天然需求,从事法律职业的唯一途径为法学教育。基于法律职业的专门化和专业化,西方的法律职业共同体要求从业者具有一定的法律素质和任职资格,法官、检察官、律师、法学学者最为典型。⑦ 还有学者认为,广义上的法律职业者还应当包括制定法律、研究法律和传授法律的立法人员、法律研究人员和教学人员。⑧ 一般认为,法律职业者所属的机构应当具有一定的独立性,行政机关的法律从业者因其特有的隶属关系而被排除在外。在我国,对于公安机关是否具有司法属性这一问题颇有争议,但都不否认其行政机关的属性。公安民警也因其自身的行政属性而被排除于传统法律职业共同体的范畴。但值得注意的是,在《关于完善国家统一法律职业资格制度的意见》(2015年12月中共中央办公厅、国务院办公厅印发)中将"法律职业人员"界定为,"专门从事立法、执法、司法、法律服务和法律教育研究等工作的职业群体",将政府部门中从事行政处罚决定审核、行政复议、行政裁决的人员纳入法律职业人员范畴。有学者认为,"这是在更大范围内推进法律职业者的统一性,实现法治队伍的正规化、专业化、职业化,以构建中国特色的法律职业共同体"。⑨ 党的十八届四中全会通过的《中共中央关于全面推进依法治国若干重大问题的决定》中明确提出要"建设高素质法治专门队伍""加强立法队伍、行政执法队伍、司法队伍建设",这为公安民警的法律职业属性提供了有力遵循。在此意义上,公安教育也属于法治人才教育的一部分。

公安教育和法学教育具有应用型职业教育的内在相通性,在全面依法治国的历史进程中,都应当满足法治国家、法治政府和法治社会需求。在此意义上,公安教育和法学教育目标有相当程度的契合。但不容忽视的是,在新的时代背景下,公安教育肩负培养新时代国家保卫者和公安

---

⑥ 参见贺卫方编:《中国法律教育之路》,中国政法大学出版社1997年版,第2页。

⑦ 参见张文显、卢学英:《法律职业共同体引论》,载《法制与社会发展》2002年第6期。

⑧ 参见洪浩:《法治理想与精英教育》,北京大学出版社2005年版,第47页。

⑨ 葛洪义:《一步之遥:面朝共同体的我国法律职业》,载《法学》2016年第5期。

事业优秀建设者、可靠接班人的重要职责,必须始终围绕公安工作的需求开展。相较于普通的法学教育而言,公安教育根植于服务公安现代化以及公安队伍革命化、正规化、专业化、职业化的特点,决定了公安法学教育的培养目标、培养方案、教学模式等具有鲜明的行业特色和职业特征。

二、新时代公安法学教育的应然定位

我国公安高等教育既属于国民教育体系的分支,又是公安工作的重要组成部分。在公安工作现代化的背景下,面对国家法治人才内涵的升级这一情况,公安院校要加强顶层设计,重新思考新时代公安法学教育的定位。

(一)服务公安工作现代化的专业教育

2020年,党的十九届五中全会胜利召开,为全面建设社会主义现代化国家指明了方向。在国家发展和社会主义现代化建设的大局中,公安机关是维护社会稳定和安全的主力军,承担防范和化解影响我国现代化进程中各种风险的重大职责使命。在新发展阶段,公安工作的需求呈现多重维度,不仅要着眼于现实的社会需求,而且要考量国家的长治久安。未来的公安执法将面临更多挑战。首先,执法环境更加复杂。社会转型时期,主要矛盾发生变化,人们对美好生活的向往需要更加稳定的社会秩序。公安机关的工作性质和任务决定了执法领域的广泛性,诸如交通、医疗、住房、教育等领域产生的矛盾纠纷都可能进入公安执法的范畴。执法活动处于国家权力和公民权利互动的一线,与广大人民群众存在最直接接触。同时,经济体制结构改革带来利益格局变动,新的矛盾和不安定因素增多,也给社会治安带来新的压力。因此,公安法学教育必须具备精准对接实战需要、妥善处理各种矛盾的应用型特征。现代信息社会背景下,违法犯罪趋于智能化、国际化,这一状况决定了公安法学教育应当具备容纳不同学科、面向国际化的复合型特征。其次,执法标准更加严格。随着“国家尊重和保障人权”写入宪法,公民权利意识、法治意识不断提升。国家治理现代化进程中,公安机关不再是社会管控的主体,而是社会治理的参与者,其服务职能更加突出,民众对公安执法的服务性有了更多期待。公安法学教育是公安教育的重要组成部分,相关法律知识技能的传授、法治思维能力的培养直接关系公安工作的法治化水平,决定法治公安建设的成效,在公安教育现代化进程中意义重大。

(二)体现卓越法治人才内涵的专业教育

公安法学教育是服务于公安工作的特殊法学教育,法学教育作为普遍性、一般性的存在,是公安法学教育特殊性、个别化的前提和基础。马克思主义哲学认为,事物的普遍性为事物的根本,是事物内在质的规定性;而事物的特殊性则是同类事物外在形式上的差异性。普遍性与特殊性,对立统一、相辅相成。特殊性建立在普遍性之上,否认普遍性的特殊性,等于超越了事物本质的共同性,在性质上发生变异。因此,任何事物的发展都要服从事物的一般规律。法学教育发展的一般规律当然也适用于公安法学教育。从2011年《法律人才计划》到2018年《法治人才计划》,我国法学教育人才培养目标从“法律人才”实现了向“法治人才”的飞跃。从“法律”到“法治”不是简单的词语变化,而是全面深化改革中国家治理体系治理能力现代化的内在要求,也是法学教育本身内涵式发展的观念升级。法学教育对社会发展的回应,并非机械式的简单回馈,而是通过自身的学术性梳理达到自身的丰富和完善。[10] 理想的法学教育既有适应社会的实践性,又能保有自身的理论性,在社会实践需要与学科发展之间保持动态平衡。相较于法律思维中规则之治,法治思维是在法治理念、法治精神的确信和坚守下“围绕法律进行思考”。[11] 未来的执法者不仅要知晓法律如何适用,更应该思考法律制定的道德基础和实施的社会效果。在“卓越法治人才”内涵指引下,公安法学教育的教学

---

[10] 参见霍宪丹:《中国法学教育的反思及定位》,载《中国法学教育研究》2006年第1期。

[11] 孙光宁:《从法律思维到法治思维:中国法治进程的拓展与深化》,载《学术交流》2015年第1期。

重点也要实现在思维层面的超越，更加侧重对法律规则综合、动态、系统的把握，以使将来的执法人员能够适应法治体系各个环节的运行需求。如此，才能满足国家治理体系的内在要求，进而实现在国家治理现代化建设中的良性互动。

三、公安法学教育的现实考察

（一）学科建设上定位不明

相当长一段时间内，公安法学教育只是在公安院校开设的关于法学教育的内容，属于法学的二、三级学科，在教学内容和教学手段上都与传统的法学教育无异。也有观点认为公安法学教育只是公安教育的补充和附加内容，因而只重视公安业务知识和技能教育，呈现出明显的以技术性为进路的工具性特征。[12] 近年来，学理上出现了关于“公安法学”的探讨，在法律文件的汇编中也有过将公安执法相关的法律法规称为“公安法”的做法，但规范意义上的学科定位并未明确。2011 年，随着公安学一级学科定位的确立，公安法学何去何从引发新的学术讨论。有学者认为公安法制理论和实践知识应该在法学和公安学体系中占据一席之地，在全面依法治国和全面深化公安改革的前提下，建设法治公安需要创建公安法学学科。[13] 相比学科建设的迟滞，公安专业建设则起步较早。20 世纪 70 年代，我国就已开始进行侦查学、治安学、国内安全保卫等公安专业建设。学科建设是专业建设的基础，没有足够的学科支撑，人才培养不可避免地会出现后劲不足的问题。公安专业人才不但要满足公安职业的应用型需求，而且要面临执法一线复杂的社会环境，更加需要跨学科的知识和能力。目前，对公安法学教育关注和研究的学者大多集中在公安院校，公安法学教育教学与研究基地以公安机关的法制部门为主。高水平师资队伍的缺乏，教学与研究基地的薄弱，都会造成学

[12] 参见彭剑鸣：《公安法学教育理念的重构》，载《公安教育》2004 年第 5 期。

[13] 参见杨宗科：《法治公安呼唤公安法学》，载《法律科学》2017 年第 4 期。

术成果转化为课堂教学储备的不足。公安院校的毕业生走上工作岗位后面对新问题时的束手无策,虽然与专业建设中课程设置和教学模式有关系,但根本原因在于学科建设未能为专业发展提供有效的支撑。

(二)课程设置中系统性不强

课程是构成专业的要素。公安专业人才建设中,规范的课程体系是人才培养的前提和基础。目前,公安法学课程体系的设置还有待科学化、统一化。首先,在课程设置上缺乏科学谋划。公安执法所需的应用型部门法较受青睐,法学基础理论、民商法等法律规范存在不同程度的缺位。对法学体系"片面割裂"式的学习,缺乏对法律条文背后原理的了解,导致系统的法治思维很难形成。公安执法实践中出现的执法不规范现象,究其原因,主要是公安教育中的公共性和伦理性因素未得到足够的重视,系统的法治精神、法治思维尚未真正养成。其次,公安法学课程的设置较为随意,缺乏统一性。例如,在河南警察学院2016年版公安专业人才培养方案中,由各专业自行设置法学课程和课时分配,导致法学课程设置不一、同一课程课时分配不一。目前,公安院校招考对象为普通高中毕业生,公安专业进行提前批次录取,在校期间根据学校不同专业设置的人才培养方案进行课程学习和实训演练。毕业后所从事的警种取决于公安机关面向公安类院校的招考,与在校期间的专业并非一一对应。在招录体制不变的情况下,公安专业要培养的是面向公安机关所有警种的高素质警务人才,法学课程的开设和课时分配不宜因专业设置不同而过细划分。

(三)教学实施中实战化不足

从"夫妻在家看黄碟案"到"赵春华非法持有枪支案""于欢案",公安机关在执法中均出现了与大众期望不符的裁决,引发舆论广泛关注。这些事件也在一定程度上折射出执法人员在特定情境下无法对法律规范恰当解读,对法律规定灵活运用的实战能力不足。从公安院校毕业生进入实战岗位的情况来看,也有不同程度"上手慢、不入门",一年左右甚至更长时间内无法适应一线执法需要的状况出现。⑭ 早在21世纪初,

⑭ 参见李昕:《入警训练实训课教学实践与探索——以行政执法为例》,载《公安教育》2017年第3期。

公安院校就开始探索“教、学、练、战”一体化的实战化教学模式。为有效弥补公安院校教师实战经验不足的缺陷,从2002年开始,公安机关业务骨干和公安院校教师开展了多种形式的双向交流。2015年,为进一步密切“校局合作”,全国公安院校与公安业务部门启动实施了互派人员的“双千计划”。这些措施,一定程度上提升了实战化教学水平,但也存在诸多问题。总体上,“校局合作”缺乏深层次内容,大多停留在合作育人的层面,存在供求不对称、热度不均、概念驱动而非市场驱动、动力机制不足等问题。⑮ 此外,在教学方法上,公安法学教育还欠缺方法论的贯彻和法教义学等解释方法的运用,并由此带来自主学习能力的欠缺。由于法学课程设置、课时分配有限,无论何种专业设置,均不可能将所涉法律部门和知识点囊括其中。在法律规定空白或不一致的情况下,执法过程中如何运用法理补缺变得十分棘手。

新时代,立足公安法学教育的现状,如何在课程体系、教学模式和教学方法中贯彻“法治人才”的应有内涵,树立正确执法理念,规范执法行为,使未来的公安执法实现合法性与合理性,法律效果与社会效果的统一,在情、理、法的融合中达到自洽,成为值得研究的问题。

四、新时代公安法学教育改革路径

马克思认为,“国家是不能没有警察的”⑯,公安机关是国家机构重要组成部分,具有强烈的国家属性。党的十八大以来,习近平总书记从坚持和发展中国特色社会主义全局和战略高度定位法治、布局法治、厉行法治,创造性提出全面依法治国的一系列新理念新思想新战略,形成了习近平法治思想。⑰ 通过系统、科学的公安法学教育,引导未来的执

⑮ 参见王龙:《校局合作多元模式的探索》,载《湖北警官学院学报》2013年第4期。

⑯ 中共中央马克思恩格斯列宁斯大林著作编译局编著:《马克思恩格斯选集》第4卷,人民出版社2012年版,第133页。

⑰ 参见陈一新:《习近平法治思想是马克思主义中国化最新成果》,载《人民日报》2020年12月30日,第10版。

法者树立信仰法治、崇尚法治、坚守法治的理想信念,自觉把习近平法治思想贯彻落实到公安执法工作中,是提升公安机关应对重大挑战、抵御重大风险、克服重大阻力、解决重大矛盾的思想动力和坚强保障。总体来讲,教学目标的设定、课程内容的实施除了要满足公安执法过程中所需要的基本法律知识、技能之外,还要重视对学生法治理念的引导和教育。具体而言,要以学科建设为龙头,在课程体系设置、教学模式选择、教学方法应用等方面强化执法能力的培养提升。

(一)高度重视学科建设,科学设置课程体系

学科是关于知识系统和学术研究领域的分类,体现了特定的知识体系,其核心在于知识的发现和创新,向社会提供科研成果;专业是满足社会对不同类型人才的需求,是人才培养的基本单元。⑱ 专业设置出于社会需求,所需的知识结构往往具有复合性,应当是跨学科的知识集成。作为一级学科的公安学,在性质上属于社会科学范畴,涉及法学、管理学、社会学、政治学、心理学等众多学科的内容。当前,面对新一轮信息改革的浪潮,新文科的研究范式为公安高等教育发展提供了借鉴。新文科倡导打破传统学科之间独立的知识体系和逻辑结构,以“大学科”的视野,互相融合。⑲ 公安专业人才复合型的知识需求决定公安专业发展需要法学学科和其他学科的进一步交叉、融合。尽管公安法学作为独立学科的前景尚不明朗,但公安法学学科化的建设势在必行。学科建设是专业建设的龙头,课程体系则是有效实施学科建设和专业建设的平台和载体。面对课程设置欠缺科学、统筹规划的现状,湖北警官学院在 2016 年版的人才方案中将公安专业开设的法学课程统一,课时统一,⑳不失为一种有效探索。遵循课程设置统一性的原则下,需要考虑的另一个问题是哪些课程应当纳入公安法学教育的范畴,即课程设置的科学性、系

⑱ 参见高林、吴智泉:《发展应用性高等教育若干基本问题的研究》,载《中国高教研究》2008 年第 5 期。

⑲ 参见张兆端:《新时代公安高等教育改革发展的多维思考》(上),载《公安教育》2020 年第 3 期。

⑳ 参见袁周斌:《建设法治公安背景下公安专业法学课程的科学设置——以湖北警官学院为例》,载《高教学刊》2017 年第 19 期。

统性。公安执法人员不仅要知道“法律是什么”，还应当明白“法律应该是什么”，如此才能全面了解法条背后的法理表达，真正形成法律至上、权利保障、程序正当、权力制约等法治精神。从公安机关的执法实践来看，大量民刑交叉、行刑交叉案件的出现，直接考验执法者能否对案件性质进行准确界分进而精准执法。执法人员是否对法律体系有系统的认知就显得尤为重要。因此，科学设置公安法学课程体系，不能只注重与公安执法贴合度较高的应用型部门法，还需要重视法学基础理论、民商法等课程的学习，以满足执法实践所需。

（二）纵深推进实战化教学模式

在校内实训环节，应当提高实验实训的开课比例，探索创新实训教学形式。足够的课时是确保教学成效的重要因子，实验实训课的开设比例需要根据课程性质进行提升。在教学形式上，要依据公安执法的特点进行多样化探索。法学方法论主张法学思考中“个别化的方法”，即在特定的语用情境中思考评判法律问题。执法不同于司法的事后处置，具有事前预判、事中应对等临场实践的特质，对情境有特定的需求。情境教学，通过模拟演练现场执法，让学生以执法者身份对问题进行剖析，能够对执法有更直接的感性认识，进一步深化对法律规范的理解和适用，有效改善执法中“不得法”“无从下手”的状况。智慧教室、VR实训课堂的投入使用以及虚拟仿真实验教学平台、模拟警综平台的搭建，都将有力推动实战化教学的实施。校外实训环节，继续推进“校局合作”。“校局合作”虽然在实施中存在一定的问题，但不能否认其仍然是解决理论实践脱节、提高实战化教学水平的有效途径。为破解校局合作中公安机关被动的问题，需要在思想上进一步明确合作的共同目标和不同需要。无论是公安院校还是公安机关，都有维护国家安全和社会稳定的职责和使命，二者的目标是一致的，这也是双方能够合作的基础。合作的动力在于有不同的需要，公安院校的需求是完善人才培养机制，公安机关的需求是优化队伍建设，以先进理论引领公安实战。在此方面，河南警察学院进行了积极探索，在省公安厅统一部署下，将校局合作纳入全省公安绩效考核，这在全国公安院校尚属首次。此举极大地促进了公安机关合作的积极性,在2019年暑期的社会实践活动中增效明显。从长远来看,“校局合作”还有待建立长效机制,只有公安机关建立内发式合作需求,才能实现“工作问题共商、警务资源共享、理论课题共研、师资队伍共建、公安人才共育”深度、高效、紧密的合作机制。

(三)探索创新多元化教学方法

社会现实的复杂多变,要求执法要因时而异、因事而异,具有一定的灵活性。执法裁量权的存在不仅是执法现实所需,而且是衡量执法质量的关键指标。公安法学教育中曾经存在的技术化路线,将多维的社会现实简单化、教条化,容易造成执法僵化从而损害执法公信力。反观2018年“于海明正当防卫案”,江苏昆山警方在查明案件情况后及时发布通报,认定于海明构成正当防卫,宣布撤销案件,迅速平息了相关舆情。公安机关这一果断处置,显然离不开法学专业知识的铺垫和法治素养的积淀。多年前,洛克曾言“有许多事情非法律所能规定,这些事情必须交由握有执行权的人自由裁量,由他根据公众福利和利益的要求来处理……因为世间常能发生许多偶然的事情,遇到这些场合,严格和呆板地执行法律反会有害”。[21] 裁量权的行使以法律原则为依据,以法学方法论为遵循,体现的是将法律知识运用实践的能力,与执法者的学识、认知密切相关。在执法领域,法教义学和法学方法论是在具体案件中运用和存活的,是确保执法合理性和执法社会效果的关键。法律解释是法学方法论的核心内容,从事实到规范,从规范到事实,法律解释正是法律知识和法律运用之间的桥梁。对法学方法论颇有研究的拉伦茨认为,法学方法论的特征在于以诠释学的眼光对法学作自我反省,发掘出运用在法学中的方法及思考形式,并对之作诠释学上的判断。[22] 在公安法学教育中,要改变以法条为中心的理论诠释,将法律知识的讲授放在法教义学和法学方法论的背景下进行,对学生进行全面且科学的法科学术训练,使学生能够在事实和规范之间寻求合适的连结点。为此,可以探索研究

㉑ [英]洛克:《政府论》(下篇),叶启芳等译,商务印书馆1964年版,第102页。

㉒ 张斌峰、杨世屏:《法学方法论研究对象的多维阐释》,载《法治研究》2013年第3期。

性、自主式和讨论式等教学方法,在案例分析、组织调研、社会实践中逐步实现。在对法律文本诠释和理论解读时,重点培养学生的法学批判精神和论证说理能力。执法者对案件事实论证并对法理进行阐释的能力,直接关乎执法的社会效果,也是提升执法公信力的有效途径。在社会实践、调研环节,通常会要求学生关注执法过程中案件处置的程序是否合法。人民群众对执法公正的期待除了程序规范,还有实体正当,二者同等重要。案件处置的实体正当性,不仅是化解社会矛盾、维护社会稳定的基石,而且也是"良法"和"善治"有机结合的关键。

长期以来,传统的公安法学人才培养体系为我国公安队伍培养了大批优秀人才,但随着社会发展和全面依法治国建设的深入推进,公安法学教育面临新的机遇和挑战。公安法学教育的改革创新,要顺应公安工作发展的时代之需,在育人理念、学科建设、课程体系、教学模式和教学方法上进行全面改革,构建适应新时代公安法治人才需要的公安法学教育体制。当然,公安法学教育改革不可能一蹴而就,尚需要在实践中不断探索,既要理性借鉴、吸纳法学教育的知识和方法,强化法学思维训练,又要立足公安工作实际,有效提高执法能力和水平。如此,公安机关才能在世界百年未有之大变局下,有效防范、化解各种风险,妥善处理新问题、新矛盾,切实履行好维护社会稳定和国家安全的职责使命。

An Analysis on the Reform of the Legal Education on Public Security in the New Era

Wang Zhengxun　Meng Lu

Abstract: The goal of public security education is to train public security professionals, and the legal education on public security should function as its indispensable foundation and support. The legal education on public security should not only comply with the general principles of legal education development, but also reflect the special needs of public security education. In the new era, the legal education on public security should be a professional education that serves the modernization of public security work and reflects the essential connotation of "outstanding rule-of-law talent". In view of the current situation of obvious technique-related characteristic objectives of the legal education on public security, the insufficient practical teaching, and limited ability to apply laws, the legal education on public security should be guided by Xi Jinping Thought on the Rule of Law, to strengthen the concept of human rights protection and justice in law enforcement, to take discipline construction as the leading work, and to fully improve law enforcement capability from the perspective of the perfection of the curriculum, teaching modes and teaching methods. Only with these measures in education, can the organic combination of "good laws" and "good governance" be realized.

Key Words: rule-of-law talent, general education, political construction of the police, discipline construction, law enforcement capability

我国医事法学学科专业发展的困境与破局*

刘　毅　朱小平**

摘　要：通过对国内开办医事法学专业的高校进行调研，发现当下我国医事法学学科专业与人才培养存在现实困境，主要包括学科专业体系尚未真正建立、学科内容体系尚存争议、人才培养体系尚未完全形成、理论研究与实务应用脱节、学科建设与社会经济发展不相适应等问题，提出明确医事法学的学科建制，完善医事法学的内容体系，规范人才培养的标准条件，丰富医事法学理论与实务研究成果，多措并举加快推进医事法学学科专业内涵建设，培养社会急需的医事法学应用型、复合型人才等对策建议。

关键词：医事法学　学科　专业　人才培养

暴发于2020年年初至今仍在全球肆虐的新冠肺炎疫情，对我国医药卫生法治建设无疑是一次挑战，同时对加快推进我国医药卫生法治体系建设也

---

* 本文系国家社会科学基金教育学一般课题“法治中国背景下我国医事法学本科教育标准研究”，课题批准号：BIA170183。

** 刘毅，西南医科大学法学院教授，研究方向：高等教育；朱小平，西南医科大学人文管理学院副教授，研究方向：研究生教育。

是一个难得的契机。2020年2月14日,习近平总书记在中央全面深化改革委员会第十二次会议上强调,要强化公共卫生法治保障,全面加强和完善公共卫生领域相关法律法规建设。无疑,相关法律法规是我们在这场战“疫”中的基本遵循、行为指引和有力保障,全面加强和完善包括公共卫生在内的医药卫生领域法治建设在当下已显得十分重要而紧迫。而强化公共卫生法治保障、加强医药卫生法治建设,关键在于加强卫生法治队伍建设,在于培养适应社会急需的一大批既懂医又懂法的高素质医事法学专业人才。在应对这场疫情中出现的包括公共卫生、医事法学在内的医药卫生领域相关专业人才严重短缺的问题,从一个角度印证了当下公共卫生、医事法学等相关专业人才培养的重要性、紧迫性。本文即立足于此,在简要回顾分析我国医事法学学科专业发展和人才培养价值诉求基础上,针对目前我国医事法学学科专业建设与人才培养存在的主要问题,提出完善我国医事法学学科专业发展与人才培养的对策建议,以期能够引起上级主管部门和相关高校重视,加快推进我国医事法学学科专业建设,培养社会急需的医事法学应用型、复合型人才。

一、我国医事法学学科专业发展与人才培养的价值诉求

20世纪末21世纪初,随着我国社会经济的飞速发展、民主法治建设进程的加快、医药卫生体制改革的推进,以及公众维护自身合法权益意识的逐渐觉醒,医药卫生领域面临的法律问题日益凸显,医疗纠纷呈多发频发态势,迫切需要既懂医又懂法、能够解决医药卫生领域法治问题的应用型、复合型医事法学专门人才。在此背景下,许多高校,特别是高等医学院校意识到社会对医事法学专业人才的急需,开始抢占先机,依托自身开办的法学、公共管理、医学等专业开办医事法学专业。自1996年南京铁道医学院在国内率先开办4年制法学专业(卫生法律方向)以来,天津医科大学、西南医科大学、哈尔滨医科大学等高校也相继开办了法学专业(医事法学方向)。目前,我国医事法学本科教育已走

过20余年历程，为社会培养输送了一大批急需的医药卫生法治专门人才，[①]一定程度缓解了社会对医事法学专业人才需求的燃眉之急，对社会经济建设和医疗卫生事业的发展发挥了积极作用，其存在价值和生存空间不容忽视。

（一）契合学科分化重组交叉融合发展的知识价值

学科的产生和发展，是知识不断分化、重组和高度专业化的结果。[②]任何一门学科的生成都源于知识价值的存在和学术研究体系的完善，知识和学术是学科存在的基础，[③]医事法学学科也不例外。二十世纪六七十年代，随着科学技术的持续进步和社会的不断发展，学科发展呈现从“高度分化”走向“交叉融合”、人才培养呈现从“专业教育”迈向“跨学科教育”的发展趋势，以适应日益变化的社会需求。设置跨学科专业或组织、将学科进行交叉与融合是当今世界一流大学和一流学科建设的共识和特征。医事法学便是为适应医疗卫生事业快速发展和医患纠纷多发频发的社会需要，由医学、法学与管理学等学科知识分化重组、交叉融合形成的交叉、跨界学科。存在即有价值，医事法学学科顺应了世界范围学科交叉融合的发展趋势，为医学和法学的发展开辟了新的天地，成为我国高校培养应用型、复合型医事法学专业人才的必要载体，为社会培养输送了大批既懂医又懂法的专门人才。

（二）紧扣经济社会发展对我国法治化建设的社会价值

20世纪90年代以来，我国医疗纠纷数量不断增长。医疗纠纷从表面上看是医患间的对立和冲突，实则是医疗体制机制缺陷所衍生出的结果，折射出我国医疗卫生领域立法、执法、司法、法治宣传与法律服务等方面存在的种种问题。在解决一系列复杂问题过程中，医法应用型、复合型人才的严重匮乏和社会对医事法学人才的急迫需求被反映出来。

---

① 参见田洪鋆、刘仲祥、魏君：《医事法学人才培养模式20年之进展》，载《医学与哲学》2014年第9期。

② 参见崔延强、权培培：《大学学科的现代性问题及其超越》，载《华东师范大学学报（教育科学版）》2019年第2期。

③ 参见郑浩、马金祥：《学科建制与知识体系危机：我国青年学科化建设的困境与超越》，载《当代青年研究》2021年第1期。

因此,培养医事法学应用型、复合型人才,不仅是实践中对涉法医事问题处理和解决的现实急需,而且是日渐紧迫的我国医疗卫生体制改革的客观需求。我国部分医学院校和综合性大学根据自身实际开办医事法学教育、培养医事法学人才,正是我国法学教育对社会急切需求的回应。医事法学专业培养的高度专业化的法律工作者,在医疗卫生不同领域和部门均取得一定成效,不仅在依法处理涉医事件方面发挥了重要作用,而且在引导民众走法治化道路维权、促进全社会形成良好法治精神方面作出了应有的贡献。同时,该学科专业的建设和发展,有利于促进我国医疗卫生立法的完善,从而能够更好地推进我国医药卫生法治化进程、维护公民生命健康权益。

(三)符合高等院校学科专业特色建设的发展价值

新兴交叉学科的发展往往更能形成学科专业特色,更有利于应用复合型、拔尖创新型人才的培养。要在众多高校中拥有一席之地,办出一流水平,只有根据社会需求、学科特点、资源条件建设发展有别于其他高校的独具特色的学科专业。根据中国法学会法学教育研究会 2006 年年会公布的数据,截至 2006 年 4 月,我国开设法学本科专业的高校(包括独立院校)达 600 多所,其中本科生 20 多万人,这就造成我国低端普通法律从业岗位严重饱和,而交叉领域的应用复合型法律人才严重短缺的状况。为体现学科专业的发展价值,2000 年前后,一批高校(主要是普通高等医学院校和具有医学院的综合性大学)紧扣社会需求相继开办了以普通本科教育为主要办学层次的医事法学专业教育。此举既回应了社会对医事法学应用型、复合型专业人才的现实急需,也突破了自身学科单一、难以支撑高等教育大众化发展对急需扩大招生规模的困境,更建成了有别于其他高校的特有的法学专业,实现了学科特色发展,形成了比较优势。

二、我国医事法学学科专业发展与人才培养的现实困境

学科发展困境是学科建设发展的必然阶段,也是学科进步的一种表

现形式。[④] 医事法学学科建设发展与人才培养已经过20余年实践,但由于诸多原因,目前医事法学学科发展与人才培养陷入了困境,导致医事法学学科发展滞后,专业人才培养数量不足、质量不高,与当下我国建设“法治中国”“健康中国”战略、医疗卫生事业改革发展、医药卫生法治建设对医事法学学科专业建设和人才培养的急迫需求不相适应。

(一)学科专业体系尚未真正建立

从对学科概念的阐释可知,古往今来,学科的本质含义是知识门类和学术分类,学科一方面是由知识生产自然而然形成的知识体系和学术体系;另一方面也需要行政层面的许可才能获得授权。换言之,任何一门学科都兼具人类知识生产和社会建制双重系统。目前,虽然《中华人民共和国国家标准学科分类与代码表》(2009年版)在1992年版基础上,在法学学科门类、部门法学一级学科下增设了卫生法学二级学科,但在包括国家《学位授予和人才培养学科目录》、《授予博士、硕士学位和研究生的学科、专业目录》以及《普通高等学校本科专业目录》在内的有关学科、专业分类的官方文件中,“医事法学”或“卫生法学”均榜上无名,未被认可为独立的二级学科专业;在现实中,“医事法学”或“卫生法学”仅作为法学学科、专业下的一个方向(或领域)或一种人才培养特色在进行招生、人才培养,没能得到国家层面的正式认可,[⑤]医事法学学科专业长期处于“夹缝中生存”的状态,在包括学科专业设置、学位布点(硕博士点)、资金投入、平台建设等教育资源配置等方面均受到很大的限制。现有学科专业设置与人才培养“名不正、言不顺”“各自为政”的混乱局面既不利于医事法学学科专业的发展,也不利于社会各界对医事法学学科专业的正确认识,与“法治中国”“健康中国”战略的推进、国家治理体系与治理能力现代化建设、医药卫生事业改革对医事法学学科专业建设水平提升和高质量人才培养的急迫需求极不相适应,高等院校也

---

④ 参见郑浩、马金祥:《学科建制与知识体系危机:我国青年学科化建设的困境与超越》,载《当代青年研究》2021年第1期。

⑤ 参见李海滢:《医事法学的学科定位、专业设置与学位授予——我国医事法学学科建设的根基性问题》,载《中国高等医学教育》2012年第8期。

因此不能担负起为我国医药卫生法治建设提供足够人才支持的社会责任。

(二)学科内容体系尚存争议

学科内容体系,是指一个学科研究内容所涵盖的框架结构和层次分类,它体现为学科内各个部分或要素的组成及其之间的相互联系。⑥ 医事法学学科内容体系争议直接体现为学科、专业名称的争议,如医事法学、卫生法学、生命法学等诸多名称各执一词,⑦学者们虽多试图去解析各名称之间的联系与区别,但目前依旧有诸多差异,大多数医事法学或卫生法学的教材亦只是停留在对医药卫生领域相关法律制度进行介绍,未对学科内容进行系统的分类。而按照国家《基本医疗卫生与健康促进法》的制度框架,医药卫生领域法治应囊括公共卫生法、医事法、生命伦理法、健康产品法、健康保险法、卫生监督法、军事卫生法、国际卫生法等子部门法。在实践中已存在公共卫生法和国际卫生法等领域研究的欠缺,而习近平总书记在中央全面深化改革委员会第十二次会议上强调,要尽快推动出台生物安全法,也提示这一领域尚存许多新的研究方向亟待开发。

(三)人才培养体系尚不完善

虽然目前我国医事(卫生)法学教育层次较为丰富,涵盖本科、硕士和博士层次,但调查发现,目前开办医事法学本科教育的高校在逐渐减少,人才培养规模呈逐渐下降趋势。据不完全统计,到2008年,我国共有45所高校开办了医事法学本科教育,其中2000年以前仅有2所高校(南京铁道医学院和潍坊医学院)开办医事法学教育,2000~2008年有43所高校开办医事法学教育(占所有开办医事法学本科教育高校的95.56%);2008年后,则再无高校新开办医事法学本科教育,且自最早开办医事法学本科教育的原南京铁道医学院(后并入东南大学)开始停招法学(医事法律)专业本科生以来,陆续有十余所高校停办医事法学

---

⑥ 参见熊文:《体育科学学科体系的解析与多维构建》,载《上海体育学院学报》2015年第1期。

⑦ 参见段鹏超:《"卫生法学"名称的比较研究》,载《中国卫生法制》2018年第1期。

本科教育。截至2017年12月,停招的高校有12所(约占1/3),其中医药类院校4所(包括独立学院1所)、综合类院校5所、师范类院校2所、理工类院校1所,医事法学本科教育呈现萎缩状态。在研究生教育层面,目前全国也仅有东南大学、西南政法大学、南开大学等4~5所高校招收医事法学方向的硕士研究生,仅有西南医科大学和北京中医药大学先后获批法律硕士(医事法律方向)专业学位授权点;招收博士研究生的高校则极为稀少。由此可见,目前我国医事法学本科、硕士、博士人才培养体系尚未完全形成,人才培养的立交桥尚未完全打通,难以满足社会对多层次、多规格、多类型医事法学人才的需求。这就直接导致医事法治人才缺口巨大,学科发展也因此受限,长此以往对提升该学科建设水平,进而对促进医药卫生领域法治建设水平提升极为不利。

(四)理论研究与实务应用脱节

调查发现,近年来,医事(卫生)法学的理论研究成果呈逐年递增趋势,研究内容也日渐丰富。然而,理论研究成果对于法律实务的指导和应用效果并不明显,医药卫生相关法律制度、相关立法的完善建议并未做到及时与实务部门衔接,导致学界专家学者的理论研究与实务部门实务工作者在实际工作中亟待解决的医药卫生领域立法、执法、司法等问题脱节,一定程度上存在理论研究与实践应用"两张皮"现象。实践中预防医学与公共卫生相关的法律法规如《传染病防治法》《突发公共卫生事件应急条例》等法律法规在实务上的转化和应用方面存在的问题,从一个侧面反映出当下医事(卫生)法学理论研究与实务应用脱节问题不容小觑。此外,在医事法学人才培养上,由于培养目标定位不够准确、学制年限的限制(本科教育大多为4年制)、"双师型"教师短缺以及实践教学基地平台等办学资源条件的欠缺等原因,以及长期以来存在的重理论、轻实践应用等问题,学生职业技能欠缺,岗位胜任力不强,⑧学界与用人单位认可度不高的一系列问题也

⑧ 参见刘兰秋、王晓燕:《我国本科教育中的卫生法学人才培养的若干问题研究》,载《中国医学伦理学》2013年第1期。

就显现出来。

(五)学科建设与经济社会发展不相适应

自1978年党的十一届三中全会确立改革开放大政方针以来,国家工作重心转移至社会主义现代化建设,而法学教育作为一项基础性工程亦得到了有力的推动和发展。⑨ 在随后的近20年间,法学二级学科的分类越发精细化,除了传统的民法、刑法、行政法等二级学科,许多新兴学科如经济法、知识产权法也在这一期间迅猛发展,形成了以"学科—专业"相互依托的学科专业与人才培养良性发展格局。而医事法学在这一时期的发展却相对缓慢,并出现学科发展与专业发展相脱节的现象。学科的发展在这一时期虽然取得了一定成绩,如1989年我国首届卫生法学理论研讨会成功召开,⑩1993年中国卫生法学会正式成立,标志着我国医事法学学科的初步形成。但此时该领域的研究者往往是其他领域的学者通过自学的方式跨入其中,且并未有专门的院校设立医事法学专业以培养医事法学或卫生法学专门人才;之后,尽管医事法学或卫生法学学科逐渐得到国家层面的认可,一些院校纷纷挂靠校内其他专业开办了医事法学教育,而囿于并未以专业的形式培养专门人才,导致医事法学学科体系与社会职业需求缺少了国家层面认可的联系与交叉点,也造成极大的医事法学人才缺口,医事法学学科建设与经济社会发展对医事法学专业人才的需求不相适应。

三、我国医事法学学科专业发展与人才培养的困局破解

(一)明确医事法学的学科建制

学科建制是学科由一个专门研究领域走向制度化、组织化的结果,

---

⑨ 参见贾宇:《改革开放三十年法学教育的发展及其当前改革》,载《法律科学(西北政法大学学报)》2008年第6期。

⑩ 参见支峻波:《在首届全国卫生法学理论研讨会上的讲话(摘要)》,载《中国卫生事业管理》1989年第5期。

是学科获得国家行政许可授权的过程。一门学科能够成立并被认可，即完成建制化过程。[11] 概览学术界相关论述，学科建制的基本条件主要涵盖：一是专门的知识体系，这是学科的本质所在。[12] 二是独立的研究对象、研究方法与理论体系。[13] 三是专业的研究机构，包括拥有学会、大学学系、图书资料中心、专门出版机构等。[14]《国务院学位委员会　教育部关于印发〈学位授予和人才培养学科目录设置与管理办法〉的通知》（学位〔2009〕10号）指出：二级学科是组成一级学科的基本单位，二级学科设置须符合三个基本条件：一是与所属一级学科下的其他二级学科有相近的理论基础，或是所属一级学科研究对象的不同方面。二是具有相对独立的专业知识体系，已形成若干明确的研究方向。三是社会对该学科人才有一定规模的需求。[15] 经过20多年的发展，医事法学已经形成了其独有的知识体系、研究对象和研究方向，培养的医法交叉应用型、复合型人才也得到了社会的认可，形成了一定的培养规模。因此，建议教育部在下一轮学科专业目录调整时，进一步明确医事法学的学科建制。一方面，可以将"医事法学"（或"卫生法学"，名称可再商榷、论证）作为法学二级学科独立设置，即在法学二级学科目录中增列"医事法学"或"卫生法学"二级学科，鼓励具有法学（或医学）一级学科学位点的法学院校和综合性大学根据《学位授予和人才培养学科目录设置与管理办法》，自主设置"医事法学"或"卫生法学"二级学科。[16] 同时，对挂靠的一级学科加以限定，否则容易出现学科门类五花八门的乱象，不利于该学科的规

---

⑪ 参见李秀春、杨震、郭世贞：《关于军事技术哲学学科建制化问题的思考》，载《装备学院学报》2014年第5期。

⑫ 参见张良驯：《青年研究作为独立学科的依据》，载《中国青年社会科学》2016年第1期。

⑬ 参见曹冬瑞、李翔宇：《高等教育学的学科危机与出路》，载《现代商贸工业》2019年第35期。

⑭ 参见刘伟、窦海元：《西南联大文学学科建制考察》，载《社会科学论坛》2019年第3期。

⑮ 参见张新华、王素芳：《论医事卫生法学的创立》，载《中国卫生法制》2013年第2期。

⑯ 参见陈云良：《建议将"卫生法学"增列为目录内法学二级学科》，载中国卫生法网，http://www.chinawsfx.com/xwdt/486.html/2021-03-01。

范化管理。另一方面,以国务院学位委员会、教育部新设置“交叉学科”门类为契机,在充分论证的基础上,探索在我国第14个学科门类——交叉学科门类下设置医事(卫生)法学一级学科,以更好地服务“法治中国”和“健康中国”国家重大战略,彰显医学与法学交叉融合的学科专业特色。医事法学学科、专业只有获得国家层面的肯定和认可,才能获得长远发展、可持续发展的动力。

(二)完善医事法学的内容体系

众所周知,法学是研究法、法的现象以及与法相关问题的专门学问,是关于法律问题的知识和理论体系。而医事法学则是研究医事关系、医疗卫生、生命法律等相关现象和问题的专门学问,集知识体系和理论体系为一体。自医事法学学科诞生以来,围绕医患纠纷防范与处理、医疗卫生法治建设、人民生命健康权利维护等话题,形成了医事法学、卫生法学、医疗法学、生命法学,甚至是医事司法、卫生法规与行政管理、卫生监督与管理、医药卫生等多个名称或叫法。笔者经过查阅文献和实际调研发现,选用医事法学和卫生法学的偏多一些。在选用学科名称时,如果选用“医事法学”则其定位偏向于医患关系,选用“卫生法学”则其定位偏向于卫生行政,或者选用“医事卫生法学”,兼具医事关系和卫生行政两个方面。不管使用何种名称,学界多数认为医事法学的内容体系应涵盖卫生法学、医事法学和生命法学三个方面,其研究内容均需包括一般理论研究及对相关问题和法律现象的调整处理。其中,卫生法学着重围绕医药卫生领域法律问题展开研究,研究范围涵盖卫生行政一般理论、医护人员与医疗机构管理、公共卫生与疾病控制、健康产品管理等;⑰医事法学涵盖医患主体、医疗行为、医疗责任与医疗赔偿、新型医学科技应用引起的法律问题处理等;生命法学研究内容涵盖生命法学一般理论、生命科技法律问题、生命伦理问题、生命医学科技应用及其法律和伦理

---

⑰ 参见杨健、王岳:《简要回顾我国卫生法学学科与卫生法制建设》,载《中国卫生法制》2019年第4期。

问题。[18] 笔者认为，各名称之狭义与广义解释均有其历史价值和时代内涵，学界应形成对各名称均有狭义及广义理解之共识，而非强求学科名称与研究内容的绝对统一，使该学科随着时代的发展变化而健康发展。

（三）构建多层次、多形式、多类型人才培养体系

随着全面建成小康社会第一个百年奋斗目标的圆满实现，我国社会经济发展进入了新阶段，将迎来真正向现代化转型的关键时期。这一阶段社会主要矛盾仍然是人民群众日益增长的美好生活需要和不平衡不充分的发展之间的矛盾，必须更加突出以人为中心的发展，更加关注发展的质量，更加凸显发展成果的共享，更加注重创新社会治理方式，推进国家治理体系和治理能力现代化，以不断满足人民群众多层次、多样化、多方面的现实需要，从而实现人的全面发展和社会全面进步。在高等教育领域，应根据我国社会生产力水平大幅度提高的现状和人民生活水平显著改善后对高质量高等教育的需求，调整优化教育层次结构、学科专业结构、布局结构等宏观结构，实现高质量内涵式发展。而就高等医事法学教育而言，则应处理好规模、结构、质量、效益的关系，完善并构建多层次、多形式、多类型，规模适宜、结构优化、质量优良、适应社会变革对国家医药卫生治理体系和治理能力现代化建设的急迫需要的医事法教育体系，回应法治中国与健康中国建设、医疗卫生体制改革、医事（卫生）法治建设深入推进对多样化医事法学专业人才的需求。

1. 优化人才培养层次结构，完善覆盖本科、硕士、博士层次的医事法学人才培养体系。针对现有本科教育逐年萎缩、硕士研究生教育供不应求、博士研究生教育极为稀缺的现状，出台政策举措，准确定位学科属性，科学确定学制年限和学位授予类别。因医事法学系医学与法学的交叉学科，相较于普通法学 4 年学制，医事法学本科教育以 5 年学制为宜；因医事法学学科本质属性为法学，因此授予法学学位较适宜。具体可采取稳定本科教育规模、发展本硕连读和第二学士学位教育、扩大研究生

---

[18] 参见张新华、王素芳：《论医事卫生法学的创立》，载《中国卫生法制》2013 年第 2 期。

教育(科硕与专硕并行)、鼓励有条件的综合性大学增加博士研究生层次教育,以打通人才培养立交桥,满足社会对医事法学多样化人才的需求。

2.完善人才培养形式结构,健全多形式多途径培养医事法学人才的教育制度体系。社会经济发展对人才的多样化需求和人自身发展、终身教育的需要决定了高等教育必须为社会提供多种层次、多种形式、多种类别的教育。目前,医事法学教育多局限于全日制普通高等教育,全日制、非全日制成人学历教育缺失,非学历在职继续教育培训较为缺乏且不够系统正规。为此,建议有关部门在对社会需求调研基础上制定政策文件,以教育制度创新推动医事法学多样化人才培养体系的完善,满足社会经济发展、医药卫生法治建设和医药卫生事业发展对多形式、多类别医事法学教育的需求。

3.规范人才培养标准条件,构建各层次、各类型人才培养质量保障体系。为进一步促进医事法学学科专业的快速、健康发展,培养高质量医事法学应用型、复合型人才,规范各层次人才培养标准条件至关重要。为此,教育部在上述准许设置医事法学学科、专业的同时,公布开办各层次(本科、硕士、博士)医事法学教育的标准、条件,由各高校申报、教育部审核批准,对符合各项办学标准和条件的,准予其招生,对未达到基本标准、条件的责令整改或停办。同时,对该学科专业办学实施定期评估认证制度,确保学科基准和专业人才培养质量,以尽快结束"非正规"的医事法学教育,避免本学科专业出现"劣币驱逐良币"现象。同时促使各高校对该学科专业人才培养质量予以重视,通过构建人才培养质量保障体系、加大学科专业建设和投入力度,促进学科专业整体水平提升,进而以人才培养的高质量赢得社会对医事法学人才的认可。⑲

(四)丰富医事法学理论与实务研究成果

医事法学是一门实践应用性很强的学科。前期学界关于医事法学的研究成果主要偏重理论研究方面,今后应更加注重学科理论与法律实

---

⑲ 参见朱小平、刘毅、王海容、向歆、罗刚:《医事法学应用创新人才培养模式的构建》,载《成都中医药大学学报(教育科学版)》2017年第1期。

务的结合,充分发挥医事法学理论体系对应用实践研究的指导作用,通过组织开展重大项目攻关,开展产学研用结合,建立校地联盟等多种方式丰富我国医事法学学科理论与实践研究成果。

1. 组织开展重大项目攻关。国家、省市、高校和科研机构在发布研究课题指南、组织开展医事法学课题申报时,要注重将医药卫生领域亟待解决的突出问题作为重大项目或重点项目招标,以汇聚高水平团队集中攻坚,通过研究解决医药卫生法治实务中存在的突出问题,更好地服务医药卫生法治建设和医药卫生事业发展。

2. 开展产学研用结合。相关高校、科研院所要主动承接服务国家和地方医药卫生法治建设任务,主动“走出去”“请进来”,与医药卫生实务部门(司法机关、卫生行政机关、医疗卫生机构、律师事务所、医药企业等)建立密切合作机制,通过走产学研用结合之路,促进理论研究与应用研究的有机结合,促进高校、科研院所教学科研人员与法律实务部门人员的交流合作,不断增强医事法学学科创新和服务地方经济社会建设的能力。

3. 建立“校地联盟”。积极探索构建高校与地方法律实务部门建立密切合作的“校地联盟”模式,在原有“实习基地”合作模式基础上进行拓展创新。具体而言,可采取人员双聘、岗位互换(短期)、双导师制、联合开展人才培养、科学研究等方式,在合作开展医事法学应用型、复合型、创新型人才培养,开展理论与应用研究、实务人员在职业务能力培训等方面进行深层次、全方位合作,实现互利共赢。

(五)加快推动医事法学学科专业内涵建设

1. 明确基本原则。一是适应需求原则,即医事法学学科建设必须适应社会需求,以促进经济社会发展为出发点和归宿。二是交叉融合原则,即要处理好医事法学学科交叉性、复合性、专业性等复杂的学科属性,促进学科交叉融合发展。三是立足创新原则,即医事法学学科建设应在理念、体系、内容、组织、制度等方面着力创新,促进学科特色优势的形成。[20]

---

⑳ 参见朱小平、王海容、魏洋、刘毅:《加强地方医学院校医事法学学科建设的路径初探》,载《医学与法学》2014 年第 2 期。

2. 构筑学科平台。国家和省级层面统筹规划,设立若干高水平国家重点研究基地、省级重点医事法治研究中心,批准开办专业学术期刊;建立国家、省市学科专业人才培养基地和实践教学平台;鼓励高校与科研院所合作设立协同创新中心,各高校自主设立医事法治研究中心、产学研科研创新平台、联合人才培养基地与实践教学基地等。

3. 凝练学科方向。鼓励各高校和研究机构根据自身办学定位和资源禀赋,紧跟国内外学科发展前沿确定研究方向,开展相关理论研究;对接国家和地方经济社会发展对医药卫生立法需求,特别是医药卫生领域法治建设急需,选择应用实践研究方向。通过科学规划、错位发展、突出优势特色,积极培育稳定的学科研究方向。

4. 汇聚学术队伍。针对当下医事法学研究人才短缺特别是学科领军人才和高水平学科带头人奇缺的实际情况,建议:一是采取特殊政策,加强学科领军人才和创新团队建设,发挥学科带头人的引领作用。二是多措并举,汇聚学科带头人和学术骨干,筑牢学科建设的人才基础。三是制定并实施学科队伍建设规划与年度计划,着眼长远,逐步提升人才队伍的整体素质。

5. 开展科学研究。加强理论研究,当下应加大医事法学学科体系构建(含学科理论体系、知识体系、方法体系、应用领域等)等相关理论研究,同时立足现实问题,积极加大应用研究,特别是对医药卫生法治尚未攻克的新领域的研究,保持医事法学学科的活力,促进构建更加完整的医药卫生法治体系,促进学科建设水平的整体提升。

6. 加快人才培养。在完善医事法学本、硕、博人才培养体系,打通人才培养立交桥,确保人才培养质量的前提下,加快推进医事法学各层次、各类型人才培养进程,扩大培养规模,特别是研究生层次培养规模,以岗位胜任力为导向,持续推动卓越医事法学本科人才培养模式改革;以创新为引领,不断提升研究生层次培养质量,满足社会对高质量应用型、复合型、创新型医事法学人才的需求。

The Dilemma and Countermeasures of the Discipline Development of Medical Law in China

Liu Yi　Zhu Xiaoping

Abstract: Through the investigation of domestic universities that offer the major of medical law, the author of this article found that the current medical law majors and talent cultivation in China have a dilemma in reality. These problems mainly include: the unestablished disciplinary system, the controversial content system of the discipline, the immature personnel cultivation system, the theoretical research out of touch with the practical application, and the incompatible discipline construction with the social and economic development, etc. The author puts forward some suggestions for improvement, including: clarifying the discipline structure of medical law, improving the content system of medical law, standardizing the standard conditions of talent cultivation, enriching the research results of medical law theory and practice, and taking multiple measures to accelerate the construction of the professional connotation of medical law. These measures can help cultivate the practical and compound talents in medical law, which are urgently needed by the society.

Key Words: medical law, discipline, major, talent cultivation

国立西北大学法学教育的历史沿革及办学特色

邱昭继　刚晓晨*

摘　要：国立西北大学法律系"京源"经历了京师法律学堂、京师法政学堂、国立北京法政大学、国立北平大学、国立西北联合大学、国立西北大学法律系等时期。国立北平大学、国立西北联合大学和国立西北大学法商学院通常设有法律系、商学系、政治系和经济系，法商学院院长一般由知名法学家担任，法律系系主任均由知名法学家担任。国立北平大学—西北联合大学—西北大学法律系规模较大，师资力量雄厚。国立西北大学法律系的教授、学者们具备的爱国进步、艰苦奋斗、自强不息、科学包容的精神值得后世学者继承和弘扬。国立西北大学法学教育强调理实并重、文理结合、爱国进步、实践教学，这一办学理念对我们当前进一步办好法学学科很有启示。

关键词：国立西北大学　法学教育　历史沿革　师资力量

* 邱昭继，西北政法大学高等教育研究所副所长，教授，法学博士，研究方向：法理学、马克思主义法哲学和卫生法学；刚晓晨，西北政法大学教学质量监测与评价中心研究实习员，研究方向：高等教育管理。

国立西北大学法律系有着悠久的办学历史，为我国法治现代化培养了大批的优秀人才。从国立西北大学的“陕源”来讲，这一脉源于清光绪二十八年（1902年）正月在西安创建的陕西大学堂。1907年11月6日，清廷批准陕西课吏馆改设为陕西法政学堂并立案；1912年陕西高等学堂与陕西法政学堂、陕西农业学堂、陕西实业学堂、陕西客籍学堂等合组为西北大学；1915年春改为陕西法政专门学校；1923年8月改为国立西北大学；1927年改为西安中山学院；1928年改为西安中山大学，1931年停办。陕西法政学堂奠定了西北大学法科的根基。[①] 总体来讲，西北大学法律系“陕源”存续时间较短，规模较小。国立西北大学法律系“京源”经历了京师法律学堂、京师法政学堂、北京法政专门学校、国立北京法政大学、国立北平大学、国立西安临时大学、国立西北联合大学、国立西北大学法律系等时期。国立西北大学法律系“京源”是本文研究的重点。因为国立西北大学法律系与国立北平大学和国立西北联合大学法律系一脉相承，故本文关于国立西北大学法学教育的研究涵括了国立北平大学和国立西北联合大学的法学教育。

一、历史沿革

国立西北大学的法学教育可以追溯到1905年由京师大学堂法律馆奏办的京师法律学堂和1906年由京师大学堂进士馆房舍奏改而成的京师法政学堂。1912年5月，北洋政府教育部令合并京师法政学堂、法律学堂、财政学堂，改名为北京法政专门学校，以邵章为校长筹办开校事宜。同年8月25日，北京法政专门学校正式开学。1923年夏，奉部令将北京法政专门学校改组为国立北京法政大学，9月成立，任命刘彦为校长，继改聘江庸为校长。国立北京法政大学设法律、政治、经济、商学四系，并设立预科。1927年8月，教育部改组国立九校为国立京师大学校，校长由教

① 参见西北大学校史编纂委员会编，李永森、姚远主编：《西北大学史稿》（上卷），西北大学出版社2002年版，第75页。

育总长刘哲自兼,聘任教育次长林修竹为法科学长,合并国立北京大学法科与国立法政大学为国立京师大学法科。1928 年 5 月,革命军入北平,国立九校均复旧称,国立北京法政大学之名称复见于世。1928 年 7 月 19 日,国民政府将北平国立各校合组为国立中华大学。②

1928 年 9 月 21 日,国民政府决定将国立中华大学改称国立北平大学,慰留李石曾为北平大学校长。③ 国立北平大学于 1928 年 10 月正式成立后,改组国立北京法政大学为国立北平大学法学院。1934 年 7 月,教育部令北平大学商学院(原北平大学俄文法政学院)与北平大学法学院合并,改组为国立北平大学法商学院。④ 法商学院下设法律系、政治学系、经济学系和商学系四系。

1937 年卢沟桥事变爆发后,不到一个月时间里北平和天津相继沦陷。当年 9 月 8 日,国民政府教育部令,"以北平大学、北平师范大学、北洋工学院和北平研究院等院校为基干,设立西安临时大学"。⑤ 1937 年 11 月 1 日开学,15 日正式上课。⑥ 全校设文理、法商、教育、工、农、医六大学院,共 23 个系。国立西安临时大学法商学院设三个系,地址在北大街通济坊。⑦ 1938 年 4 月 2 日,教育部令国立西安临时大学改名为国立西北联合大学,与西南联合大学同一天改名。⑧ 学校设 6 个学院 23 个系,法商学院

---

② 参见西北大学校史编纂委员会编,李永森、姚远主编:《西北大学史稿》(上卷),西北大学出版社 2002 年版,第 146 ~ 147 页。

③ 参见西北大学校史编纂委员会编,李永森、姚远主编:《西北大学史稿》(上卷),西北大学出版社 2002 年版,第 157、160 页。

④ 参见国立北平大学法商学院:《国立北平大学法商学院一览》,国立北平大学法商学院印刷部 1935 年版,第 34 ~ 37 页。

⑤ "国民政府教育部令(二十六年第 16696 号)",王建领主编、陕西省档案局(馆)编:《国立西北联合大学档案史料选编》(上册),西北大学出版社 2018 年版,第 102 页。

⑥ 参见西北大学校史编纂委员会编,李永森、姚远主编:《西北大学史稿》(上卷),西北大学出版社 2002 年版,第 200 页。

⑦ 参见王建领主编、陕西省档案局(馆)编:《国立西北联合大学档案史料选编》(上册),西北大学出版社 2018 年版,第 10 ~ 11 页。

⑧ "教育部电(汉教字一六五四号)",参见王建领主编、陕西省档案局(馆)编:《国立西北联合大学档案史料选编》(上册),西北大学出版社 2018 年版,第 114 页。

是其中的一个院，该院有法律系、政治经济系和商学系。[9] 法商学院地址在陕西省汉中市城固县小西关外原县简易师范旧址（现为城固县第一中学）。[10]

1939 年 8 月 14 日教育部发布“关于国立西北联合大学结束移交的训令”：国立西北联合大学改为国立西北大学、国立西北师范学院及国立西北医学院。国立西北大学法商学院设法律、政治、经济、商学四系。“原有西北联大之教员由国立西北大学、国立西北医学院及国立西北师范学院尽量聘用。”“原有国立西北联大文理学院及法商学院学生一律改为国立西北大学学生。”“原由国立西北联大文理、法商两学院应用之一切图书仪器设备，均由国立西北大学接收应用。”[11]由此可见，国立北平大学法商学院由国立西北大学法商学院所继承。1939 年 9 月，国立西北大学正式开学。1945 年 8 月，国立西北大学成立迁建委员会，9 月 20 日，教育部明令指示，东北大学西安校址准拨与国立西北大学使用。1946 年五六月，第一批教职员从城固迁回西安，校行政部门开始在西安办公。1946 年 7 月，法商学院随校返迁西安，并于 9 月正式开始上课。1949 年 8 月，国立西北大学法商学院法律系停办。[12] 至此，民国时期国立西北大学的法学教育结束。

二、知名法学家担任院长和系主任

国立北平大学、国立西北联合大学和国立西北大学法商学院通常设

---

⑨ 参见王建领主编、陕西省档案局（馆）编：《国立西北联合大学档案史料选编》（上册），西北大学出版社 2018 年版，第 16～17 页。

⑩ 参见西北大学校史编纂委员会编，李永森、姚远主编：《西北大学史稿》（上卷），西北大学出版社 2002 年版，第 216 页。

⑪ “教育部关于国立西北联合大学结束移交的训令”，王建领主编、陕西省档案局（馆）编：《国立西北联合大学档案史料选编》（上册），西北大学出版社 2018 年版，第 118～119 页。

⑫ 参见张丛：《陕财 71 年风雨路（四）》，载西安交通大学官网 2016 年 9 月 20 日，http://www.xjtu.sd.cn/page_264157_1848835.html。

有法律系、商学系、政治系和经济系,法商学院院长一般由知名法学家担任,法律系系主任均由知名法学家担任。

(一)国立北平大学法商学院的院长和法律系系主任

1928年10月,国立北平大学聘任谢瀛洲担任法学院首任院长,1930年8月,谢瀛洲辞去院长一职。谢瀛洲(1894~1972)受过良好的法学教育,他1916年被选为半官费生赴法留学,1924年获巴黎大学法学博士学位,博士论文为《中国之封建主义:某些省的宪法研究》。⑬ 1931年2月,北平大学法学院聘任白鹏飞为院长,1934年7月,改组后的国立北平大学法商学院仍聘任白鹏飞为院长。白鹏飞(1889~1948)是著名的行政法学家,他曾留学于日本东京帝国大学,师从日本行政法学家美浓部达吉,获得硕士学位。白鹏飞任院长长达六年之久,他对于法商学院的院务建设起了重要的作用。他的治院原则秉承了北大蔡元培先生"兼容并包、学术自由"的方针。这在客观效果上扶植了民主进步力量。他上任后,聘请了一些知名进步教授,比如李达、许德珩、沈志远、张友渔等,并安排他们在礼堂授课,学生可不分院校、系别和年级自由听讲。⑭ 民国法律界元老石志泉和余棨昌先后担任过国立北平大学法商学院法律系系主任。

(二)国立西安临时大学——西北联合大学法商学院的院长和系主任

1937年9月,国立西安临时大学成立。西安临时大学校筹备委员会常委徐诵明兼代法商学院院长。1938年9月,国立西北联合大学聘请鲁迅先生的好友、德高望重的历史系主任许寿裳继任法商学院院长。⑮ 1938年11月12日,聘请张北海为法商学院院长。⑯ 1939年7月5日,张北海辞职,聘请戴修瓒先生为法商学院院长,在戴院长未到校前,由徐诵明暂

---

⑬ 参见王伟:《中国近代留洋法学博士考(1905—1950)》,上海人民出版社2011年版,第202~203页。

⑭ 参见西北大学校史编纂委员会编,李永森、姚远主编:《西北大学史稿》(上卷),西北大学出版社2002年版,第184页。

⑮ 参见王建领主编、陕西省档案局(馆)编:《国立西北联合大学档案史料选编》(上册),西北大学出版社2018年版,第274页。

⑯ 参见王建领主编、陕西省档案局(馆)编:《国立西北联合大学档案史料选编》(上册),西北大学出版社2018年版,第293页。

代院长职务。[17] 法商学院的这几位院长中,徐诵明是病理学家,许寿裳是文学家。张北海的经历很丰富,他毕业于北京大学哲学系,当过暨南大学、北平大学、中国大学、朝阳大学等校和司法部法商训练所的教授,也做过国民党中央宣传部电影事业处处长。[18] 戴修瓒是著名的法学家。[19] 戴修瓒与国立西北联合大学有很深的渊源,他曾担任过国立北京法政大学的教务长和法律系主任,也是国立北平大学法商学院法律系的名誉教授。由于 1939 年 8 月国立西北联合大学就解散了,戴修瓒可能没有就任法商学院院长。

国立西安临时大学法商学院的法律系系主任由黄觉非教授担任。黄觉非是国立北平大学时期法商学院法律系的教授。黄觉非的经历很丰富。他原名黄得中,生于 1894 年 10 月,江西武宁人。1913 年 2 月至 1924 年 7 月近十一年间,黄觉非留学日本,先后在日本东亚预备学校东京一高、熊本第五高等学校和东京帝国大学学习。在 20 岁那年,黄觉非取得帝国大学法学学士学位。1924 年,黄觉非学成归国。他先在江西省立法政专门学校任教授,兼任省立第一师范学校校务主任和教员。1926 ~ 1930 年,先后在南昌市公安局、上海淞沪卫戍司令部和律师事务所任职。1930 年 3 月以后,黄觉非前往北平。黄觉非先后担任北平警察高等学堂、北平大学、北京大学、清华大学、国立北平师范大学、中法大学等高校讲师、教授。1937 年黄觉非前往西北联合大学法律系执教,兼任法律系主任,讲授“刑法”。张北海就任法商学院院长后,他和其他政治倾向进步的教员被打压。1938 年 12 月 9 日,国立西北联大常务委员会第 53 次会议同意黄觉非教授辞去法商学院法律系主任一职,由张北海院长兼任法律系主任。[20] 1939 年夏天,黄觉非离开西北联合大学法商学院,同年 9 月,

---

⑰ 参见王建领主编、陕西省档案局(馆)编:《国立西北联合大学档案史料选编》(上册),西北大学出版社 2018 年版,第 344 页。

⑱ 参见王建领主编、陕西省档案局(馆)编:《国立西北联合大学档案史料选编》(上册),西北大学出版社 2018 年版,第 657 页。

⑲ 参见王玉明主编:《中国法学家辞典》,中国劳动出版社 1991 年版,第 781 页。

⑳ 参见王建领主编、参见陕西省档案局(馆)编:《国立西北联合大学档案史料选编》(上册),西北大学出版社 2018 年版,第 301 页。

黄觉非被聘为陕西省政府参议。1939年年初离开西北联合大学法商学院。中华人民共和国成立后先后执教于北京大学法学院和北京政法学院。1966年8月去世。黄觉非的代表作包括《刑法上之保安处分》(1935)、《苏联监狱制度》(1933,译著)和《刑法读本》(1935,译著)。㉑

(三)国立西北大学法商学院的院长和系主任

国立西北联合大学法商学院整建制地留给了国立西北大学法商学院。1939年8月8日,国民政府教育部令改国立西北联合大学为国立西北大学。国立西北联合大学文学院、理学院、法商学院归属国立西北大学。国立西北大学法商学院包括法律系、政治学系、经济学系和商学系。法商学院学生人数居全校三学院之首,约占全校半数。国立西北大学时期法商学院院长先后由刘鸿渐、杨兆龙、卢峻、赖琏(校长兼任)、曹国卿、杜元载和孙宗钰等人担任。㉒ 这几名院长中,刘鸿渐、杨兆龙、卢峻和杜元载都是大名鼎鼎的法学家。刘鸿渐于1939年12月起在国立西北大学任职,1939年8月至1940年8月,在胡庶华担任西北大学校长时期,任法律系主任、法商学院院长兼教授。在1940年10月到1942年4月陈时珍任西北大学校长时期,任训导长兼教授。㉓ 杨兆龙和卢峻均在哈佛大学法学院获得法学博士学位,在法学研究方面成绩斐然。1940年秋,杨兆龙㉔应国立西北大学胡庶华校长之约请,任该校法商学院院长兼教授,支持学生之进步活动,口碑甚佳。1941年10月,因与代校长陈石珍及CC派不和,随即被调离国立西北大学,任教育部参事,受聘为教育部法律教育委员会秘书长,从事法律教育之改革计划。㉕ 1941~1942年,卢峻受聘为国立西

㉑ 参见陈夏红:《风骨:新旧时代政法学人》,法律出版社2016年版,第340~350页。

㉒ 参见王建领主编、陕西省档案局(馆)编:《国立西北联合大学档案史料选编》(上册),西北大学出版社2018年版,第675、692页。

㉓ 参见《西北大学学人谱》编委会编:《西北大学学人谱》,西北大学出版社1997年版,第87页。

㉔ 参见王伟:《中国近代留洋法学博士考(1905—1950)》,上海人民出版社2011年版,第99页。

㉕ 参见杨兆龙:《杨兆龙法学文集》,法律出版社2005年版,第719页。

北大学法商学院院长。[26] 杜元载教授于1944年8月加盟国立西北大学法商学院，他1924年获得国立北京师范大学教育学学士学位，之后赴美留学，获得美国明尼苏达州立大学教育学硕士学位和美国西北大学法学院法律博士学位。[27]

城固时期国立西北大学法律系分司法、法理两组，先后由刘鸿渐、卢峻、施宏勋、王治焘等教授兼任系主任。[28] 曹国卿任法商学院院长期间，施宏勋担任法律系教授兼主任，他早年在上海法政学院法律系学习，毕业后赴法留学，1936年获南锡大学法学博士学位（私法专业）。王治焘1934年加盟北平大学法商学院，从1937年起历任西安临时大学、西北联合大学、西北大学法律系教授等。1940年8月至10月，代理校务。1941年改任西北大学法商学院法律系主任、教授。[29]

三、实力雄厚的师资队伍

（一）国立北平大学法商学院的师资队伍

国立北平大学法学院（法商学院）规模较大，师资力量雄厚。根据1934年统计，国立北平大学法商学院有教员82人，其中教授23人，讲师42人，其他人员17人。国立北平大学法商学院法律系共有教授7人，讲师14人，名誉教授3人，军事教官1人，军事助教1人，体育主任2人，其他人员4人，共计32人。相比法商学院其他三个系，这一时期法律系的教员人数和教授数量都是最多的。商学系教员合计16人，其中教授5人；政治系教员合计16人，其中教授4人；经济系教员合计18人，其中教

---

[26] 参见王伟：《中国近代留洋法学博士考（1905—1950）》，上海人民出版社2011年版，第94~95页。

[27] 参见刘保兄：《杜元载：河南大学法学院第一任院长》，载《河南日报》2012年3月23日。

[28] 参见西北大学校史编纂委员会编，李永森、姚远主编：《西北大学史稿》（上卷），西北大学出版社2002年版，第305页。

[29] 参见《西北大学学人谱》编委会编：《西北大学学人谱》，西北大学出版社1997年版，第90页。

授2人。1934年,国立北平大学法商学院院长为白鹏飞教授,法律系主任为余棨昌教授,法律系教授有石志泉、张孝移、李浦、黄得中、何基鸿、刘鸿渐,讲师有程树德、唐纪翔、邵勋、陈宗蕃、王家驹、徐仲白、李宜琛、吴觉先、吴德润、陆建勋、刘宏钰、张友焜、张跃惊、邸维周,法律系名誉教授有陈瑾昆、戴修瓒和刘志敭。㉚ 根据《国立北平大学法商学院第八届毕业同学录》的记载,1936年法商学院院长为白鹏飞教授,法律系主任为余棨昌教授,法律系教授有石志泉、张孝移、李浦、黄觉非、刘鸿渐,讲师有唐纪翔、王家驹、徐仲白、李宜琛、刘宏钰、张友焜、张跃惊、邸维周、王治焘、张映南,法律系名誉教授有陈瑾昆、何基鸿、戴修瓒和刘志敭。㉛

国立北平大学法商学院法律系教员均有良好的学历背景,大多数教员有海外留学的经历,教员中有26人毕业于欧美大学,36人毕业于日本专门以上学校,14人毕业于国内大学,6人毕业于国内专科学校,留学归国教员占总教员的75%。白鹏飞、余棨昌、石志泉、黄觉非、何基鸿、刘鸿渐均毕业于日本东京帝国大学。张孝移、李宜琛毕业于日本早稻田大学,刘宏钰毕业于日本中央大学,张友焜毕业于日本名古屋大学,李浦、邵勋毕业于日本明治大学,程树德、王家驹毕业于日本法政大学。陈宗蕃毕业于国立北洋大学,徐仲白毕业于北京大学,邸维周毕业于清华大学。吴觉先毕业于德国法兰克福大学,吴德润毕业于法国巴黎大学,陆建勋毕业于德国基尔大学。㉜

(二)国立西安临时大学——国立西北联合大学时期的师资队伍

国立西安临时大学法律系系主任由黄觉非教授担任,教授有王治焘、赵愚如、王瓛、李宜琛,讲师有王捷三、吴英荃和韩幽桐。㉝ 黄觉非和李宜琛两人是国立北平大学法律系的教师,随北平大学西迁来到了西安。也

㉚ 参见国立北平大学法商学院:《国立北平大学法商学院一览》,国立北平大学法商学院印刷部1935年版,第221~217页。

㉛ 参见第八届毕业同学录编辑委员会:《国立北平大学法商学院第八届毕业同学录》,国立北平大学法商学院印刷部1936年版,第49页。

㉜ 参见国立北平大学法商学院:《国立北平大学法商学院一览》,国立北平大学法商学院印刷部1935年版,第211~217页。

㉝ 参见王建领主编、陕西省档案局(馆)编:《国立西北联合大学档案史料选编》(上册),西北大学出版社2018年版,第592、593、600页。

有一部分教师因战火阻隔，聘书发出较晚，未能来陕。

根据1939年2月制作的《国立西北联合大学职员一览》，法商学院法律系共有教员13人，其中教授7人、副教授2人、讲师4人。教员分别是张北海教授、黄觉非教授、王治焘教授、王瓛教授、李宜琛教授、胡元义教授、李浦教授、刘毓文副教授、罗石均副教授、孙春海讲师、贾万一讲师、荆磐石讲师、薛庆衡讲师。[34] 西安临时大学和西北联合大学的教员名单略有差异。大多数西安临时大学的教员留在西北联合大学执教。1938年10月26日国立西北联合大学常务委员会第46次会议决定聘请胡元义教授担任法商学院法律系教授。李浦教授原是国立北平大学法商学院的教授，1938年11月30日受聘为国立西北联合大学法商学院法律系教授，荆磐石同一日受聘为该院法律系讲师。韩幽桐1932年毕业于北平大学法商学院，同年留学日本，先后在日本早稻田大学和东京帝国大学法学部求学，1937年毕业，成为东京帝国大学法学部的第一位女研究生。韩幽桐在西安临大—西北联大公开职业是教师，实际上是在中共地下党的领导下做革命工作。因她革命活动被国民党的CC分子察觉，[35]1938年11月30日，韩幽桐和法商学院刘及辰和张云青被解聘。[36]

相比同一时期的国立长沙临时大学和国立西南联合大学，国立西安临时大学和国立西北联合大学的师资力量要更强一些。国立西安临时大学—国立西北联合大学法律系的师资来自国立北平大学法律系。而国立长沙临时大学——国立西南联合大学法律系的师资来自北京大学法律系，因为清华大学法律系于1934年停办，南开大学未设法律系。国立长沙临时大学法律系只有5位教师，分别是戴修瓒教授、陈瑾昆教授、李祖

---

[34] 参见王建领主编、陕西省档案局（馆）编：《国立西北联合大学档案史料选编》（上册），西北大学出版社2018年版，第657～659页。

[35] 参见张友渔：《无产阶级革命的忠诚战士　党的优秀女儿——纪念亲密战友韩幽桐同志诞辰八十周年》，载《韩幽桐文集》，重庆出版社1991年版，第4～5页。

[36] 参见王建领主编、陕西省档案局（馆）编：《国立西北联合大学档案史料选编》（上册），西北大学出版社2018年版，第532页。

荫教授、蔡枢衡副教授和张守正讲师。[37] 而国立西安临时大学法律系有教员8人,分别是黄觉非教授、王治焘教授、赵愚如教授、王瓛教授、李宜琛教授、王捷三讲师、吴英荃讲师和韩幽桐讲师。

根据1938年国立西南联合大学各院系教职员名录,西南联大法商学院法律系共有教员9人,其中教授6人、副教授1人、讲师2人,分别是系主任燕树棠教授、戴修瓒教授、蔡枢衡教授、罗文干教授、张企泰教授、章剑教授、李士彤副教授、费青讲师和胡觉讲师。[38] 而根据西北联大1939年2月的教员名录,法律系共有教员13人,其中教授7人、副教授2人、讲师4人,分别是张北海教授、黄觉非教授、王治焘教授、王瓛教授、李宜琛教授、胡元义教授、李浦教授、刘毓文副教授、罗石均副教授、孙春海讲师、贾万一讲师、荆磐石讲师和薛庆衡讲师。

(三)国立西北大学时期的师资队伍

国立西北大学法律系是国立西北联合大学法律系的延续。国立西北联合大学一分为五校后,国立西北联合大学法律系教师胡元义、王治焘、刘毓文、孙春海、贾万一等继续在国立西北大学法律系任教。根据1943年12月制作的《国立西北大学教职员名录》,法商学院法律系共有教师9人,系主任为施宏勋教授,教授有王治焘、郭至德、李镜湖,兼任教授有薛庆衡,副教授有贾万一和孙春海,兼任讲师有王业和,助教有晏克鑫。[39] 根据1947年《国立西北大学教职员名录》,法律系共有专任和兼任教师14人,系主任为刘鸿渐教授,教授有王治焘、党松年、刘毓文、冯纶、孙春海,兼任教授有郗朝俊和朱观,兼任副教授有蔡蕴之,讲师为王业和,兼任讲师有韩筠和秦光伦,助教有王业媛和胡立宪。[40]

国立西北大学法律系的师资力量较强,不仅教师人数较多,而且在全

---

[37] 参见王文俊主编:《国立西南联合大学史料四:教职员卷》,云南教育出版社1998年版,第62页。

[38] 参见王文俊主编:《国立西南联合大学史料四:教职员卷》,云南教育出版社1998年版,第71页。

[39] 参见王建领主编、陕西省档案局(馆)编:《国立西北联合大学档案史料选编》(上册),西北大学出版社2018年版,第675~676页。

[40] 参见王建领主编、陕西省档案局(馆)编:《国立西北联合大学档案史料选编》(上册),西北大学出版社2018年版,第692页。

国影响较大。国立西北大学法商学院法律系师资队伍建设的一大标志性成就是1941年胡元义教授被教育部遴选为第一批30名部聘教授之一。当时,部聘教授为中国教育界最高荣誉,人称“教授中的教授”,按《部聘教授办法》,一个学科仅可出一人,胡元义教授是法学学科唯一的部聘教授。胡元义,1893年生,湖南常德人,日本东京帝国大学法学部学士,曾任司法行政部科长、清华大学讲师、武汉大学教授,1938年10月加盟国立西北联合大学,所授科目为民法债编总论、民法物权、外国法、法日法。1942年,胡元义任四川大学法律系系主任。[41] 1945年秋同济大学校长徐诵明聘请胡元义教授为法学院筹备主任,1947年任国立暨南大学教授,1949年以后任教于复旦大学法律系。胡元义教授主要研究民法学,著有《民法总则》《物权法》《破产法》等。

冯纶教授1914年山西大学预科毕业后考入山西大学法科法律学门。1917年毕业后赴日本留学,入东京明治大学法律系。1946年11月始在西北大学法律系任教。孙春海教授毕业于直隶法政专门学校法科。历任国立西安临时大学、国立西北联合大学讲师、国立西北大学法律系讲师、副教授、教授等职。[42] 1949年8月以后,西北大学法律系停办,大部分教师离开了国立西北大学,冯纶和孙春海教授留在西北大学新法学研究所。

四、人才培养

(一)国立西北大学法律系人才培养方案

国立西北联合大学时期,国民政府对法学教育实施教育部和司法院双重管理,其中教育部实施行政管理,司法院行使监督管理,监督国立大

---

[41] 参见四川大学校史编写组编:《四川大学史稿》,四川大学出版社1985年版,第278页。

[42] 参见《西北大学学人谱》编委会编:《西北大学学人谱》,西北大学出版社1997年版,第89页。

学法律课程编制及研究。司法机关对于法律教育管理的介入,始于1929年6月15日国民党第三届中央执行委员会第二次全体会议上讨论通过的《关于司法制度之完成及其改良进步之规划案》。该决议案提出国立大学法律科之课程编制及研究指导,应由司法院直接监督。[43] 1939年6月,根据教育部训令,法商课增加日本问题、战时经济和战时法令三门科目。[44]

1938年,教育部根据大学教育方针及国家需求,在充分听取全国法学教授意见的基础上公布了《文理法三学院各学系课程整理办法草案》,根据此项整理结果,教育部于同年9月22日颁发了《大学法学院共同必修科目表》。1939年6月,教育部召开大学各学院课程会议,逐一讨论、修订并通过了各学系必修及选修科目表。

1942年12月,教育部公布了修订法律学系必修科目表与选修科目表。教育部对法律系的必修和选修科目,重新进行修订,根据修订后的科目表,法律系必修科目是:法学绪论、宪法、民法总则、刑法总则、民法债编、民法物权、国际公法、中国司法组织、外国文(二)、民法亲属继承、刑法分则、行政法、中国法制史、刑事诉讼法、商事法概论(或修公司法、票据法、保险法、海商法四课)、民事诉讼法、国际私法、法理学、劳工法、毕业论文或专题研究等。关于选修科目:如罗马法、中国旧律研究、比较法学绪论、比较民法、英美法、近代欧洲大陆法、中国法律思想史及法学专题研究等选修科目,得应实际需要,规定学生必须选修。选修第二外国文者,强制其修习两学年,以为专攻比较法学之准备。[45]

---

[43] 参见王健:《中国近代的法律教育》,中国政法大学出版社2001年版,第276~277页。

[44] 参见王建领主编、陕西省档案局(馆)编:《国立西北联合大学档案史料选编》(上册),西北大学出版社2018年版,第420页。

[45] 参见王健:《中国近代的法律教育》,中国政法大学出版社2001年版,第284~285页。

（二）毕业学生情况

表1为国立北平大学法（商）学院法律系毕业人数情况（见表1）。

表1　国立北平大学法（商）学院法律系毕业人数

单位：人

年份	毕业人数	年份	毕业人数
1929	37	1933	58
1930	74	1934	30
1931	41	1935	97
1932	66	1936	41

注：参见国立北平大学法商学院：《国立北平大学法商学院一览》，国立北平大学法商学院印刷部1935年版，第292～306页；第八届毕业同学录编辑委员会：《国立北平大学法商学院第八届毕业同学录》，国立北平大学法商学院印刷部1936年版。这里只统计了国立北平大学法学院法律系和法商学院法律系的毕业生人数，没有统计俄文法律系和前商学院法律系的毕业生人数。

1936年6月，国立北平大学法商学院法律系在校学生情况如下：一年级（1935级）在校学生32人，二年级（1934级）在校学生18人，三年级（1933级）在校学生33人。1934级和1935级学生毕业的时候国立北平大学已经改组为国立西北联合大学。1938年原国立北平大学法商学院法律系有4名学生毕业。㊻

表2为国立西北大学法商学院法律系在校学生人数情况（见表2）。

表2　国立西北大学法商学院法律系在校学生人数

单位：人

年份	一年级	二年级	三年级	四年级
1939	13	12	32	24
1942	11	35	12	无
1943	29	23	36	无
1944	37	43	22	无

㊻　参见王建领主编、陕西省档案局（馆）编：《国立西北联合大学档案史料选编》（下册），西北大学出版社2018年版，第921页。

续表

年份	一年级	二年级	三年级	四年级
1945	44	42	45	无
1946	40	46	38	无
1947	113	39	47	无
1948	39	108	39	无
1949	28	42	98	无

注:参见王建领主编、陕西省档案局(馆)编:《国立西北联合大学档案史料选编》(下册),西北大学出版社2018年版,第937~1081页。

国立北平大学—国立西北联合大学—国立西北大学法律系培养了一批优秀的法律人才。韩幽桐、李宜琛、于鸣冬、刘毓文、何适等法学家均于20世纪30年代毕业于国立北平大学法律系。韩幽桐、李宜琛和刘毓文后来还担任国立西北联合大学法律系的教师。曾任中南政法学院院长的章若龙教授于1949年毕业于国立西北大学法律系。

(三)人才培养的特色

从国立北平大学—国立西北联合大学—国立西北大学法律系的课程结构及体系来看,其表现出如下特点:

一是文理结合。《文理法三学院各学系课程整理办法草案》特别注重基本训练,认为大学课程应先注重于学术广博基础之培养,文、理、法各科之最基本学科,定为共同必修,然后专精一科,以求合于由博返约之道,使学生不因专门之研究,而有偏固之流弊。[47]《大学法学院共同必修科目表》中的科学概论、数学、物理、化学、生物学、生理学、地质学都属于理科课程。1939年4月2日,教育部指令,法商学院所开之数学、生物、地质地理等三科,法律及政治经济两系可选修一科,政治学、经济学、民法概要等科,该两系应规定于二年级时再选修一科。[48]

二是强调比较法教学。1929年国立北平大学法学院法律系的课程

---

[47] 参见王健:《中国近代的法律教育》,中国政法大学出版社2001年版,第280页。

[48] 参见王建领主编、陕西省档案局(馆)编:《国立西北联合大学档案史料选编》(上册),西北大学出版社2018年版,第423页。

表包括罗马法(3 学时,必修)、外国法(4 学时,必修)、外国法制史(2 学时,选修)等比较法课程。[49] 1935 年国立北平大学法商学院法律学系的课程表包括英文法律名著选读(3 学时,必修)、外国法(英国法或德日法,3 学时,必修)、外国法制史(2 学时,选修)等比较法课程。[50] 1939 年国民政府教育部颁布了《大学各学院分系必修及选修科目表》。法律专业课程包括必修课程和选修课程,选修课程包括罗马法、比较法学绪论、比较司法制度、英美法、近代欧洲大陆法、比较民法、比较刑法等课程。国立北平大学—国立西北联合大学—国立西北大学法律系的教员大多有留洋背景,他们的学术视野开阔,因而开设比较法课程也有师资的保障。王治焘是法国巴黎大学毕业的法学博士,黄觉非、胡元义是日本东京帝国大学法学部毕业的法学学士,荆磐石和韩幽桐是日本东京帝国大学毕业的研究生,李宜琛是日本早稻田大学毕业的法科研究生,李浦毕业于日本明治大学,贾义一毕业于日本京都帝国大学法学部。在抗战时期,法律体系逐步完善,以本国法为主要学习载体的条件已经具备,所以,法学教育也逐步实现了从"中学为体,西学为用"向"结合国情,洋为中用"的转变,西方法律制度和比较法课程也逐步转变为以深化或者拓展法学专业知识背景为目的的选修课程。

三是注重司法实践教学。国立北平大学—国立西北联合大学—国立西北大学法律系的教员大多拥有丰富的法律实务经验。比如,石志泉教授曾任奉天高等审判厅厅长、北京政府大理院推事、司法部次长。余棨昌曾任民国北京政府大理院民二庭庭长和大理院院长。党松年曾任陕西公立法政专门学校教授、陕西军政府司法部部长、修订法律馆总编撰、陕西高等法院院长。孙春海历任直隶法政专门学校教授以及河北、山西、辽宁、陕西等省高等法院地方法院庭长、推事、检察官、高等法院分院院长、地方法院院长。加之法学教育的主要目标就是为国民政府培养法官,所以,法学教育特别注重学生的实践能力。

---

[49] 参见国立北平大学法学院:《国立北平大学法学院一览》,1929 年版,第 64 ~ 66 页。

[50] 参见国立北平大学法商学院:《国立北平大学法商学院一览》,国立北平大学法商学院印刷部 1935 年版,第 123 ~ 128 页。

五、结语

国立西北大学法学教育源远流长,发端于20世纪初晚清创办的京师法律学堂和法政学堂,经历了国立北京法政专门学校、国立北京法政大学、国立北平大学、国立西安临时大学、国立西北联合大学等时期。1949年8月9日,西安军管会下达第20号令:西北大学法商学院及其法律系、政治系停办,保留经济系、商学系,与陕西省立商业专科学校合并建立西北大学财经学院。[51] 至此,民国时期国立西北大学的法学教育结束。1952年,西北军政委员会政法委员会副主任马锡五与西北军政委员会司法部副部长朱婴经过研究,在西北大学开办司法专修科,学制两年。[52] 经过1952年、1953年的院系调整,西北大学司法专修科成为当时全国的8个高等政法院系之一。[53] 1954年4月26日至5月8日,高等教育部在北京召开全国政法教育会议,决定自1954年起北京大学、复旦大学、西北大学增设法律系。[54] 至此,加上原有的中国人民大学法律系及东北人民大学法律系、武汉大学法律系及北京政法学院、西南政法学院、华东政法学院和中南政法学院,形成了四院六系的格局。1958年8月,西北大学法律系调入中央政法干部学校西北分校,成立西安政法学院。西北大学直到1987年才恢复法律系。可以说,法学教育的京师法律学

---

[51] 参见张丛:《陕财71年风雨路(四)》,载西安交通大学官网2016年9月20日,http://www.xjtu.sd.cn/page_264157_1848835.html。

[52] 参见赵建学:《两校的回顾　复校的艰辛》,载王贤主编:《峥嵘岁月——西北政法大学校史资料辑录》,陕西人民出版社2016年版,第203页;薛永毅:《马锡五与最高人民法院西北分院》,载《人民法院报》2019年8月9日,第5版。

[53] 参见霍宪丹:《中国法学教育的发展与转型》,法律出版社2004年版,第285~286页。

[54] “高等教育部关于全国综合大学会议、全国高等财经教育会议、中国人民大学教学经验研讨会、全国政法教育会议的报告”(1954年7月9日中央人民政府政务院第221次政务会议批准),参见何东昌主编:《中华人民共和国重要教育文献》(1949~1975),海南出版社1998年版,第353页。

堂、京师法政学堂、北京法政专门学校、国立北京法政大学、国立北平大学、国立西北联合大学、国立西北大学法律系和西北大学法律系这一脉汇入了西安政法学院。

国立北平大学—国立西北联合大学—国立西北大学法律系的教授、学者们具备的爱国进步、艰苦奋斗、自强不息、科学包容的精神值得后世学者继承和弘扬。国立北平大学—国立西北联合大学—国立西北大学法学教育强调理实并重、文理结合、爱国进步、实践教学，这一办学理念对我们当前进一步办好法学学科很有启示。

On the Historical Evolution and School-Running Characteristics of the Legal Education of National Northwest University

Qiu Zhaoji　Gang Xiaochen

Abstract: The Department of Law at the National Northwest University had the profound origination with the universities in Beijing, which went through the Peking Law School, the Peking Academy of Political Science and Law, National Beijing University of Political Science and Law, National Beijing University, National Northwest United University, the Department of Law at the National Northwest University. Among them, National Beijing University and the School of Law and Commerce at the National Northwest University established the Department of Law, the Department of Commerce, the Department of Politics and the Department of Economy. Usually, the President of the School of Law and Commerce were well-known jurists, but the Dean of the Department of Law were definitely one of the well-known jurists. For the National Beijing University, National Northwest United University, the Department of Law at the National

Northwest University, the Department of Law was established in large scale and a renown teaching faculty. The professors and scholars at the Department of Law at the National Northwest University had the spirit of patriotism and progress, hard work, self-improvement, and scientific tolerance, which is worthy of inheritance and promotion by later generations of scholars. The legal education of the National Northwest University emphasizes equal emphasis on theory and practice, combination of arts and science, patriotic progress, and practical teaching. These school-running concepts are very enlightening for us to further promote the discipline of law in contemporary society.

Key Words: National Northwest University, legal education, historical-development, teaching faculty

论我国法治教育的基础理论奠基*

王金霞**

摘　要:法治教育的研究不能局限于具体的对策性研究,更需要在具有整全性、普遍性、一般性的基础理论方面有所加强。法治教育内化过程的认知向度、情感向度、评价向度可以提供法治教育的基本层次、基本内容和基本框架。法治教育整体理念的演进过程是法治教育的动态发展过程,也是对前述基本层次、内容和框架的理念统摄。中国特色社会主义法治教育需要强调社会主义核心价值观融入法治教育过程,在价值观上明确我国法治教育的基本价值认同。三者一起则可以提供我国法治教育基础理论的核心方面。

关键词:法治教育　基本向度　核心理念　价值认同

以提升公民的法治意识和法治素养为旨归,法

---

* 基金项目:本文系2017年度国家社会科学基金重大项目"社会主义核心价值观与法治文化建设研究"(项目编号:17VHJ005)的阶段性成果之一;也获得陕西高校青年创新团队"马克思主义法哲学与人的解放"项目资助。

** 王金霞,西北政法大学法治学院讲师,法学博士,西北政法大学法治文化研究中心副主任,研究方向:法治文化、马克思主义法学、法社会学。

治教育是全面推进依法治国的一项重要的国家战略。针对青少年的法治教育,针对普通公民的普法教育等正在全国如火如荼地开展。现今法治教育的相关研究也已经铺陈开来,覆盖各个方面。然而现今研究更多关注法治教育的现实研究、对策性研究、实证研究等,在更具有整全性、普遍性、一般性的基础理论研究方面还较为薄弱。① 如我国法治教育应该包括哪些基本内容?如何确定法治教育的基本框架?不同阶段的法治教育具有何种不同,如何相互配合?我国法治教育在价值认同方面具有什么特殊性?为此,本文试从法治教育内化过程的基本向度、法治教育的整体理念演进、社会主义核心价值观融入法治教育等方面讨论法治教育的基础理论问题。

一、法治教育内化过程的三重向度

依据法治意识、法治素养内化为公民的意识过程,可以将法治教育区分出三重向度或层次,即法治教育的认知向度、情感向度和评价向度。认知向度是关于法治体系、体系的各种角色以及这些角色的承担者、体系的运行过程的各种知识;情感向度是关于法治体系,体系的各种角色、人员和活动的感情;评价向度是对法治的判断和见解,这些判断和见解涉及知识和感情的价值标准和准绳。②

(一)法治教育的认知向度

1. 规范教育。规范教育试图使受教育者习得关于规范的各种基础知识。规范教育以现行法律规范为核心,在内容上表现为宪法教育、行政法教育、民商法教育、刑法教育、经济法教育、社会法教育、诉讼法教育

① 以法治教育为关键词,以cssci为限定,在中国知网期刊全文数据库中获得论文198篇(最后检索时间:2020年6月6日)。其中集中关注法治教育基础理论研究的不到10篇,且主要限定在法治教育的目标等主题上。

② 这三重向度具有普遍性,如在公民文化的研究中,就划分了这三重向度。参见[美]加布里埃尔·阿尔蒙德、西德尼·维巴:《公民文化——五个国家的政治态度和民主制度》,张明澎译,商务印书馆2014年版,第14页。

等实体性法律部门和程序性法律部门构成的规范体系教育，即以宪法为核心的中国特色社会主义法律体系教育。

规范教育中蕴含法治体系的运行教育。法治体系不同于法律体系，法治体系是法律体系的实现和运行状态。中国特色社会主义法治体系包括五大体系，即完备的法律规范体系、高效的法治实施体系、严密的法律监督体系、有力的法治保障体系、完善的党内法规体系。③

规范教育涵盖对法治体系的各种角色的基本教育。例如，法官、检察官、监察官、律师、仲裁员、公证员、警察、监狱管理者、法制新闻从业者、法学学者、法学教育者等法律职业共同体的基本职责分工、实际发挥的角色作用等基础知识。

规范教育还需要涵盖法治体系运行的基本知识教育，即立法、司法、执法、守法的法治全过程的基础知识和基本运行模式。规范教育需要明确是谁的权利和责任，谁参与到各种法治过程当中，其具体需要从事的活动等。

2. 理念教育。法治是特定理念的集群，法治教育首先是法治的理念教育。法治理念教育的核心是法理教育，需要把法律背后的基本道理纳入法治教育的范围。法治的基本理念包括：法律只调整人们的行为而非思想；法律是一种不同于道德的社会规范；法律有自己的表现形式、内在构成、调整方法、效力位阶、责任形式、制裁手段、运行模式；宪法法律至上；法律面前人人平等；责任法定、责任自负、责任相称；对公民个体而言，法无禁止即自由，对公权力主体而言，法无明文即禁止；保障人权和尊严；所有权神圣；契约自由；依法行政；正当程序；权力制衡……法治的基本理念可以统领规范，也使规范具有意义和理念的深度，是规范的来龙去脉。受教育者不理解法治理念而只知道规范则可能停留在法治教育的浅层次。

现今我国的法治教育有重视法治的规范教育，而轻视法治的理念教育的倾向，事实上两者同等重要，不可偏废。规范教育为理念教育奠定

③ 参见2014年党的十八届四中全会作出的《中共中央关于全面推进依法治国若干重大问题的决定》。

基础,规范教育是理念教育的承载形式,理念教育是规范教育的提升,是由知而识的转变。

(二)法治教育的情感向度

法治教育需要培育民众积极的法治情感,法治情感是由法治知识到法治行为重要的中间阶段。自古希腊开始,理性统治情感、灵魂统治身体的理性主义主张成为人们认知的基本常识。亚里士多德就曾指出,身体从属于灵魂和灵魂的情欲部分受制于理性及其理智部分,总是自然而有益的;要是两者平行,或者是倒转了相互的关系,就常常是有害的。④然而,在现实的行为面前,我们发现自己常常容易高估理性的作用。日常生活中,是什么在影响人的行为?某一项规范是对的,并不构成我们如此行为的充分条件。一个最简单的例子是,"早睡早起,长命百岁"。我们理性的范围内很容易把握这种观点的合理性,但能不能做到早睡早起,则要受到诸多因素的影响。再如,一个好的学者应该具有什么样的品质?一个好学者应该具有独立思考的精神,具有悲天悯人的情怀,具有耐得住孤寂的心灵,具有博通古今中外的知识背景……当理性进行这样的列举时,我们会发现执行力的脆弱。由此可见,一项行为的做出,是和人的理性、感觉(直觉)、本能、情感、欲望、信仰、意志、潜意识、习惯等多种要素共同作用的结果,既要受到理性因素的影响,非理性因素的作用同样不容小觑。这表明,法治的理性需要法治情感的辅助和支撑,法治教育在根本上应该视为一种理性教育,但同样不能忽视法治情感在人们做出具体行为时的重要影响。

法治情感教育需要逐渐提升法治情感的层次和境界。美国著名学者伯尔曼指出,"没有信仰的法律将退化为僵死的法条……而没有法律的信仰将蜕变成为狂信"。⑤ 作为公共理性的法律与作为私人情感和超验价值的宗教信仰之间也具有不可分离的内在联系。这同样给予法治教育的开展以启示,我们不能过于偏重以法律知识为中心的法治理性教

④ 参见[古希腊]亚里士多德:《政治学》,吴寿彭译,商务印书馆1965年版,第14~15页。

⑤ [美]伯尔曼:《法律与宗教》,梁治平译,中国政法大学出版社2003年版,第38页。

育,也需要培育以法律信任、法律信仰为核心的法治情感教育。普通民众在情感上接受、认同、信任、敬畏法律的规则和原则、法治精神及其理念,将是实现法治教育目标的基本尺度之一。即把法治教育由工具合理性层面提升到价值合理性层面,使人们不仅基于世俗主义的功利计算而行为,也基于信任和信仰的情感和价值而行为。

(三)法治教育的评价向度

法治教育的评价向度是基于法治知识和法治情感而作出的法律判断和获得的相关法律见解,也是受教育者法治意识、法治素养增强之后更高程度的主体性觉醒。评价是基于人们的感觉、直觉、愿望、兴趣、信念、理想、知识、道德、法律、习惯等作出的综合性判断,评价常常会具有主观性,因此需要明确评价标准。法治教育过程中,法律的知识、判断和见解成为受教育者稳定的评价标准和行为理由,具备这样的自主和自觉,则意味着法治教育的成熟。对人们的行为作出评价是法律发挥作用的基本方式,评价是法律规范作用的表现。法律和其他社会规范一样,最基本的方面即是对人们的各种行为作出评价,法律评价即判断人们的行为是否合法,及其合法或违法的程度。法律评价不同于基于感觉、直觉、愿望、兴趣,甚至是道德、习惯等作出的评价,因为法律的评价标准具有更强的客观性、稳定性。无论是谁基于法律作出一个评价,基于相同的规范和事实,一定会得出相同的判断,同等条件下会同等处理。因此,法治教育的评价向度事实上是在增强受教育者更加冷静、理性、客观、中立地作出一个判断,基于更加具有客观性的标准作出判断。

法治教育的评价向度是跨越知行鸿沟的关键。具备法律知识并不能保障一定按照法律规范采取行为。评价则可能增强人们把法律作为评价标准和行为理由的内在强度,这意味着评价标准和行为理由之间具有内在的相通性。评价一定涉及评价主体、评价标准、评价客体的问题,即评价关系会表现为“谁基于什么来评价什么”。⑥ 人们作出的法律评价则并不仅只是具有评价他人的效果,也同样具有反身性,评价的自主

---

⑥ 李德顺:《价值论》(第2版),中国人民大学出版社2007年版,第229~233页。

和自觉会自动指向人们自己所做出的相关行为。如果特定主体所依据的评价标准和自身行为不一,则会陷入自反性困境,而受到外在的压力和内心的指责。法治教育的功能正是通过指引、评价、预测,并最终规范人们的行为来加以实现,透过法治教育的评价向度才能更好地揭示法治教育的真谛。法律规范的教育作用是对人们今后的行为发生直接或间接的影响,通过正面教育、反面教育等手段实现。

一般认为,法治教育关系存在教育者和受教育者之别,两个主体截然不同,然而,法治教育在根本上可以看作自己对自己的教育。教育和启蒙的原理具有内在的一致性,而德国哲学家康德对启蒙问题的回答是,"启蒙运动就是人类脱离自己加之于自己的不成熟状态。不成熟状态就是不经别人引导,就对自己运用自己的理智无能为力"。[⑦] 法治教育的过程事实上是受教育者把"自己"代入特定事件中,"自己"不仅作为虚拟的当事人,也作为客观的评价者,作为客观评价者所依据的规则和原则中的思想、观念和价值自我灌输给作为特定事件虚拟的当事人。当作为虚拟当事人和作为客观评价者的二重主体统一,才能算是法治教育功能的最终实现。

二、法治教育的理念演进

德国哲学家黑格尔认为,法是自由意志的定在,法是作为理念的自由,法哲学就是以法的理念(法的概念及其现实化)为对象的一门科学,理念的内在演绎就构成了法哲学的各个环节。[⑧] 尽管并不一定遵守黑格尔的辩证法逻辑,但黑格尔的法哲学同样给法治教育以启示,从小学——中学——大学,再到社会全体公民的法治教育,其内在的理念也肯定有某种演进关系,共同作用于法治教育的习得过程。每个阶段所需

---

⑦ [德]康德:《历史理性批判文集》,何兆武译,商务印书馆1990年版,第22页。

⑧ 参见[德]黑格尔:《法哲学原理》,范扬、张企泰译,商务印书馆1961年版,第1、36页。

强调的核心法治理念方面可能并不一样,需要发现法治教育过程背后的普遍必然性。这意味着法治教育需要整体性的设计理念,比如在什么时候、什么阶段强调什么,在进阶过程中融入什么新的内容,强调什么新的理念。即需要明确遵循整体的演进关系,而不能各个阶段各自为政,相互重复,不相联系。同时,也需要避免各个阶段陷入法律体系的各种细节而难以自拔,需要明确最为重要的目标和最为核心的理念。

(一)小学——法治认知教育

本文与我国《青少年法治教育大纲》中阶段划分有所不同,《大纲》中划分了义务教育阶段——高中教育阶段——高等教育阶段,这里则把义务教育的小学阶段作为法治教育的第一个阶段,初中和高中统一列为中学阶段,作为成年之前的两个时期。

事实上,小学阶段法治教育的核心理念应该为“知识”或“认知”。⑨小学生一般为6~12周岁,在法律上是由无行为能力逐渐转向限制行为能力的阶段。根据这一阶段的特点,以“知道——不知道”的法治认知作为基本目标,向学生普及切身的法律常识、法律体系的运行知识、基本法治观念等。这一阶段学生的思维特点容易遵循“二值逻辑”,即要么是真、要么是假,要么是好、要么是坏。对学生来说,法律知识的认知就代表了真的、好的,需要加以遵守。这些有限的法律知识,可以保障其逐步参与到社会当中,并在某些法律关系当中承担责任,在实际生活中不违反法律的禁止性规定,形成知识和行为的初步对应。

(二)中学——权利教育

中学阶段并不否认法律知识的扩张,法律知识教育依然需要占据法治教育的重要方面,需要在知识方面逐渐形成初步的知识树或知识体系。不过,中学的核心法治教育理念已经发生扭转,即从以知识为中心转向以权利为中心,以权利教育(人权教育)为核心。权利是法治的中心理念,法治体系即是权利的展开。知道自己的权利,明确权利的边界,

---

⑨ 例如,《青少年法治教育大纲》中指出,“小学阶段,着重普及宪法常识,养成守法意识和行为习惯,让学生感知生活中的法、身边的法,培育学生的国家观念、规则意识、诚信观念和遵纪守法的行为习惯”。宪法常识以及和小学生密切的法律知识是《大纲》中的核心要点。

法治教育就是成功的,因为其他所有的法律概念、法律关系、法律规范等都可以和权利建立联系。从《青少年法治教育大纲》中关于初中和高中阶段的法治教育论述,可以看到法律知识的初步体系化和权利的维护。[10]

中学阶段学生的年龄大致为12~18岁,在法律上大致是由限制行为能力向完全行为能力转变的时期。这一阶段学生的心理特点和思维方式逐渐复杂化,对事物的认识转向多元多样,甚至出现叛逆心理,最容易接受权利话语和权利背后的理念体系。此时的"义务"教育也需要以权利教育为基石,或者把义务转化为权利表达,即我的权利一定有你的义务与之相适应,你的权利也可能构成我的权利的边界。

(三)大学——责任教育

"学以成人",大学阶段的教育是"成人"的重要阶段。这并不表示每个人必须经历高等教育才能"成人","成人"的方式有很多种,这里只表述高等教育对法治教育方面的核心理念演进中的"成人"方式。大学阶段一般表现为成年或即将成年时所接受的一段教育过程,一般需要作为完全行为能力人出现在整体的社会之中。这一阶段法治教育的中心理念应该为责任教育,是对知识教育和权利教育的逐渐深化,也是对前述教育尤其是权利教育的某种纠偏。《青少年法治教育大纲》中即对大学阶段的受教育者在社会当中主动承担自己的责任提出了更高期待。[11]

权利话语本身有其内在的缺陷,正如有西方学者指出的,"我们的权

---

⑩ 《青少年法治教育大纲》中指出,"初中阶段,使学生初步了解个人成长和参与社会生活必备的基本法律常识,进一步强化守法意识、公民意识、权利与义务相统一观念、程序思维,初步建立宪法法律至上、民主法治等理念,初步具备运用法律知识辨别是非的能力,初步具备依法维护自身合法权益、参与社会生活的能力"。"高中教育阶段。使学生较为全面地了解中国特色社会主义法律体系的基本框架、基本制度以及法律常识,强化守法意识,增强法治观念,牢固树立有权利就有义务的观念,初步具备参与法治实践、正确维护自身权利的能力"。

⑪ 《青少年法治教育大纲》中指出,高等教育阶段需要"进一步深化对法治理念、法治原则、重要法律概念的认识与理解,基本掌握公民常用法律知识,基本具备以法治思维和法治方式维护自身权利、参与社会公共事务、化解矛盾纠纷的能力,牢固树立法治观念,认识全面依法治国的重大意义,坚定走中国特色社会主义法治道路的理想和信念"。

利话语以其绝对性助长了不切实际的期望,加剧了社会冲突,并阻止了有可能导向共识、和解或至少能找到共同基础的对话”。⑫ 更进一步来看,“权利话语倾向于把道德的焦点转向作为权利拥有者的个人,而不是作为责任承担者的个人。把焦点集中于权利拥有者,就把道德推理引向了接受的视角,而不是一个人应该做什么以及一个人应该怎样生活这样的积极伦理问题。权利话语还会导致使用它的人忽视重要的美德,如勇气和仁慈,这些美德是没有相对应之权利的义务”。⑬ 由此可见,由权利教育所能实现的“学以成人”的教育效果必定是不完整的,需要提升法治教育中责任理念的内在分量。

从现今的大学生思维现状来看,学生权利意识可能不是太弱,而是太强,以致会掩盖权利背后的义务和责任。这里的责任并不仅意指法律概念中的“权利—义务—责任”体系,即由违反义务而需要承担的各种责任,而需要更为广泛的责任概念。此时的责任是其主体意识的觉醒,既包括法律责任也包括伦理责任,既包括自我责任、家庭责任,也包括社会责任和国家责任。责任概念之所以可以在法治教育中承担比权利更高的功能是因为责任不仅是一个法律概念,也是一个伦理概念,而权利则主要是一个法律概念。

法律上的责任如民事责任、刑事责任、行政责任、违宪责任等,是法治知识教育的基本范畴,主要是一种消极(被动)的责任,如做什么和不做什么的责任,触犯特定责任则引发特定制裁。伦理上的责任可以称为“作为美德的责任”或“负有责任的理念”,它与职责或任务无关,而是意味着与有所交代(giving an account)有关的一种特定的良好个人品质,有所交代不仅指一种有所交代的必要性,而可能是对他的行为作出一个满意的交代。⑭ 作为美德责任是一种积极责任,积极责任并不一定具有

---

⑫ M. Glendon, *Rights Talk: The Impoverishment of Political Discourse*, New York, Free Press, 1991, p. 14.

⑬ O. O'Neil, *Toward Justice and Virtue: A Constructive Account of Practical Reasoning*, Cambridge, Cambridge University Press, 1996, p. 127 – 153.

⑭ See G. Haydon, *On Being Responsible*, Philosophical Quarterly, 128, 1978, p. 46 – 57.

义务的基础,或者远远超越义务的规定。这意味着由小学、中学的法治教育的知识需要逐渐转变为法治教育的受教育者的能力,使其能够独立思考,自主行动,自我担当。需要从权利过渡到责任,并且是从一种法律上的责任过渡到作为美德的责任。

(四)全体公民的法治教育——理念和现实的统一

事实上,如果把法治教育仅仅理解为各个教育阶段才需要开展的形态,就会陷入过于狭隘的境地。法治教育应该理解为全体公民都需要接受的教育形态,只是相较于小学、中学和大学,社会人接受法治教育的方式和途径更加多元多样。如参加一次法律庭审,参与到一个特定法律关系,进行公共辩论,都可能接受到法治的熏陶。此时,在法治教育的理念方面一定是权利和责任、知识和行为、理念和现实的统一。

权利和责任是法治教育演进过程的一对核心理念。这时权利和责任都不仅仅是法律上的概念,而可以上升到哲学高度。此时,主体是对象性行为中作为行为者的人,权利和责任描述主体性最为重要的维度,主体意识则首先是关于责、权、利的定位,规范意识、理想信念意识、实践意识、本位意识,都不能脱离权利和责任进行表达。[15] 法治教育中的权利和责任是哲学上权利和责任的具体出场方式,成为享有权利、承担责任的抽象的人的过程,人的权利和责任相统一的过程,即是法治教育的实现。

"知是行的主意,行是知的功夫;知是行之始,行是知之成",[16]知和行并不能分离,知行合一,知识和行为的统一才会是法治教育的完成。具体而言,法治教育的目的即是习得法治知识的人,在具体的现实的行为实践中运用这种法律知识,生成新的法律知识的过程,也可以看作人的自我教育和自我完成的过程。

与权利和责任、知识与行为的统一相一致,理念和现实的统一是法治教育完成的进一步表达。我们应认识到,理念不仅具有抽象性,还具

---

⑮ 对于主体意识、规范意识、理想信念意识、实践意识、本位意识的相关讨论,参见李德顺:《价值论》(第2版),中国人民大学出版社2007年版,第211~215页。

⑯ (明)王阳明撰、邓艾民注:《传习录注疏》,上海古籍出版社2015年版,第11页。

有现实性和对象化的特性。法律的知识、权利理念、责任理念都对应着各种具体的行为方式、思维方式、语言方式、生活方式,在理念中看到现实,在现实中看到理念,理念和现实的统一才是法治教育的完成。

三、社会主义核心价值观融入法治教育

社会主义核心价值观融入法治教育,核心的方面即是要提升法治教育过程中的价值认同。基于社会主义核心价值观的内在结构,这种价值认同就包括了国家价值认同、社会价值认同和公民价值认同。

(一)法治教育的国家价值认同

国家价值认同和法治教育紧密地联系在一起,全体公民法治教育的目标之一即是要习得公民的国家认同和国家意识。首先,现代国家一定会用法律来表达国家形式,每一个国家必定会有一部宪法,现代国家的重要目标之一即是要建设法治国家,法治国家是承载国家价值的基本形式。培育具有法治思维、法治素养、法治信仰的社会主义合格公民,首要的方面即是需要具有国家认同、国家意识,特别是宪法认同和宪法意识。其次,国家价值中的富强、民主、文明、和谐也是法治所涵养的价值目标,国家价值认同很大程度上要通过法治教育的方式来普及。如国家认同现在是和文化认同、民族认同等问题纠结在一起;然而,现今的文化认同、民族认同也需要借助于宪法认同才能更好地实现,民族认同和国家认同都需要奠基于宪法认同。[17]

举例来说,中华人民共和国现行宪法就至少在如下的方面表达了国家价值的认同基础。其一,在国家的文化认同方面,我国宪法序言指出,中国是世界上历史最悠久的国家之一。中国各族人民共同创造了光辉灿烂的文化,具有光荣的革命传统;近代中国则强调国家独立、民族解放和民主自由的斗争胜利过程。其二,在民族认同方面,宪法序言指出,中

---

⑰ 一些欧洲学者(如德国学者多尔夫·斯特恩贝格尔、尤尔根·哈贝马斯等)还尤其强调国家认同与宪法之间的内在联系。

华人民共和国是全国各族人民共同缔造的统一的多民族国家。其三,在社会主义认同方面,宪法序言尤其强调了我国的社会主义性质,我国将长期处于社会主义初级阶段。国家的根本任务是,沿着中国特色社会主义道路,集中力量进行社会主义现代化建设。其四,在中国共产党的认同方面,宪法指出中国共产党是我国社会主义革命和建设的领导者,中国共产党的领导是中国特色社会主义最本质的特征。总之,宪法在总体上表达了国家价值认同,也正如宪法序言中所指出的,“本宪法以法律的形式确认了中国各族人民奋斗的成果,规定了国家的根本制度和根本任务,是国家的根本法,具有最高的法律效力”。中华人民共和国的价值认同,大致可以相当于中华人民共和国的宪法认同。学习中华人民共和国的宪法,就是培育中华人民共和国的国家价值认同。

(二)法治教育的社会价值认同

社会主义核心价值观的社会层面,倡导自由、平等、公正、法治的价值观,这些价值观不仅具有社会价值,也具有在整个社会各个方面的统领价值。基于社会价值的层面和维度,可以很好地理解这些价值观。法治凝聚了丰富的社会价值,法治教育的开展过程也是增进社会价值认同的过程。自由教育、平等价值、公正教育等价值观教育都可以通过法治教育的方式来更好地实现。

法治本身即是社会主义核心价值观社会层面的核心构成,“私权自治,公权受限”是法治基本的价值倾向和逻辑原点。[18] 法治的权利(人权)教育,法治的责任教育,以及法治教育权利和责任的统一,这些法治教育的核心理念都贯彻了保护私权、限制公权的价值倾向,法治教育的过程正是法治的价值理念深入人心的过程。

自由价值是法治的核心价值目标,在法治体系中也有丰富的展开。自由的法律化在理论上的表现即是自由的权利化,制度化、规范化。[19] 自由是法律体系当中一整套具体细致的制度规定,如合同法中的契约自

⑱ 参见王松苗:《法治给力语境下的法律谦抑》,载《检察日报》2012年5月31日,第3版。

⑲ 参见郭道晖:《法理学精义》,湖南人民出版社2005年版,第61页。

由,婚姻法当中的婚姻自由,继承法中的遗嘱自由,抑或是整个民法的意思自治原则,都是以法律规则或原则的方式捍卫自由价值。民法教育的核心理念之一即是自由教育,学习民法的过程就是习得自由价值的过程。

平等是法治的基本价值目标,也是法治的基本原则和理念。法律面前人人平等,任何主体不能享受特权,而是应平等地享有权利,平等地履行义务。平等是法治普遍性的重要保障,也是法律正义实现的基本方法,更是整个法律体系的统摄性价值。平等渗透到了法治教育的所有方面,平等教育也是社会认同、社会参与、社会实践等社会教育过程所要谋求实现的基本内容。

公正在法律上的表现形式是正义,正义的内容是:各安其位、各得其所(物权法的基本理念),互不侵犯(侵权法的内容)。正义意味着一种对等的回报,正义意味着平等、自由、权利、尊严的保障,正义意味着社会文明的底线。法律的正义价值的内容,也是法治教育的基本原则和基本理念,也是社会价值认同所要习得的价值倾向。

(三)法治教育的公民价值认同

法治教育出发的主体基点是个体,是培育具有法治思维和法治素养的社会主义合格公民,是一个个公民的个体,是具有抽象性、一般性的个体。从私民到公民,从具体的个体到抽象的个体的同一,是法治教育的最终完成。这和马克思论述的人的解放过程分享相似的逻辑,马克思指出,只有当现实的个人把抽象的公民复归于自身,并且作为个人,在自己的经验生活、自己的个体劳动、自己的个体关系中间,成为类存在物的时候;只有当人认识到自身固有的力量是社会力量,并把这种力量组织起来因而不再把社会力量以政治力量的形式同自身分离的时候,只有到了那个时候,人的解放才能完成。[20]

公民价值认同具有法治的含义。爱国和宪法之间具有必然联系,敬业、诚信、友善在法律体系中获得保障,可以基于法治的视角来理解爱

---

⑳ 参见《马克思恩格斯全集》第3卷,人民出版社2002年版,第163~198页。

国、敬业、诚信、友善,为这些社会主义核心价值观的个体层面提供法治的意义深度,这些价值的实现必定与法治体系的运行密不可分。

把爱国教育、敬业教育、诚信价值、友善教育等价值观教育融入法治教育当中,需要明确两种类型教育的相关关系。法治教育在内容上构成了爱国教育、敬业教育、诚信教育、友善教育的基础和底线:公民遵守和捍卫宪法是爱国,遵守职业道德和职业规范是敬业,遵守法律是公民的诚信表现,守法也是友善的重要基础。在功能上,法治教育为爱国教育、敬业教育、诚信价值、友善教育提供了正当性证成和普遍化的形式,更是爱国价值、敬业教育、诚信教育、友善教育的制度性保障。

尽管基于社会主义核心价值观的三个价值层面展现得并不是十分明显,但如果从法治教育的动态演进过程看待法治教育的三个价值认同的层次,公民价值认同是法治教育开展的价值基点,社会价值认同和国家价值认同需要附着于公民个体价值认同的基础之上。这意味着法治教育应该首先从人的尊严、权利、诚信、友善等公民个体价值开始,使之逐渐变为社会的整体价值,而非一开始就进行国家价值和社会价值的灌输,因为国家价值和社会价值是一个逐渐的习得过程。

四、结语

法治教育内化过程的基本向度确立法治教育的基本层次、基本内容和基本框架。法治教育整体理念的演进过程是法治教育的动态发展过程,也是对前述基本层次、内容和框架的理念统摄。中国特色社会主义法治教育者需要强调社会主义核心价值观融入法治教育过程,在价值观上明确我国法治教育的基本价值认同。三者一起则可以提供我国法治教育的基础理论方面。抛砖以引玉,希望本文能够引起学界对法治教育基础理论问题的些许关切。

On the Essential Theoretical Foundation of China's Rule-of-Law Education

Wang Jinxia

Abstract: The research on the rule-of-law education cannot be limited to the research on specific countermeasures, but needs to be strengthened in terms of comprehensiveness, universality, and general basic theories. Thus, this paper puts forward that the cognitive, emotional and evaluation dimensions of the internalization process can provide the basic level, basic content and basic framework of the rule-of-law education. The evolution process of the overall concept of the rule-of-law education is its dynamic development process. It also dominates the above-mentioned basic levels, content and framework of the concept. Socialist rule-of-law education with Chinese characteristics needs to emphasize the integration of socialist core values into the process, and to clarify the basic value identification of the rule-of-law education in terms of social values. Together, the three can provide the core aspects of the essential theory of Chinese legal education.

Key Words: rule-of-law education, fundamental orientation, core ideas, value identification

教学研究

论新文科建设背景下法理学课程体系的改革

——以疑难案例分析为切入点

资　琳　刘　萍*

摘　要：新文科建设的提出是基于新时代的要求和大学文科教育内在发展逻辑之双重需要，重点任务在于以问题为导向改造传统的文科人才培养模式。新文科建设要求法理学课程的知识传授立足中国，回应现实。对照这些需求，我国当前法理学课程的设置模式不利于理论与实践的融合，法理学教材没有彰显中国特色，教学方式不能培养学生的主动性。造成这些现象的深层原因在于我国目前法理学本科教育定位不合理。为此，法理学课程体系的优化应结合新文科建设的要求，将法理学本科教育定位为立足中国现实、传授法律知识、培养法律思维、塑造法律品格。在遵循这一定位的基础上，将疑难案例分析作为法理学课程体系改革的切入点，以此确立并深化二阶段课程设置模式、更新法理学教材内容、丰富法理学教学形式。

* 资琳，中南财经政法大学法学院教授，法学博士，研究方向：西方法哲学、司法哲学、部门法哲学；刘萍，中南财经政法大学法学院硕士研究生，研究方向：法理学。

关键词:新文科建设　法理学课程体系　疑难案例

2020 年 11 月 3 日教育部发布《新文科建设宣言》,明确了新文科建设基于新时代新使命的要求而提出,新文科建设需立足国情、守正创新,构建世界水平、中国特色的文科人才培养体系,培养新时代建设需要的拔尖文科人才。新文科建设之所以必要,不仅是新时代、新国情的需要,根据教育必须与社会发展相适应的理念,新文科建设是人文社会科学发展到一定阶段,为适应时代发展而进行的自我调适与更新,因此,新文科建设也是大学文科教育内在发展的需要。

针对法学教育,新文科建设不仅是一种理论向往,更是为传统法学教育指明了改革的具体方向。徐显明教授指出,在新文科背景下,法学教育须更新生源构成、培养目标、教学内容、师资队伍、人才培养模式以应对来自新时代的挑战。① 我国正处于社会转型期,法律案件数量激增,疑难案件不断涌现,急需德法兼修、兼具理论知识与职业技能的高素质法律人才。然而传统的法学人才培养模式回应实践的能力不足,法理学课程因具有高度抽象性和理论性,回应现实的能力较部门法课程显得更为不足。因而在新文科建设背景下,立足中国现实,检视与革新法理学课程体系,是法学教育改革的必然。

一、我国当前法理学课程设置之反思

(一)课程设置模式不利于理论与实践的融合

经公开渠道检索,笔者搜集研究了"五院四系"法学院法理学主干课程信息,将这九所大学法学院开设的法理学主干课程名称、开设学期、学分等信息进行了比较分析,相关数据信息如表 1 所示。

---

① 参见徐显明:《高等教育新时代与卓越法治人才培养》,载《中国大学教学》2019 年第 10 期。

表1 “五院四系”法学院法理学主干课程设置信息的对比

学校	法理学	法理学原理	法理学一	法理学二	法理学原理	法学基础	学分合计
人大	—	—	3(一上)	3(二下)	—	—	6
北大	4(一下)	—	—	—	—	—	4
中政	—	2(一上)	—	—	2(三下)	—	4
武大	—	—	2(一上)	2(一下)	—	—	4
华政	—	—	—	—	—	3(一下)	3
西南政法	—	—	3(一上)	2(三下)	—	—	5
西北政法	3(一上)	2(三下)	—	—	—	—	5
吉大	—	—	3(一上)	3(三下)	—	—	6
中南大	4(一上)	—	—	—	—	—	4

“五院四系”法学院法理学主干课程均属于必修课,课程平均学分为4.56,在课程设置模式上,清晰表现出一阶段模式与二阶段模式的分野。

1.一阶段模式。从课程模式上看,我国本科阶段法理学课程设置主要有一阶段模式和二阶段模式。北大、中南大、华政法理学主干课程的设置仍然采用传统的一阶段模式。此种课程设置模式是遵循一般到特殊教育理念之体现,即认为法理学作为法学的一般理论,其与部门法学是指导与被指导的关系,在大一开设法理学课程能为法学本科生未来进行部门法的学习提供指导。此种模式下法理学课程的学分通常为3学分或4学分,授课时长为48学时或64学时。

2.二阶段模式。二阶段模式是对一阶段模式的创新,是指法理学主干课程分两个学期循序渐进设置,如人大、中政、武大等法学院校已经采用此种课程设置模式。在二阶段模式下,通常是在大一上学期开设一门法理学主干课程,另在本科二年级或三年级也开设一门法理学主干课程。

较之一阶段模式,二阶段模式下法理学课程的学分通常较多,人大和吉大的法理学课程学分甚至多达6学分,相应的课时比一阶段模式下的课时多出32学时或48学时。二阶段模式可以弥补一阶段模式下法理学授课时长过短的弊端,且区分不同年级设置法理学课程可以满足法学本科生在不同阶段的学习需求。

然而,目前二阶段模式的适用范围仍然有限,采取该种模式的法学院校只是一部分,而且该种模式也存在一些需要解决的问题。笔者在对“五院四系”法学院法理学主干课程设置信息梳理中发现,已采取此种模式的不同法学院校的授课内容差异较大,有的学校不同学期开设的法理学课程授课内容或有重叠的部分,有的学校开设的法理学课程缺乏相应的法理学教材,课程内容由授课教师决定,而且不同学期的法理学课程内容分配与衔接均存在不合理之处。

(二)现有法理学教材对中国现实的关照不够

法理学教材是法理学知识体系的集中体现,受法理学知识体系和时代背景的影响,我国法理学知识体系与法理学教材均体现出移植性特点,对中国现实的关照不够深入,至今尚未形成成熟的中国话语体系。

从教材体系上看,受苏、德、英、美等国家的影响,我国法理学的教材编写起始于与国家理论的紧密联系,②并逐渐从国家理论中独立出来,逐步承担起确立法理学学科自主性和独立性的时代重任。进入21世纪,法理学在寻求传统理论领域突破的同时也逐步注重对中国国情的思考,提升自身参与实践的能力,力求“既体现法理学的共性,又彰显中国本土的情怀”。③

从教材内容上看,现行许多法理学教材的内容多是艰深理论之陈列,注重理论的阐述而轻视理论的运用,导致我国法理学课程过于抽象。许多法理学教材虽包含了法学方法论的内容,但通常只是简单阐述法律推理的形式、法律解释的方法,而不注重实际运用。当前相关人员对法理学教材的改革进行了一些有益的尝试,逐渐呈现教材分流的趋势,不少法理

---

② 参见朱景文:《中国法理学学科体系的变迁和反思——以中国人民大学法理学教材为主线》,载《中国法律评论》2020年第1期。

③ 于浩、黄颖:《改革开放40年来的中国法理学:回顾与展望——基于对国内法理学教材的分析》,载王瀚主编:《法学教育研究》第22卷,法律出版社2018年版。

学教材开始与案例相结合,如葛洪义教授主编的《法理学》(第3版)每章结尾均附有案例,并对案例涉及的法理学问题进行了分析和探讨。④

法理学教材与案例相结合的有益尝试值得肯定,但也存在缺乏对中国的现实深入关注、没有展示案例的现实复杂性、案件扁平化等问题。综合来看,我国法理学的发展虽取得较为可观的成果,但与源远流长的西方法理学相比,发展时间仍较短,对中国现实的思考和研究有待深入,理论成果尚未成熟。

(三)教学形式难以激发学生的主动性

受制于传统法理学课程设置模式下教学时长过短,教学考核压力过大,我国法学本科生数量众多,互动式教学耗时长等原因,传统法理学本科的授课方式大多为“灌输式”“填鸭式”的方式。

目前,学界针对法理学传统教学方法的弊端提出了许多新的路径。第一种路径是把案例分析引入法理学课堂,通过列举一些相关的热点案例,强化学生对抽象理论的理解,拉近教学距离。⑤ 第二种路径是学说史梳理式教学方法,学说史中法律理论演进的过程包含了对实践的总结和反思。⑥ 第三种路径是双师同堂教学模式,两名教师同时上课,形成教师—教师—学生的三角互动形式,给学生呈现更加多元和开放的课堂。⑦

虽然实践中对教学改革进行了有益尝试,但我们也看到其中存在诸多待完善之处。引入案例分析固然可以丰富教学形式,但须进一步研究案例筛选、案例分析与法理学教学互动配合等问题。学说史梳理式的教学方法较为偏重理论的梳理,难以突破传统法理学讲授法为主的教学形式之窠臼。双师同堂模式有利于弥补一名教师上课可能造成的知识结构、语言结构单一的局限,但会加重教师的教学压力,学生也容易出现无

④ 参见葛洪义主编:《法理学》(第3版),中国政法大学出版社2017年版。

⑤ 参见陆幸福:《知识传承、思维培养与立场引导——法理学本科教学的三个维度》,载《法制与社会发展》2012年第4期。

⑥ 参见余涛:《学说史梳理式的法理学教学方法探析》,载杨宗科主编:《法学教育研究》第24卷,法律出版社2019年版。

⑦ 参见丁延龄:《法理学教学双师同堂模式探索》,载王瀚主编:《法学教育研究》第17卷,法律出版社2017年版。

所适从的情况。

二、新文科建设背景下法理学本科教育定位之转变

法理学课程体系与法理学本科教学的定位息息相关。法理学课程体系就是以促进法理学本科教学目标的实现进行设置的。前述关于法理学课程设置模式、教材编排方式、教学形式所存在的问题,很大程度上是因为对法理学本科教育的定位不合理和目标认识不足造成的。

(一)传统法学本科教育定位之偏差

法学本科教育定位是法学本科教育的指南针,是对法学本科应当培养什么样的法律人才以及如何培养法律人才的概括。传统法学本科教育普遍被定位为一种学科教育、通识教育、素质教育,强调学生对法学理论体系的构建和法律知识的全面掌握。[⑧] 受法学本科教育定位的影响,目前法理学本科教学的定位也主要是传承法理学知识,法理学本科教学哲学化、经院化倾向明显。因此,仍有许多法学院在课程设置上选择一阶段模式,在教材编写上偏好广而抽象的理论概括,在教学形式上偏向单方面输出的满堂灌方式。

针对传统法学本科教育定位的偏差,江国华教授主张法本教育应当回归职业教育的本位,[⑨]杜承铭教授也指出法学教育应融通识教育、专业教育、职业教育于一体。[⑩] 陆幸福教授则将法理学本科教育的目标概括为知识传承、思维培育和立场引导三个维度。[⑪]

学者们着眼于法理学在一般意义上对学生思维、理念、知识的培育,

---

⑧ 参见杨会、魏建新:《国家统一法律职业资格考试背景下法学本科教育改革研究》,载《社会科学家》2018年第2期。

⑨ 参见江国华:《法学本科教育改革研究》,载《河北法学》2012年第4期。

⑩ 参见杜承铭:《论本科法学职业教育目标的多元化及其实现》,载《中国大学教学》2014年第8期。

⑪ 参见陆幸福:《知识传承、思维培养与立场引导——法理学本科教学的三个维度》,载《法制与社会发展》2012年第4期。

但是在新文科建设的背景下，法理学的教育还应该着眼于中国现实，回应时代难题，以培养新型法律人才。

（二）新文科建设对法理学本科教育的要求

新文科建设面向国家人才战略规划，旨在培养适应时代发展和现实需要的卓越文科人才，重点优化高校文科教学的课程体系和课程内容。从人才培养模式上看，传统的人文社科人才培养模式是以学科为导向，[12]知识管理模式是"守城"式的，[13]这种模式下不同学科间存在学科壁垒，文科教育注重的是学科知识的传承，欠缺对社会问题的回应。新文科建设背景下，高校文科人才培养模式应当立足中国现实，回应时代难题，以社会需求为导向，对现有文科人才培养模式、课程体系与内容等进行升级改造。

笔者认为，法理学本科教学应致力于培养能力与素养兼备、具有问题意识和社会适应性的法学人才，因此，法理学本科教学的任务不能停留在向学生传授法律知识层面，更应该立足于培养学生法律思维、塑造学生法律品格。

法律思维主要是指"根据法律的思考，其主要目标是解决个案纠纷"。[14] 法律思维强调合乎法律的价值和规律，但也不拘泥于此，其同时也是一种批判性思维、反思性思维。法律品格是指法律人所拥有的法律精神、价值立场、法律视野等内容。在新文科建设背景下，法律品格的培养尤为重要，正如杨灿明教授所言，从空间的维度看，新文科是可以不断产生中国思想、发出中国声音、引领国际化的文科。[15] 因此，卓越法学人才不仅体现在法学知识的宽度上，更应该体现在思想的深度、眼界的广度上，即新文科要求的法学人才既能够立足于中国，又能够与世界法学、法

---

[12] 参见冯果：《新理念与法学教育创新》，载《中国大学教学》2019 年第 10 期。

[13] 参见吴言：《"守城"到"攻城"：新文科建设的时代转向》，载《探索与争鸣》2020 年第 1 期。

[14] 陈金钊：《法律思维的体系整饬》，载《安徽师范大学学报（人文社会科学版）》2020 年第 5 期。

[15] 参见樊丽明等：《新文科建设的内涵与发展路径（笔谈）》，载《中国高教研究》2019 年第 10 期。

理学对话。

三、法理学课程体系改革中疑难案例的引入

在新文科建设背景下,法理学课程体系改革应当立足中国现实,进一步增强学科的思辨性、实践性,疑难案例分析则为此目标的达成提供了一条可行的路径。尤其是智慧时代背景下产生大量诸如“数据正义观”“人工智能主体”等新概念、新事物,[16]催生了许多新型疑难案件,诸如此类的疑难案件对法律人提出了更高的要求,倒逼法学教育的进阶发展。

(一)面向中国现实的疑难案例

疑难案件是西方法理学界争论不下的命题,“疑难案件”在英文中的通用名为:“hard cases”。我国理论界对“疑难案件”的问题作出了诸多研究。但是对于什么样的案件属于疑难案件,学者们争议颇多。苏力教授认为疑难案件属于事实清楚却没有明确的法律可以适用,或适用的结果不合情理甚至有悖“天理”;[17]张琪教授则认为疑难案件主要是指有关法律规定的疑难案件或法律规定与案件事实结合在一起的疑难案件,而非案件事实疑难案例;[18]侯猛和孙海波均认为案件的影响因素包括事实、法律、社会影响、关系等,只是各自采取的称呼不同,孙海波将这些特殊案件称为疑难案件,侯猛则称为难办案件。[19]

从中国现实出发,疑难案件的认定应考虑事实因素、法律适用、社会影响三个方面的因素。法律适用疑难是最常见的疑难案件类型。案件事实源于生活事实,案件事实的认定不止是技术性判断,还须进行规范的价

---

⑯ 参见孙跃:《论智慧时代疑难案件的裁判:机遇、挑战与应对》,载《法律适用》2020年第14期。

⑰ 参见苏力:《法条主义、民意与难办案件》,载《中外法学》2009年第1期。

⑱ 参见张骐:《法律推理与法律制度》,山东人民出版社2003年版,第43页。

⑲ 参见侯猛:《案件请示制度合理的一面——从最高人民法院角度展开的思考》,载《法学》2010年第8期;孙海波:《疑难案件裁判的中国特点:经验与实证》,载《东方法学》2017年第4期。

值评价，[20]由于价值评价因人而异，事实认定会存在不同的见解。在我国，法官不仅要正确判定事实，还要准确适用法律。因而事实疑难应该认定为疑难案件的类型之一。

将影响重大的案件划定为疑难案件与我国法律实践相符。从我国现有的司法和政治状况进行分析，这类案件的客观事实往往会受舆论影响，需要法官抽丝剥茧去查明案件的客观事实。从裁判角度考虑，重大案件包括了各种复杂的因素，这些因素将在彼此的协力或者冲突中影响裁判的政治效果、社会效果，这也与"法治中国"的政治目标和"司法治理"的社会趋势相照应，利于司法的长足进步和发展。因而，在中国的司法现实情境中，疑难案件应该包括事实认定疑难、法律适用疑难、社会评价疑难三种类型。[21]

（二）疑难案例对法理学课程体系改革之功效

1. 提高法律学子解决时代难题的能力。疑难案件具有鲜明的时代性，能够反映随着社会发展所产生的时代难题和社会矛盾。将疑难案例分析引入法理学本科教学对传授法理学知识、培养学生法律思维和塑造学生法律品格大有助益。引入疑难案例分析让法理学教学不再停留在粗浅理论教学的层面，而是上升到知识运用层面，使其将来在遇到具体的疑难案件时能灵活运用司法裁判的理论。

疑难案例分析的引入能够提高法律学子解决个案的能力，具备解决司法实务中疑难案件的能力，自然也对立法、执法等法律活动有所助益。解决疑难案件的过程也是反思现行法律规定是否妥当的过程，某些典型的疑难案件可能会被选择为指导性案例，指导性案例中相对成熟的一些裁判规则可以充实司法规范资源，推动司法乃至立法的完善。因此，疑难案例分析对于具体的疑难案件的解决，会增加一种新的法律规范的生成

---

[20] 参见张继成：《从案件事实之"是"到当事人之"应当"》，载《法学研究》2003 年第 1 期。

[21] 关于这三种类型的疑难案例的具体阐述请参见资琳：《疑难案例裁判的理论与方法》，法律出版社 2018 年版，第 13 ~ 17 页。

路径,即疑难案例——指导性案例——司法解释——法律规定完善。[22]

通过引入疑难案例,法理学课堂所培养的学生不再停留于仅掌握法理学经典理论的层次,而是能够成为将法理学的经典理论和最新研究成果运用于解决时代难题和社会矛盾的卓越法律人才。

2. 增强法理学学科的现实生命力。新文科建设要求文科教育以问题为导向,培养并"提升学生发现、分析、判断和解决复杂问题的能力",[23]法理学的研究须与社会发展相适应,能够为社会发展提供智识上的支持。因此,法理学的理论成果须与时俱进,既要能针对我国的社会矛盾提供解决方案,还要能对全球共有的时代难题提供中国方案。

疑难案例为法理学教学和法律实践搭建了一座沟通的桥梁,是反映法理学理论成果与法律实践真实样态之间的关系的鲜活素材。如智慧时代背景下产生的新型疑难案件(如人工智能著作权纠纷、无人驾驶汽车交通侵权纠纷等),不断引发学界关于"数字人权""数字正义观"等新概念的讨论,法理学也需要研究这些新概念、新事物,及时更新传统法理学关于"人权""正义""秩序"等概念的内涵。疑难案例能够检视法理学所取得之理论成果的作用,并促使法理学研究不断突破已有的理论成果,增强法理学的实践性和时代适应性。

正如张文显教授所言,建构思想理论体系和话语体系必须依据中国特色社会主义实践,致力推进理论创新。[24] 理论创新不是凭空想象,而是要从中国的现实出发,吸取法治实践的有益经验,不断创造出能够解答中国特色社会主义法治实践中重大问题的理论。司法实践中疑难案例通常涉及多主体、多领域、多学科,不仅体现了法律逻辑上的困境、法学理论上的分歧,更重要的是,它是当下中国复杂多层的社会结构、相互冲突的价

---

[22] 此种法律规范生成路径,是在借鉴顾培东教授关于判例自发性运用改善法律规范结构生成机制研究的基础上,结合对疑难案例的思考得出的,请参见顾培东:《判例自发性运用现象的生成与效应》,载《法学研究》2018年第2期。

[23] 马骁、李雪:《创新与融合:学科视野中的"新文科"建设》,载《中国大学教学》2020年第6期。

[24] 参见章安邦:《中国法学话语体系的建构与话语权的提升——第二届"走向世界的中国法哲学"国际研讨会综述》,载《法制与社会发展》2016年第4期。

值理念、日新月异的科学技术等重大现实问题的综合体现。因而疑难案例是法理学回应时代难题的现实基础,是连接法学知识与其他学科知识的桥梁。疑难案例式法理学教学能从其他学科的角度开拓学生的思维,提升其理解法律、适用法律的能力。从中国现实出发研究疑难案例有助于我国法理学理论的创新,有助于摆脱法理学过度西化的印象,不断创造出具有中国特色的具有鲜明的现实生命力的中国法理学话语体系。

四、法理学课程体系改革之架构

(一)以疑难案例的多层次分析优化课程设置模式

基于法理学本科教学的新定位,二阶段课程设置模式因其教学时长充足,且区分不同阶段的课程任务,更能实现知识传授、思维培养和法律品格塑造的教学目标。在新文科建设的背景下,法学院校应顺势对法理学课程进行改革,以疑难案例的多层次分析优化法理学课程设置,合理确定不同阶段法理学课程的主要授课内容。关于不同阶段的授课安排可参照如下思路进行具体设计。

第一,大一上学期开设法理学导论课程,主讲法本体论内容。在大一上学期给新生传授法本体论的内容,可以为部门法学习提供一些共通的法律概念和整体框架。教师在开始讲授每一部分内容之前,应当以相关的疑难案例作为内容的引入,循循善诱,引导学生理解法律规范、法律效力、法律关系等概念。这一阶段疑难案例主要用作法理学基础知识理解的素材,而不以对案例的完整且全面的分析为目标。疑难案例让学生能更好地理解和掌握法理学基础知识,教师可以疑难案例出发引导学生展开更深层次的思考和讨论,同时激起学生的学习兴趣。

第二,大三下开设法理学原理,主讲法律适用论、法价值论及法运行论内容。在经过法理学导论和部门法学习后,这一阶段的学生对我国的法律制度有了基本的了解,且积攒了较为充分的部门法知识,此时开设的法理学原理以知识运用为中心,注重法律思维的培养。疑难案例与法律适用的知识结合可以训练学生的案件分析和灵活运用法律的能力,疑难案例与法价值论的内容结合可以启发学生对法律重要价值的思考,疑难案例与法运行论相结合,可以引导学生通过疑难案例去观察法律在社会上的运行过程。

(二)以重大疑难案例融通法理学不同知识点

法理学教材应当与课程讲授的内容相配套,包括法本体论、法律适用论、法价值论、法运行论四大板块。通过疑难案例将法理学不同部分的知识点融会贯通,既有利于学生进行体系性思考,也有利于增强法理学教材的实践性和可读性。疑难案例对法理学教材体系的串联是通过疑难案例分析过程和疑难案例之类型来发挥作用的。

1. 以法律疑难和事实疑难案件的分析连接法概念论和法律适用论。解决疑难案件的过程从广义上来看就是理解并运用法律的过程。要妥善解决疑难案例,学生们必须掌握法律的概念、法律效力、法律规范、法律体系、法律关系、法律责任等基本知识,这些内容都是"法律是什么"这个最本质问题生发出来的,关于这个问题的回答被称为法本体论或者法概念论。[25] 法理学导论的主要内容是法本体论,且以概念为主,相应的法理学教材第一部分是法概念论的内容。

经过法理学导论和部门法的学习,学生应注重基础知识在法律适用过程中的运用,法律适用的主要过程是法律推理。法律推理包括推理形式、案件事实的认定、法律规范的获得、法律论证等。就法律实践而言,遇到某一疑难案例,首要工作就是要理清案件事实,完成生活事实到案件事实的转变。在事实认定疑难案件中,案件事实本身不清晰,典型的如彭宇案,可以通过演绎、归纳、回溯推理等方法进行认定。案件事实认定是确定法律推理的小前提,在案件事实的基础上,要进一步确定法律推理的大前提,这属于法律渊源理论的范畴。

在寻找合适法律规范的过程中,可能会出现两种情形:一是找到了法律规范,但法律规定可能存在语言表达模糊的情况,如何理解法律规范,

---

[25] 参见雷磊:《法理学的知识体系与"法理学"的内容架构》,载王瀚主编:《法学教育研究》第9卷,法律出版社2013年版。

须进行法律解释,此时涉及法律解释理论。二是没有可资适用的法律规范,此种情形可能是法律存在漏洞,需要进行漏洞补充,此时涉及的是法律续造理论。最后一步要进行的是法律论证,在疑难案例分析上,法律论证就是要合乎法律逻辑地就案件事实与法律规范进行论辩,以求得出正确且合理的法律结论。上述所涉的疑难案例类型包含事实认定疑难和法律适用疑难两种,解决事实认定型疑难案件和法律适用型疑难案件主要是法律适用论的范畴,因此,法理学教材第二部分内容为法律适用论。

2. 以社会评价疑难案件的分析融合法价值论和法运行论。社会评价疑难案件的难点不在于事实认定和法律适用,而在于社会评价,如李昌奎案。社会评价疑难案件的棘手之处主要是法律规定与公众的正义观、平等观、自由观、道德观等观念不相符,此类疑难案件涉及法律与正义、平等、自由、道德、人权等话题之关系,涉及法价值论的内容。因此,法理学教材第三部分的内容为法价值论。

有些案件不存在事实认定或法律适用难题,但由于案件本身蕴含的复杂社会背景元素,使得案件裁判结果与公众的期待产生了距离,这类案件和人们所谈到的重大影响案件具有相通性,对于因社会背景所产生的疑难案件可从法社会学的视角进行解决。法律的运行载体始终是社会,社会因素对法律产生的影响不容小觑。立法须考虑社会发展的背景、各方主体的利益等因素。执法尤其是基层执法也涉及不同执法对象,且执法对象往往是底层群众,因此也产生了许多执法困境。虽然疑难案件主要体现在司法活动中,但立法、执法、司法三个法律运行的环节并非互相隔绝,而是彼此交叉。因此,法理学教材第四部分的内容为法运行论。

综上所述,法理学教材的编排顺序和主要内容如下:法理学教材分为四编,第一编为法概念论,第二编为法律适用论,第三编为法价值论,第四编为法运行论。在编写法理学教材具体章节的内容时,应当加入相应的疑难案例的案情描述,或作为相应知识的导引,或作为相应知识运用的素材。

(三)以疑难案例模拟训练为基点丰富教学形式

新文科建设背景下,法理学教学形式应结合大数据、人工智能等现代化教学手段向主体多元化、组织多样化方向改进。为了增强教学的实践性和趣味性,法理学课堂可以引入案例式教学,由学生分别扮演案件当事人、代理人(辩护人)、法官、检察官等角色,体验不同角色在法律诉讼中的地位和应承担的责任,提出解决方案。[26] 疑难案例可以发挥三个层次的作用:首先,在讲授理论知识时教师可以使用疑难案例的相关情节或事实进行举例说明,加深学生对理论知识的理解。其次,可以将疑难案例作为引子,作为阐述理论知识的铺垫,引起学生的思考,激发学生的求知欲。最后,疑难案例分析还可以作为检验学生知识掌握程度、训练学生法律思维的素材。

例如,在讲授法律规则和法律原则的内容时,可以泸州遗赠案为分析的素材,授课前先让学生了解泸州遗赠案的基本案情,并以此为引导出本节需要讨论的话题,如"如何理解法律规则与法律原则""法律规则与法律原则的区别和适用情形是什么""这个案子应该如何裁判"。在讲授了法律规则与法律原则的相关内容后,可以让学生自由发表对上述问题的看法。泸州遗赠案不仅涉及法律规则与法律原则的区别,还涉及法律形式主义与法律现实主义两种疑难案件司法裁判哲学的区别,因此,授课时还应介绍法律形式主义与法律现实主义的相关内容及其运用。为了检验学生对本节知识的掌握程度以及训练他们的案例分析能力,可以将学生分为三组,分别模拟原告代理人、被告代理人、主审法官的角色,下一节课分别陈述所模拟角色对该案件的处理意见,并且课后提交民事起诉状、民事答辩状和民事判决书。角色模拟不仅可以让学生在不同的角度、站在不同的立场分析案件,更贴近现实的法庭对抗,还能训练法学生的文书写作能力。

五、结语

新文科建设背景下,法理学本科教学应立足中国现实,回应时代难

---

[26] 参见刘鑫等:《新文科背景下地方应用型高校法学专业人才培养的探索和实践——以皖西学院为例》,载《皖西学院学报》2020年第5期。

题,以社会需求为导向改革课程体系。转型期的中国社会需要德法兼修,兼具理论知识与职业技能、既有家国情怀又怀国际视野的高素质法律人才。在新文科建设背景下,法理学本科教学应转换定位,立足中国现实,不仅传授法律知识,还应该培养学生的法律理论思维,增强学生解决现实难题的能力。

将疑难案例分析全面引入法理学课程设置,能够回应新文科建设对法理学教学的要求,突出法理学教学的思辨性和实践性。疑难案例不仅体现了法律逻辑上的困境、法学理论上的分歧,更重要的是,它是当下中国复杂多层的社会结构、相互冲突的价值理念、日新月异的科学技术等重大现实问题的综合体现。因而疑难案例是法理学回应时代难题的现实基础,是连接法学知识与其他学科知识的桥梁。就法理学教学而言,以疑难案例为基点,不仅意味着教学内容上加强了中国现实性,还标示着教学理念、教学形式、课程设置模式等全方位的革新。

On the Reform of Jurisprudence Course System under the Background of New Liberal Arts Construction

—Taking Hard Cases Analysis as the Starting Point

Zi Lin　Liu Ping

Abstract: The construction of the New Liberal Arts is based on the requirements of the new era and the dual needs of the internal development logic of university liberal arts education. The key task is to reform the traditional liberal arts talent cultivation model based on the problem. The construction of the New Liberal Arts requires the knowledge transfer of jurisprudence courses to be based in China and respond to reality. According to these needs, the current setting model of jurisprudence courses in China is not conducive to the integration of theory and practice, jurisprudence textbooks do not show Chinese characteristics, teaching methods cannot cultivate students' initiative. The underlying reasons for these phenomena lie in the unreasonable orientation of our country's current undergraduate education in jurisprudence. Therefore, the optimization of the jurisprudence curriculum system should be combined with the requirements of the construction of New Liberal Arts, and the orientation of undergraduate education of jurisprudence should be based on the reality of China, and educate students by offering the knowledge, forming the thinking pattern, and shaping the character. Based on this orientation, hard cases'analysis can be used as the entry point for the reform of the jurisprudence curriculum system to establish and deepen the two-stage curriculum model, update the content of jurisprudence textbooks, and enrich the teaching methods of jurisprudence.

Key Words: new liberal arts construction, jurisprudence course system, hard cases

案例辩论模式在法理学教学中的运用路径探索*

段知壮**

摘　要：法理学课程在法学教育中因其高度的理论抽象性与哲学思辨性而与其他部门法课程存在较大差异，也正因如此，法学教育领域对法理学课程教学模式的讨论蔚然成风。但相关的教学科研成果或偏重宏观的理念指引，或强调微观的方法适用，往往未能体系化地构建两者之间的呼应关系。文章从当下对法理学课程教学模式的研究梳理入手，区分教学理念与教学方法两个层次的先行成果，进而以案例辩论模式作为切入点对以上两个层次进行有机结合。最后以“安乐死”议题为例对法律概念这一知识点的课程教学进行分解式的阐释，以期对今后我国法理学课程教学提出有建设性的参考意见。

关键词：法理学　案例辩论　法律概念

作为法学专业本科教学的主干核心课程之一，法理学课程在法学教育中的基础性地位已然成为共

* 本文系2021年度浙江省教育科学规划课题“辩论模式在法理学课程教学中的运用路径探索”（项目编号：2021SCG318）成果。

** 段知壮，法学博士，日本学术博士，浙江师范大学行知学院副教授。

识。一方面,法理学要站在法学学科发展的最前沿来追踪、吸纳人文科学、社会科学和自然科学的成就,反思法的基本问题,同时也要从法学的角度对各种人文思潮作出回应;另一方面,从法学体系的内容关系来看,法理学在整个法学体系中具有"基础理论"的地位,法理学研究的不发达,必然会对法学其他学科的学习和研究产生不良后果。① 然而可能恰恰是这种"基础理论"抑或"一般理论"角色定位所致,在法理学的课程教学过程中,其高度的理论抽象性与哲学思辨性使得学生在学习法理学课程时充满迷茫与困惑。也正因如此,对法理学课程教学,特别是教学方法的讨论一直是法学教育研究的热门议题,以此为对象的教学科研成果层出不穷。但遗憾的是,或许由于法理学本身知识体系的开放性,结合不同教学目标、教学内容乃至教学环境的法理学教学方法五花八门,彼此之间不但没有形成相对体系性的框架结构,反而进一步造成了法理学课程教学的实践困境。

事实上,教学方法的讨论必须建立在教学目标与教学内容的基础上。有学者曾将法理学本科教学的任务目标分解为三个方面,一是知识传承,即讲授法理学的经典知识,使学生吸收真正的知识营养。二是思维培养,即通过教学使学生形成一种真正的法律人思维。三是立场引导,即使学生确立一种个体关怀的现代法律人立场。② 从第一个方面来看,法理学教学方法的拟定需要考虑课程内容的抽象性特征,因此讲授法理学知识应当是化抽象为形象,通过给学生传授形象的知识从而去促进其对法理学概念、原理和规则的理解。③ 而从第二个方面而言,单纯的知识讲授根本无法达到观念体系的建立,此时就需要凸显"以学生为中心"之师生互动的重要性,通过强化学生的自主参与进而实现其思维模式的训练。再从第三个方面来讲,中国特色社会主义法治思想的立场

---

① 参见程朝阳:《论法理学本科教育的困境及出路》,载《中国法学教育研究》2019年第1期。

② 参见陆幸福:《知识传承、思维培养与立场引导——法理学本科教学的三个维度》,载《法制与社会发展》2012年第4期。

③ 参见丁德昌:《〈法理学〉案例教学中存在的问题及对策》,载《南昌师范学院学报(社会科学版)》2016年第4期。

引导需要坚持课程思政的教育理念,即将思政理论知识、价值理念及精神追求融入法理学的课程教学当中。

简言之,各种各样的教学方法并不是孤立存在的,而是相互渗透、相互影响、相互促进的共同体,其最终的目的都是教学效果的提升与教学目标的实现。如有学者就曾非常形象地将讲授式、案例式、讨论式等教学方法排列组合后称为立体化教学方法和手段。④ 不同的教学方法并不存在必然的排斥,问题的关键在于如何通过多种教学方法的相互辅助以达到取长补短的目的。然而学界当下对法理学课程教学方法的讨论往往只关注法理学课程的某些特征面向,这就导致了不同的教学方法之间关联架构的模糊不清。笔者认为,目前围绕法理学课程的教学方法基本上可以分为宏观教学理念与微观教学方法两个层次。事实上在一线法理学教学工作中,也唯有根据具体教学内容将以上两个层次相结合,才能寻找到相对性价比最优的教学模式。

一、法理学课程的教学理念

根据笔者的检索,目前对法理学课程教学的探讨中许多所谓的教学方法事实上更倾向于教学理念,其所阐述的是法理学课程在教学活动中所应当遵循的方向指引。尽管不同教学理念之间并不存在清晰的楚河汉界,但根据法理学课程教学目标的具体方向还是可以将学界目前讨论较多的教学理念进行适当的分类。其中讨论较多的比如尤为强调学生自主思维培养的生成性教学,凸显法学教学之应用性导向的实践性教学以及着重于知识传授与课堂效果的互动式教学等。需要说明,不同学科背后的教学理念往往存在较大的差异,但这并不妨碍我们依托于具体的课程内容进行多重的教学理念筛选。此外,即便不同教学理念之间的侧重性难以进行更为具象化的整合,也并不妨碍授课教师在有重叠性的

④ 参见朱艳英:《立体化教学方法与手段在〈法理学〉教学中的应用》,载《产业与科技论坛》2017 年第 3 期。

理念下创新具体的教学方法。从某种意义上说这也正是教学理念更具有宏观性的原因所在,其往往需要更微观意义上的教学方法以落地实施。

(一)生成性教学

作为法学体系"基础理论"或"一般理论"的法理学较之部门法而言,因缺少法律规范的明确性,因而在知识传承方面更具柔性空间。因此许多对法理学教学模式的讨论都选择使用生成性教学这样一种理念。生成性教学一般指教师根据学生的课堂行为表现等具体情境调整教学行为和思路,引导学生在变化不居的教学过程中发现知识、锻炼思维和发展能力的教学理念、教学方式。⑤ 该种理念强调教学活动应当坚持以学生为中心,教师以辅助性的角色为学生在探究问题时提供方向上的指引,而最终教学内容的实现需要通过学生在研究问题的过程中自主完成,因此也有学者称为研究性教学。⑥ 正如该概念的界定,我们似乎不能简单地把生成性教学或研究性教学理解成一种方法,而应该将其升华为整个教学环节的理念和指导原则。

需要说明,按照该种教学模式的描述似乎并非所有的学科或课程都与之具有匹配性,相较之下那些更加强调人文精神的学科对课程内容的扩展性要求会更为明显。正因法理学课程高度的超然性与开放性,使许多观点的得出可能并非教师课前设计的,而是由师生之间通过讨论、质疑、启发、对话、反思、探究等共同完成的。此外,生成性教学意味着教学方案会随着教学情境的具体化而有所变通,教师要充分考虑课堂可能出现的各种情况,给课堂预留一些机动的空间和时间。⑦ 那么将教学内容的预设尽量拓宽,而不局限于特定知识点或结论的引出就能够以更加开放的态度来看待法理学不同流派之间的理论争议与价值分歧,这恰恰是

---

⑤ 参见孟凡丽、程良宏:《生成性教学:含义与价值》,载《课程·教材·教法》2009 年第 1 期。

⑥ 参见郑晓英:《研究性教学在〈法理学〉课程中的实践与探索》,载《忻州师范学院学报》2014 年第 3 期。

⑦ 参见徐钝、强昌文:《大学课堂生成性教学之施行——以法理学教学为例的分析》,载《西南科技大学学报(哲学社会科学版)》2012 年第 4 期。

法理学课程目标的指向之一。换言之,生成性教学的重心在于阐释问题的多元而非结论的唯一,因此相对于法理学的课程特点而言该种模式确实具有非常明确的导向价值。

(二)实践性教学

实践性教学往往存在两个维度的释义:一是强调教学目标的实践应用性。二是凸显教学内容的实践来源。首先可以肯定的是,尽管实践应用乃是法理学乃至法学教育的一个重要面向,但相比部门法而言,以法律的共同性问题和一般性问题为研究对象的法理学显然在此一面向上会稍显薄弱。毕竟在一定意义上,法理学(尤其是法哲学)也属于研究人类精神的学问(人文科学)之一种,与那些专注于法律的应用与操作的学科(应用法学)是存在较大区别的。⑧

也就是说,对于法理学而言实践性教学的第二个面向似乎更加贴合,法理学课堂当然需要将社会生活和司法实践纳入讨论范围内,⑨脱离具体生活的法理学将会变成无源之水、无本之木。法理学的一般理论只能来源于具体的实践,任何法理学的理论观点都是从分析具体问题入手的。⑩ 只不过法理学意义下的实践并不仅指法律审判和案件裁决等具体的法律实践,而是哲学意义上的生活实践。⑪ 正如姚建宗所言,法理学授课教师应当通过"从具体的社会生活之中概括提炼法学的理论,用抽象的法学的理论分析阐释具体的社会生活"的方式,通过这样的"生活"与"法理"彼此参悟与印证示范,引导学生逐渐学习观察社会、体悟生活以及领会法律的含义与意义。⑫ 相反,作为一种目标理念的实践

⑧ 参见刘冰:《关于法理学本科教学改革的思考》,载《黑龙江高教研究》2005 年第 7 期。

⑨ 参见李爱荣:《面向实践的法理学教学理念和教学方法探索》,载《河北职业技术学院学报》2005 年第 1 期。

⑩ 参见刘国:《实践法理学的性质与使命——兼论社会转型期法理学的功能》,载王瀚主编:《法学教育研究》第 9 卷,法律出版社 2013 年版。

⑪ 参见杜建明:《法理学教学与法律思维培养》,载《内蒙古财经学院学报(综合版)》2009 年第 6 期。

⑫ 参见姚建宗:《"法理学"课程教学的基本理念与教材分析思路》,载《中国大学教学》2015 年第 10 期。

性教学(强调实践应用导向)似乎并不符合法理学课程的设置导向,因为法理学的价值恰恰在于对现实生活的超越和批判。[13] 因此,法理学课程教学的实践性面向并非简单地将其视为一种解决社会具体问题的手段方式,而是要从教学内容上侧重法律方法论,加强法律思维能力的培养,以及强调在"形而下"实践问题的基础上进行"形而上"的法理思辨。[14]

(三)互动式教学

互动式教学有时也被称为参与式教学、探究式教学或讨论式教学,强调以学习者为主体和中心,充分应用各种能使学生个个积极参与的灵活多样、直观形象的教学手段,使教学者与学习者之间以及学习者与学习者之间可以进行信息交流和反馈。[15] 该种教学理念的核心目标是改变以往教师对课堂的单方控制,建立起以学习者为中心的教学模式,[16] 如在教师的设计、组织、引导下,学生就某一法理学主题积极思考并发表自己观点,师生之间在相互启迪中探寻问题答案的教学模式。[17] 此类教学理念的提出通常都是以单纯讲授式教学法作为批判对象而展开的,强调教学中的师生关系不应是一种单向的、被动的关系,而强调"主体交互、资源共享、共同构建"的理念与方式。[18] 然而需要明确的是,无论采取何种教学方式,教师都应处于课堂教学中的主导地位,差异在于这种主导究竟是一种"独角戏式"的知识讲授还是通过驾驭课堂讨论、引领思维走向的方向把握。相对于前者,后者所谓的"主导"更加强调对教

---

⑬ 参见范振国、李光宇:《论法理学教学抽象难题的破解》,载《教育与职业》2012年第2期。

⑭ 参见孙晓红:《"道""器"并重——实践能力培养与本科〈法理学〉教学理念与内容的重构》,载《中国法学教育研究》2016年第2期。

⑮ 参见陈华:《参与式教学法的原理、形式与应用》,载《中山大学学报论丛》2001年第6期。

⑯ 参见李学兰、刘金枝:《法理学探究式教学模式的实践与反思》,载《浙江万里学院学报》2009年第4期。

⑰ 参见徐钝:《法理学讨论式教学的施行与改进》,载《安庆师范学院学报(社会科学版)》2010年第12期。

⑱ 参见夏燕:《法理学教学改革的一点思考——谈"互动式"在法理学教学之中的应用》,载《现代企业教育》2006年第20期。

学过程的策划、教学问题的预设以及操作过程中的衔接调控,也就是说此时学生在拥有更广泛的讨论空间、扩展思维模式边界的同时并没有超越课程教学的内容框架而沦为一种缺乏知识导向的泛泛之谈。

此外,互动式教学还强调教学是一个循环往复的过程,即教师的教授、提问和学生的倾听、反馈之间的循环,这一过程可以促使学生在课堂上进行独立思考并以发问的形式主动学习,[19]而强调学生在教学活动中的主体地位确实能够极大地增强法理学教学中对学生思维培养的目标面向。当然,此类教学方法往往对授课教师有更高的要求,需要教师根据自己对当下教育情境的感知、辨别、顿悟和判断,随时作出决策和进行问题解决。[20]

稍加总结,根据法理学的课程性质及教学目标等具体情况,学界目前讨论比较多的教学理念包括生成性教学、实践性教学以及互动式教学等。尽管这些教学理念之间存在各种各样的交叉(如生成性教学中也强调教师通过调整具体情境而实现对学生的针对性引导,这与互动性教学的要求基本一致),但其彼此之间在所致力于实现的教学目的方面还是存在较为明显的主次之分。因此如何通过一些具化的教学方法将不同教学理念进行衔接与勾连才是问题的关键。

二、法理学教学不同理念下的具体方法

具体的教学方法往往是某种教学理念下的操作性延伸。比如,在互动式教学理念下有学者针对教学主体的个人化导致课堂知识的片面性弊端,[21]提出双师同堂教学模式,即多名具有不同学科背景的教师组成教学团队,在民主协商的基础上拟定教学计划和教学内容,协同执行、分

---

⑲ 参见李昀书、王勇:《互动式教学与研究生法理学教学模式改革》,载《吉林省教育学院学报》2019 年第 10 期。

⑳ 参见邓友超、李小红:《论教师实践智慧》,载《教育研究》2003 年第 9 期。

㉑ 参见陈伟、蔡荣:《双师同堂刑事案例教学的角色定位和身份互动》,载《中国法学教育研究》2015 年第 4 期。

工合作、沟通交流、优势互补,共同分担一门课程的教学任务,㉒进而使教师—教师—学生之间的三角信息互动形式更加立体。也有学者会更注重师生之间的互动模式进而提出访谈式教学法,即在教学过程中模仿电视中的访谈节目,在教师的主导下针对特定的教学内容,选择适当的主题,邀请学生或者教授、博士、教官等专家作嘉宾,在课堂上分为访和被访两个阵营进行一问一答或者互问互答的互动式教学方法。㉓ 再如在生成式教学理念的框架下有学者提出学术史梳理式的教学方法,强调探讨法律理论演进的过程并不仅是书斋中的纯思、语词的考据和无尽的遐想,而更多是对实践的总结与回应。㉔

也就是说,在不同教学理念指导下的具体教学方法通常可以被直接复制应用,但该类具体的教学方法与上述教学理念之间并不存在一一对应关系,其还需被放置于具体的知识内容上才能得以进一步地讨论,若脱离了具体的教学内容,相应的教学方法之有效性则无从判断。对于法理学课程而言,在结合上文所提及三种理念的基础上,当下讨论较多的具体教学方法主要是案例教学法与辩论教学模式。

(一)案例教学法

案例教学法曾一度成为法理学课堂教学的热门选择,但诚如有学者提出的批评,"个性活跃、求知欲强的同学会凭借良知和经验很快给案子下一个结论",而"沉默的大多数"还是会静待老师接下来的分析。这种"例证式教学法"貌似案例教学,实则单向灌输。㉕ 形成这种困境的一个很大的原因在于理论与案例之间的关系并未得到较好的梳理,传统举例说明的教学模式为"理论—案例—理论",在这种模式中"案例"强调的是"例",其只是一个辅助的手段。相反真正的案例教学模式应当是"案

㉒ 参见付子堂:《构建"多师同堂"协同教学模式》,载《中国教育报》2013年2月25日,第6版。

㉓ 参见张静:《学习者为中心的访谈式教学设计研究——以法理学教学为例》,载《铁道警察学院学报》2017年第3期。

㉔ 参见余涛:《学说史梳理式的法理学教学方法探析》,载杨宗科主编:《法学教育研究》第24卷,法律出版社2019年版。

㉕ 参见许秀姿:《卓越法律人才视域内的法理学实践教学》,载《经济研究导刊》2014年第20期。

例—理论—案例”，即以“案”为中心，运用理论知识的目的是解决案例，而非纯粹的理论探索。[26] 这就导致部门法教学中的案例教学法与法理学之间产生了一定的张力，相比部门法而言法理学并不追求一个绝对“正确”的裁判结果，相反案例背后的理论空间（普遍意义、价值体系、评判标准等）才是法理学关注的重点。

延续这一思路，案例教学法在法理学课程教学中的运用关键可能还要回归到案例的选择与使用上。比如，有学者指出法理学教学中案例的选取应坚持古今中外、贴近生活、联系紧密和影响深远四项原则。[27] 相比实务型案例，价值导向的“案例”（或者是事例）选择无疑能有助于营造一种多元化的思考氛围。简言之，如果在法理学课堂中使用案例教学法，那么案例的选择将成为此种教学方法后续实效的前提，与部门法案例不同，法理学的案例并不追求唯一的“正确答案”，而是要考虑法律本身的“合目的性”以及其背后的价值冲突判断。

（二）辩论教学模式

如上文所言，案例教学法强调在某些知识场域的教学过程中应当以具体的“案例”作为核心。特别是在法理学课程教学过程中，对案例的分析并不以“唯一正确”的结果为教学导向，而是强调对案例背后所蕴含的理论问题的思考与讨论。那么接下来的问题就是，对具体案例展开讨论的方式仍然存在很多选择，比如当下讨论较多的模拟法庭、法律诊所以及社会调研等。但值得注意的是，以上三种教学模式尽管各具特色，但对于法理学课堂教学的适用而言也均存在一定的弊端，如模拟法庭与法律诊所似乎更适合部门法的案例研究，而社会调研本身需要大量的辅助性工作，可能远非单独的法理学课堂所能覆盖。在这种前提下，更易被组织操作的辩论模式就吸引了较多的关注。

有学者曾总结辩论模式之于法学专业学习三个方面的主要优势：一

---

[26] 参见伍玉功、姚顺花：《再论法理学教学方法之选择》，载《湖南警察学院学报》2011年第2期。

[27] 参见李店标：《法理学课程案例教学的优化设计》，载《重庆科技学院学报（社会科学版）》2013年第10期。

是辩论可使学生思考多方面的意见,增强学生对知识的了解。二是辩论可以在一定程度上提高学生运用知识的能力。三是辩论可以提高学生的表达能力。[28] 但需要说明的是,法律辩论不同于一般意义上的辩论,而是运用法律知识、法律原理,针对法律案件的辩论。[29] 与制式化的辩论赛不同,课堂教学中对辩论模式的引入需要在一定程度上淡化标准辩论赛事的程序性规定。作为一种教学方法的"辩论"不同于法庭上的"唇枪舌剑"式的辩论,主要是带着问题,以批判的态度进行研讨、质疑、评价和交流。[30] 此时的辩论教学相比之下并不需要过多的辩论技巧来达成对相异观点的质疑,作为对辩的双方需要有条理性地表明自身的观点以及针对相反观点作出有力的回应。也就是说,唯有将辩论根植于具体的法律议题之上方能在一定程度上脱离单纯的辩论技巧训练而进入法理学知识的课程学习当中。

三、案例辩论模式在法理学课堂教学的应用

正如德沃金对法的"诠释性"理解,[31]仅仅对法律作一种所谓的中立的描述之于法律实践是远远不够的。那么,对具体价值导向案例的辩论就可以让学生自主地寻找围绕法律问题的解决而衍生的种种争议,并且通过观点之间的冲突与碰撞这一博弈过程感受从法律规定到法律实践的动态脉络,这也正是法理学课程教学所要致力的目标。在上文中笔者之所以要将目前学界热议的诸多教学模式进行理念与方法两个维度的分离,目的即要在一定程度上厘清具体教学活动在这两个维度上的对应

---

[28] 参见于晓松:《辩论式课型在法律教学中的应用》,载《哈尔滨职业技术学院学报》2005年第1期。

[29] 参见葛建义:《法律专业课程教学中的辩论训练》,载《常州工学院学报(社科版)》2005年第4期。

[30] 参见陈美玲:《法理学教学方法改革之检视》,载《江西科技师范学院学报》2008年第3期。

[31] 参见[美]德沃金:《身披法袍的正义》,周林刚、翟志勇译,北京大学出版社2010年版,第11页。

关系。一种教学理念并非只能通过某种对应性的教学方法实现,反之一种具体的教学方法也未必只能对接单一的教学理念。这两个维度之间乃是一种交叉的网状关系,而对接的关键应着眼于不同知识内容背后的教学目标。有学者曾以"知识加工—情境引入—问题推动—探究写作—课堂总结"㉜为线索梳理法理学课程教学的推进脉络,尽管这一环环相扣的步骤拟定并不专属于某种教学方法,但却也为案例辩论模式的开展提供了有益的借鉴。

(一)"知识加工":议题确定

在对法理学课程教学的案例选定上应格外注意两个方面。首先,围绕案例的讨论分析应当与法理学课程的具体教学内容相结合,尽管法理学课程内容具有明显的庞杂性,但随着"马克思主义理论研究和建设工程"《法理学》教材的出版,作为课程的法理学之内容框架也就有了相对明晰的架构。其次,法理学议题的选择应当具备实践性、关联性与启发性。当然,议题的选择最为重要的前提还要能够引起学生的兴趣,也就是说议题本身应当具备较强的争议性。

这里笔者试图用法理学课程教学案例辩论模式的一个具体个案作为分析的切入点。背景情况方面,笔者目前任教于浙江省的一家独立学院,鉴于独立学院的一些特殊性(如笔者所在独立学院每年均有成绩优异的学生可以把学籍转至母体一本学校),其似乎更能体现不同基础学生比较意义上的教学效果。此外笔者所在单位目前将法理学课程设置在了大二上学期(3 学时/周),也就是说修读该课程的学生已经具备了一定法学基础,当然对于那些将法理学课程设置在大一上学期的院校而言,本文以下的例证就存在一定的限制空间。需要说明的是,笔者所在单位采取了小班教学模式(约 30 人/班),这无疑为案例辩论教学模式的开展提供了一些便利。

通过对连续四届本科法学专业法理学课程教学的探索,目前笔者已基本拟定出一套与法理学知识内容相对应的辩论议题体系。比如,在法

㉜ 高璨:《反思与重构:研究生法理学教学模式之改革——以建构主义为指导》,首都师范大学 2013 年硕士学位论文,第 36 页。

的要素之法律概念的讲授上,笔者发现“安乐死”这一议题非常适宜。首先,学生通过影视文学作品乃至生活经历等对“安乐死”这一概念并不陌生,但若询问他们对安乐死的具体定义却往往“千人千面”,特别是面对诸如安乐死的提出、决定主体、适用范围等具体问题时,学生们很容易形成热烈的讨论氛围。其次,法律概念是法的要素之基础,且法律概念的专业性与明确性要求致使其与日常生活中的语义表达存在某种效力界定上的差异,那么对法律概念的错误理解就可能导致对相同问题产生不同观点的情况出现。[33] 因此用安乐死这样一个日常生活与法律语境下存在差异的概念无疑能够以最直观的方式帮助学生理解法律概念的精髓。

(二)“情境引入”:案例拟定

在选定“安乐死”议题作为法律概念这一具体知识点的教学资源后,接下来要讨论的就是课堂教学对该议题的使用。笔者在最初的摸索时曾试图根据一些先行研究的指引直接以“安乐死是否应当合法化”作为题目交由学生进行辩论分析,但事实上这种单纯的议题辩论效果并不理想。首先,若以是否应当合法化作为议题则很容易让学生直接进入价值层面的讨论。当然,笔者绝非意指安乐死议题背后诸如自由、尊严乃至秩序等价值讨论不重要,而是这种讨论势必在一定程度上脱离法律概念这一具体的知识内容。其次,跨越安乐死概念界定的价值讨论往往难以形成实质的交锋,此时对辩双方通常会根据己方的议题导向而选择不同形式的安乐死定义,而在这一问题上广义与狭义的界定差异极大,很容易使辩论陷入纯粹的技巧使用之中。

此时教师在案例辩论情境引入工作上的重要性就凸显出来,在开展具体的辩论之前,教师应当对议题的背景以及相关的观点分歧进行适当的解释说明,将学生的“兴趣”引向学术层面的问题意识。比如,在安乐死这一案例议题的拟定上,作为授课教师可以进行更为细致化的情境引入,由不同的学生扮演当事人、近亲属、医院以及公权力机关(卫生行政

---

[33] 参见刘昕杰、杨晖:《专业素质与文化素质的融合教育》,载王瀚主编:《法学教育研究》第7卷,法律出版社2012年版。

机关)等,通过角色的限定让学生理解基于不同情形在不同主体之间可能出现的意思表示差异,进而更加全面地理解法律概念的严谨性特点。

(三)"问题推动":要件变化

如上文所言,无论是生成性教学理念还是互动式教学模式均是在强调"以学生为中心"的大前提下形成的,但"以学生为中心"并不意味着课堂教学中教师角色的弱化。恰恰相反,与传统讲授式教学相比生成性教学抑或互动式教学事实上对教师提出了更高的要求。因为此时教师需要根据学生的思路转变进行及时的、有效的回应,以保证学生能够始终围绕课程内容而进行自主探究。若教师无法在课堂中与学生形成有效的互动,那么这种单纯的"互动"教学方法运用不但无法起到其应有的作用,相反还可能导致学生对教学内容的错误理解与应用。

比如,在安乐死案情情境的讨论中,即便相关学生在课前已经进行了一定的资料收集与梳理,但因当下对安乐死的讨论中,学界多将安乐死问题的核心价值归结为生命主体是否拥有处分自己生命的权利或者决定生命利益的权利。㉞ 这种通说性的结论固然具有较大的应用价值,但对于通过该议题全面理解法律概念这一知识点却帮助不大。那么此时就需要教师根据学生的现场表现来适时地进行引导性补充。比如,询问那些长期处于昏迷状态而无法进行意志表达的当事人之近亲属是否有资格对当事人的生命自主权进行抉择?若当事人与近亲属之间形成了相互矛盾的意识表示又该如何看待?若再向前推进,授课教师还可以促使学生反思当事人的意思表示本身是否存在局限性,如即使是具有自我意识表达能力的个体,在"可能"实行安乐死的背景下,是否具有足够的能力来进行一个可以对自身最基本权利——生命产生决定性影响的正当意思表达。对于那些认为可以对安乐死之意思表示进行提前设定的同学,教师还可以追问若意思表示时间节点与医学判断时间节点之间的不一致,也就是说当事人事先的意思表示无法实现对后来客观状况的

㉞ 参见韩大元:《论安乐死立法的宪法界限》,载《清华法学》2011 年第 5 期。

系统掌握是否可以被视为一种“瑕疵”等。当然,对此教师还可以提供一些具有关联性的现行法律规定(如《医疗机构管理条例》)为学生提供参考。

这还是在安乐死申请主体方面的讨论,根据课堂情况还可以进入审批决策主体以及适用范围的领域,如医生、医院以及卫生行政机关在该议题背后的主体地位;再如,如何看待“不治之症”(教师可提供一些参考,如艾滋病等不可治愈但可治疗的疾病)、“极端痛苦”(如何看待重度抑郁症)、“濒临死亡”等。

(四)“探究写作”:理论升华

诚如生成性教学理念所强调的,法理学课程内容的抽象性、超然性更适合让学生在研究问题的过程中自主地实现对知识体系的探究与习得。那么在围绕安乐死议题的案例辩论模式所要追求的教学目标就不能止步于对法律概念背后各个要素的理解。此时授课教师应当有计划地引领学生触碰法律概念背后的价值导向,事实上这也是法学学科的终极指向——法治理念的必然要求。换言之,如果试图把安乐死的决定纳入制度化的框架之下,国家作为义务相对方的介入就产生了一种必须回应的价值判断。也就是说,从立法角度来看,国家对法律体系中各个法律概念进行界定时必然会包含着某种价值倾向,这也正是法的价值论在具体法律规范内容中的体现。因为社会大多数人总会产生一些共同的利益要求,沉淀成共同的善恶判断标准,从而造成在价值观念上占主导地位的社会文化群,基于主文化群的价值观念就会形成要求社会所有人必须接受的法律规范。[35] 那么从法理学课程教学的层面而言,案例辩论模式的另一个优势即在于能够通过具象化的案例议题将不同阶段的法理学知识点进行某种程度的衔接,这种衔接显然要比单纯的知识框架递进有更为明显的思维培养效用。当然,理论升华环节往往会因学生个体的接受水平不同而产生较大的差异,但无论如何,这种探究式的理论体会都要比纯粹的知识讲解要更易于学生吸收消化。

㉟ 参见冯亚东:《理性主义与刑法模式》,中国政法大学出版社1999年版,第40页。

（五）"课堂总结"：回归知识点

根据"马克思主义理论研究和建设工程"《法理学》教材的阐释，"概念是对各种法律事实进行概括，抽象出它们的共同特征而形成的权威性范畴。概念虽然不规定具体的事实状态和具体的法律后果，但每个概念都有其确切的法律意义和应用范围（领域、场合）"，"法律概念，无论是法律专用的（法言法语），还是从普通语言中移植过来的，在法律系统中都有其法律意义，即都与权利和义务相关联"。[36] 在完成上述对安乐死议题的案例辩论后，教师的收尾工作是引导学生将案例辩论的收获回归到法律概念这一具体的知识内容上。如强调对"安乐死"的定义不同将直接导致法律后果的考量变化，若无法完成对该概念的确定性界定则无法展开后续对其合法化问题的学理乃至实务分析；再如不同语境下对"安乐死"的界定还可以依据不同的标准产生相应的分类，如在实践中最为常见的"积极安乐死"与"消极安乐死"之分，等等。

四、结语

综上所述，法理学课程因其内容上的抽象性与逻辑上的思辨性与部门法学课程形成了鲜明的对比，因此在法学本科教学工作中也显得"格格不入"。正因如此，学界对法理学课程教学，尤其是教学方法的讨论比比皆是。但不同学者笔下对法理学课程教学方法的探究似乎并不都在同一个话语体系中，有些是从宏观教学理论出发对法理学课程教学进行的方向思考；有些则是从微观教学方法上对法理学具体知识点讲授的实践探索。尽管这两种研究倾向各有所长，但如若落实到具体的课程教学上，它们彼此之间又会形成覆盖式的呼应关系。笔者采取了案例辩论模式这一切入点，在结合生成性教学、实践性教学与互动式教学三种理念的前提下，围绕微观层面的"安乐死"议题梳理相应教学开展的具体过

---

[36] 马克思主义理论研究和建设工程重点教材《法理学》，人民出版社、高等教育出版社2010年版，第37～38页。

程,进而为法理学课程教学的研究提供一个具体的参考,也希望为今后的法理学课程教学研究提供一些有益的借鉴。

On the Application of Case Debate Mode in Jurisprudence Teaching

Duan Zhizhuang

Abstract: Jurisprudence course is quite different from other courses in legal education because of its high theoretical abstraction and philosophical speculation. As a result of this characteristic, the discussion on the teaching mode of jurisprudence course has become popular in the field of legal education. However, the relevant research achievements either focus on the general guidance of concepts, or emphasize the application of micro methods, which often fail to build the corresponding relationship between them systematically. Starting from the current research on the teaching mode of jurisprudence course, this paper distinguishes the research achievements of the two levels of teaching concepts and teaching methods, and then organically combines them with the case debate mode as the starting point. Finally, taking euthanasia as an example, this paper interprets the teaching of legal concept, hoping to provide constructive suggestions for the future teaching of jurisprudence in China.

Key Words: jurisprudence, case debate, legal concepts

“法律职业伦理”四维课程目标及其实现[*]

闫亚林　刘冰珂[**]

摘　要:在我国新一轮法学教育改革中,法律职业伦理教育迎来了发展的春天。“法律职业伦理”作为一门真正意义上的课程,课程目标的编制是课程研制的首要问题,确立合理的课程目标对于提高课程实施的效果和质量具有重要意义。通过对现有研究成果的分析探究,发现高校“法律职业伦理”课程目标面临宏观、抽象、可操作性不强等困境。在借鉴布鲁姆教育目标分类理论合理内涵的基础上,结合法律职业伦理教育的特殊性,将“法律职业伦理”课程目标解析为知识层面、技能层面、情感层面以及行为层面的四维层级结构,并探讨了课程目标的实现路径,希冀对该课程的发展与建设有一定的启示和促进。

---

* 基金项目:2020 年陕西省研究生教育综合改革研究与实践项目“‘双一流’战略背景下陕西高校法律硕士研究生课程建设的理论与实践研究”成果之一;西北政法大学 2022 年优秀硕士学位论文培养项目研究成果之一。

** 闫亚林,西北政法大学高等教育研究所研究员,博士生导师,教育学博士,研究方向:法学教育、高等教育政策与法律;刘冰珂,西北政法大学教育经济与管理专业 2019 级硕士研究生,研究方向:高等教育管理。

关键词:法律职业伦理　课程目标　目标结构　实现路径

习近平总书记在北京大学师生座谈会上谈到,人才培养是育人和育才相统一的过程,育人是人才培养的根本,育德是育人的根本。① 围绕人才培养这个核心,高校要将“立德树人”作为教育的根本任务。关于法治人才的培养,习近平总书记在中国政法大学考察时强调,要坚持立德树人、德法兼修,培养大批高素质的法治人才,不仅要培养学生的知识素养,而且要培养学生的思想道德素养。其后,教育部等相关部门深入学习贯彻习近平总书记重要讲话和重要指示精神,出台了关于加强法律职业伦理教育的相关文件。例如,2018年,教育部、中央政法委发布了《关于坚持德法兼修实施卓越法治人才教育培养计划2.0的意见》,其中将“厚德育”摆在了8项改革任务的首位,并提出要实现法律职业伦理教育贯穿法治人才培养全过程,面向全体法学专业学生开设“法律职业伦理”必修课。② 国家《法学专业类教学质量国家标准》的发布与实施也为法律职业伦理教育提供了制度保障,明确规定了法学专业核心课程采取“1+10+X”分类设置模式,“法律职业伦理”课程是10门专业必修课之一。③ 自此,“法律职业伦理”课程的地位得以确定。

一、法律职业伦理课程目标面临的困境

“目标”是对某一活动预期结果的主观设想,也是活动的预期目的且为活动指明方向。课程目标是指通过课程的学习,在发展学生德、智、体等方面的愿望得到实现,是课程内容以及教学方法得以确定的前提与

① 参见习近平:《习近平在北京大学师生座谈会的上讲话》,载新华网,http://www.xinhuanet.com/2018-05/03/c_1122774230.htm,最后访问日期:2021年10月18日。

② 参见教育部、中央政法委:《关于坚持德法兼修实施卓越法治人才教育培养计划2.0的意见》教高〔2018〕6号。

③ 参见教育部高等学校教学指导委员会编:《普通高等学校本科专业类教学质量国家标准》,高等教育出版社2018年版,第72页。

基础。[4] 在大学层面，培养目标和课程目标常会是一个重合的概念，课程目标的内涵相当于大学某一专业的培养目标与要求，对培养目标的表述一般反映在大学培养方案之中。[5] 微观层面的课程目标主要是指某一门课的课程教学目标。本文使用课程目标这一概念，是为了强调法律职业伦理课程要实现的具体化结果或行为的变化。

实施法律职业伦理教育的前提是认同伦理是可以被教授的。在法律职业伦理是否可教的问题上，有学者认为法律职业伦理是不可教的，“伦理属于个人先天的品质，主要依赖于传统文化的熏陶”。[6] 大多数学者认为虽然法律职业伦理的自我教育能否发生、如何发展存在很大的不确定性，但在法学教育中的伦理道德教学困境并不是放弃法律职业伦理教育的理由，而且实施这一教育的责任显然需要由高校法学教育来完成。因为法科生若缺乏和他者与环境的沟通，则很容易走向自我迷失。从学科知识的角度来看，法律职业伦理可教性的原因在于法律职业伦理知识形态已由价值、原则形态转变为可操作的技术规范，并且有着可教授的载体，即法律制度与法律职业技术。[7] 从本质属性来看，法律职业伦理教育属于美德教育。英国哲学家赖尔认为美德是可教的，态度学习是美德学习的核心。美德可以通过“道德榜样”的方式对学生实施间接、渗透性、潜移默化的影响。[8] 从学生发展的角度来看，大学生正处于道德发展的关键期。一个人的逻辑阶段能决定他能达到的道德阶段。接受法学教育的法科生不仅具有进行法律职业道德认知的基础，同时思维能力进一步发展，形象和抽象思维到达高级阶段，是实施该教育的关键时期。[9] 另外，据美国学者的统计研究表明，法律职业伦理课程与法

---

④ 参见刘献君：《论大学课程设计》，载《高等教育研究》2018 年第 3 期。

⑤ 参见余保华：《论我国大学的课程文化》，载《江苏高教》2016 年第 4 期。

⑥ 李学尧：《非道德性：现代法律职业伦理的困境》，载《中国法学》2010 年第 1 期。

⑦ 参见马勇：《法律职业伦理教育在课堂教学中的展开》，载杨宗科主编：《法学教育研究》第 29 卷，法律出版社 2020 年版。

⑧ 参见黄向阳：《道德可教吗》，载朱小蔓：《道德教育论丛(1)》，南京师范大学出版社 2000 年版，第 93 页。

⑨ 参见褚丽：《法律职业道德教育何以必要、何以可能》，载《枣庄学院学报》2012 年第 4 期。

律职业伦理行为之间有很大的关联性。[10]

关于法律职业伦理课程目标的研究,学界已经进行了不少有益的探索。笔者以“法律职业伦理教育”“法律职业道德教育”为主题词对CNKI系列数据库进行检索,截至2021年7月18日共得到论文210篇。通过对上述文献的分析探究,筛选出涉及法律职业伦理课程目标的文章共计61篇。许多学者们解析了法律职业伦理教育的内涵与外延,并对课程目标做了相关探讨。从现有的研究成果来看,有关法律职业伦理课程目标的研究总体上还显薄弱,相关表述比较抽象、模糊、可操作性不强。法律职业伦理课程目标是法律职业伦理教育的具体化,若缺乏明确的课程目标会导致以下后果:其一,教育目的就会空置化、口号化,无法落实。其二,课程内容的选择流于形式、隐于混乱,无法形成具体的知识结构。其三,无法回答教学活动的方式、课时的安排、课程考核的方式等基本问题,对实际教学并不能给予明确的指导,课程实施效果不佳。

二、法律职业伦理课程目标的四维结构

虽然学界对于法律职业伦理课程目标有许多不同的表述,但法科生应该达到的目标要求存在一些共同特征。1956年美国著名教育家布鲁姆(Benjamin Bloom)提出了教育目标分类理论,该理论自提出以来,由于具备可测性、有层次结构性等特征被世界教育界广泛采用。布鲁姆按照类型的不同将教育目标分为认知、情感以及动作技能三大领域,这对法律职业伦理课程目标结构同样具有启发性。在认知领域中,布鲁姆将认知目标划分为两个维度:知识与认知过程。“知识”指个体头脑外的诸如教材内容的知识,“认知过程”则指向学生对于知识的理解、分析、应用、评价、创造等过程。[11] 在动作技能领域和情感领域中,布鲁姆等人

---

[10] 参见许身健:《法律职业伦理》,高等教育出版社2021年版,第49页。

[11] 参见王小明:《布卢姆认知目标分类学(修订版)对课程目标制定的启示》,载《全球教育展望》2011年第4期。

只意识到了这两个领域的存在，并未制定出具体的目标体系。1964 年克拉斯伍（D. R. Krathwohl）等人依据价值内化的程度将情感领域划分为五级：接受或注意、反应、评价、组织以及价值与价值体系的性格化。[12] 1972 年，辛普森（E. J. Simpson）等人将动作技能领域化分为七级：感知、准备、有指导的反应、机械动作、复杂外显反应、适应以及创新。[13]

法律职业伦理的生成规律及道德教育的实践性特征决定了法律职业伦理教育具有特殊性。[14] 法律的生命在于实施，只有依靠法律人的运作，最终才能实现公平、正义、秩序等价值目标，这对法律执业者提出了特殊的职业要求。法律职业伦理的习得，主要依靠实践和体验，它内化为法律人的职业良心，外显于法律人的职业行为，应当是法律人终身的行为准则。法律职业伦理的养成性意味着它的形成过程十分漫长，最终法治的取得就在于实现法律人行为与内心的契合、外在职业伦理与内在价值伦理的统一。因此，法律职业伦理教育要立足于法律职业伦理养成教育的实践性特征，引导学生积极践行道德行为，在行动中将外在伦理规范内化于心，积善成德。

基于以上，本文借鉴布鲁姆教育目标分类理论合理内涵，结合法律职业伦理教育的特殊性，将法律职业伦理课程目标结构分为四个层面即知识层面、技能层面、情感层面以及行为层面。本文认为，高校法律职业伦理课程目标不是单一维度的，而是复合的、具有内在结构的目标系统。

（一）知识层面：面向职业特性的知识以及面向法律实践的知识

在我国法律职业伦理教育领域中，关于知识目标的达成，部分学者有着很高的期待，如有学者指出“法律职业道德教育的目标在于促进对法律职业道德的认知，这样可以避免道德教育的泛化，使法律职业道德

---

⑫ See David Krathwohl, Benjamin Masia, Taxonomy of educational objectives, Book 2: Affective domain, Boston: Addison Wesley Publishing Company, 1984.

⑬ See Simpson. EJ., The Classification of Educational Objectives in the Psychomotor Domain, Washington, DC: Gryphon House, 1972.

⑭ 参见刘继虎：《法律职业伦理养成教育的实践性特征与综合途径》，载《湖湘论坛》2017 年第 1 期。

教育内容更加的合理饱满。”⑮

知识层面的目标主要包括两个方面:一方面,法科生应当了解职业伦理的相关内容,理解并掌握法律职业者在从事职业活动中应该遵守的行为规范与规则。首先,法律伦理学属于应用伦理学,应用伦理学是将一般的规范伦理知识运用于具体的伦理问题;法律职业伦理是一种技术性伦理。⑯ 学生需要学习如何运用法律技术伦理规则的知识,比如评析相关伦理学理论,知晓技术性伦理为何以及如何会对法律人的行为产生拘束力的知识,了解法律职业伦理适用技术的知识等。其次,法律职业伦理不仅具备一般伦理的普遍性特征,又有着法律职业特殊性的伦理要求。法律职业有着不同于其他职业的特质,它所调节的是法律领域的伦理关系,不仅包括法律共同体的伦理规范,也包括对法律人这一职业的伦理规范。⑰ 法律职业从广义上讲泛指一切以法律为专门工作的职业,从狭义上讲是指专门从事法律适用及服务的特定职业,它的外延包括律师、法官、检察官、公证员、仲裁员、行政执法人员等。因此,学生还需要学习面向法律职业特性的一套知识体系,比如法律职业共同体的内部伦理共识性知识,基于不同职业角色的多种法律职业伦理规范等。

另一方面,应当使学生理解和掌握伦理冲突与判断、伦理推理与问题解决等面向法律实践问题的知识体系。“伦理学研究的意义就是要提供一种实践问题的伦理解决路径,法律职业伦理也同样如此。”⑱由于伦理知识的复杂性以及伦理规范的模糊性,在一些情况下,会使不同的正当伦理规则可能存在冲突,因此在特定场合中很难有效判断实践行为本身的正当性。在法律实践中,法律职业伦理能够为伦理问题提供自身的解答,为伦理决策提供基础的、引导性的工具。通过法律职业伦理课程

---

⑮ 张志铭:《法律职业道德教育的基本认知》,载《国家检察官学院学报》2011 年第 3 期。

⑯ 参见屈茂辉、李勤通:《论法律职业伦理教育的知识性与素养性》,载《中国法学教育研究》2017 年第 3 期。

⑰ 参见王翀:《司法改革背景下法律职业伦理教育的构建》,载《集美大学学报(哲学社会科学版)》2016 年第 2 期。

⑱ 屈茂辉、李勤通:《论法律职业伦理教育的知识性与素养性》,载《中国法学教育研究》2017 年第 3 期。

的学习,学生能区分法律职业者当为或不当为之事项并且能思考一些与法律职业伦理相关的重大问题,具备伦理规则意识。

(二)技能层面:领悟与判断、推理与论证、反思与提升

法律职业伦理根本的目的并不在于知识的传授,而在于知识的运用。学生的认知发展在经历相关知识的学习与领会后,需要将所学的面向职业特性的知识以及面向法律实践的知识运用于具体的情景中,将知识转化为技能。

其一,能够察觉、识别情景中的伦理内容,判断行为对当事人的影响,想象事件的因果链,采择观点,移情或考虑适用于该情景的伦理规范或原则,培养“伦理敏感性”,具备对情景的领悟与判断的能力。伦理敏感性是道德敏感性在职业领域中的一种具体表现,是个体在自身的职业背景中识别情境的伦理本质的能力。法律发展以问题为逻辑起点,是发现问题、解决问题再到发现新问题的过程,认识到实践中伦理问题的存在,是问题解决的第一步。首先需要识别出冲突的场景以及存在什么冲突,才能对法律实践中可能出现的伦理困境作出判断。

其二,能够对法律实践中不可避免的冲突进行正当有理的理论阐述,批判地分析自身的价值立场,具备对伦理情景解释的能力、对行为选择进行伦理推理与论证的能力。伦理推理本质上是一种价值判断,回答“应该不应该”的问题。“伦理推理的能力就是将一般的推理方法运用于伦理推理的过程中。”⑲当学生有理有据阐述他们的观点时,不仅可以夯实学生的法学理论功底、巩固和扩大相关知识经验、加深对伦理道德意义的理解,还可以形塑学生的法律思维能力。法律思维能力是法律人运用法律规范针对具体案件事实作出决策的特殊思维能力。只有学生的法律思维能力得到强化,才会对社会、对职业产生较强的适应性。也正是因为法律人有着专门化、职业化的思维方式,他们的活动才是值得信赖的。

其三,能够对价值判断或行为选择进行评价,具备伦理反思的能力

⑲ 孙笑侠:《法律家的技能与伦理》,载《法学研究》2001年第4期。

或伦理提升的能力。让学生养成独立思考的习惯,成为善于思考、富有思想的法律实务工作者。只有引导学生进入思考的过程中,培养学生的反思能力,才能找到问题所在,甚至能洞察出法律规定本身的空白所在抑或冲突之处。

(三)情感层面:兴趣、态度、信仰以及价值观

法律职业伦理课程目标的情感目标包括兴趣、态度、信仰以及价值观四个方面。

其一,了解法律职业的来源和价值,认识到法律职业伦理问题的"重要性",知道学习法律职业伦理的功用。兴趣是个体对事物关切的情绪状态和探究某种事物或进行某种活动的倾向,兴趣只有建立在理性的基础上才能长久。学生只有深刻理解法律职业的精神和理念,充分了解法律职业伦理的重要意义,才能激发学习兴趣。学习兴趣既是学习的结果又是推动学生学习的内部动力,学生一旦具有学习法律职业伦理的兴趣,就会持续不断进行钻研,进而能够强化对该课程的理解,形成对法律伦理实践的浓厚兴趣,构成其将来职业生涯的一部分。

其二,引导学生明确自己肩负的职业责任,帮助学生树立法律职业认同感、责任感、使命感。态度是针对某一事物比较持久的倾向,意味着是否赞同该事物。只有激发学生对课程刻苦钻研的学习态度,对法律工作认真负责的劳动态度,以及知难而上、不畏艰辛的服务态度等,才能从心底认同法律职业工作,在心理上为其行为定向,增强献身于法律职业的事业心与责任感。

其三,树立法律至上的信念,塑造和追求法治信仰为精神内核,使其对法律职业群体生发团结感和认同感,培养其恪守法律职业伦理道德的精神品质。"法律必须被信仰,否则它将形同虚设。"[20]信仰是个体对某种思想、主义、学说或宗教等的信服、尊重与崇拜从而拿来作为自己言行的准则,它是个体心理活动之一,具有浓厚情绪色彩和力求实现的特征。法律信仰能够为法律职业工作者的伦理道德行为提供强大的内部动力。

---

⑳ [美]伯尔曼:《法律与宗教》,梁治平译,中国政法大学出版社2003年版,第38页。

法科生作为法律职业群体的主要来源,当学生树立坚定的法律信仰时,能在职业活动中迅速定向按伦理道德准则行事,而且能够在复杂变化的伦理冲突情景中运用它去辨别是非、克服内心矛盾,从而作出合理的行为决策并加以执行。

其四,传授公益、美德、正直、民主与秩序等价值观,培养"道德感",激发学生的道德自觉。价值是一种社会属性,它标志着对人和社会的积极意义。价值观是在个体社会化过程中逐步形成的,是个体对客观事物的总体评价,是推动并指引个体采取决定和行动的原则及标准。价值观与兴趣、态度和信仰相比,抹去了情感成分,被赋予了更多的理性因素。法律职业伦理道德的价值观就是在认识和评价法律实践目标和意义时所持的基本观点。当学生将个人的价值观与职业伦理的价值观相融合,就能对法律实践中自身的道德义务和个人责任有更为清楚的认知,其伦理道德行为就成为自觉的行为。

(四)行为层面:守底线、肯奉献

法律职业者的行为选择是职业伦理的外化,课程目标在行为层面主要表现在两个方面:

其一,学生能坚守法律职业伦理道德底线,能运用伦理原则或者伦理推理决策伦理困境,最终树立法律职业行为的最高标准。法律的生命力在于实施,其实施的程度与效果取决于实施者即法律职业者的素质。如以法官为代表的法律职业工作者,法律适用是其职业活动的主要环节。"法的形成与适用是一种艺术,法的艺术表现为何种样式取决于谁是艺术家",[21]法官在工作实践时需要对具体的个案作出判断和处理,"他们的伦理能力实质是在各种利益间进行平衡、消除各种冲突的能力。"[22]再如,律师在进行法律实践时经常会面临伦理道德冲突,处理伦理道德冲突时需要依据职业伦理规范作出正确的判断和选择。知易行难,从知到行的转化是法律职业伦理教育最基本且最困难的一环。可以说,当前法律职业伦理问题的关键在于能否做到"知行合一",这是择善

---

[21] [日]大木雅夫:《比较法》,范愉译,法律出版社1999年版,第263页。

[22] [英]丹宁勋爵:《法律的正当程序》,李克强等译,法律出版社1999年版,第12页。

还是与恶同流的问题,也是“真知”还是“伪知”的问题。心理学家认为形成良好的伦理道德行为习惯是培养伦理道德行为的关键。法科生需要从“做”中学,在“做”中不断磨炼学生坚毅的道德意志,推动伦理道德行为的产生,促使良好行为的反复出现。在持之以恒的践履与笃行中,对法科生良好的职业伦理行为进行反复训练,使其自我磨炼、自我提升与自我超越,将法律职业基本规则内化为个体人格特征,继而催生出良好的行为习惯,才能达到“从心所欲不逾矩”的“化境”,最终在“做”中达善于人和社会。

其二,学生能够积极投身于公益事业,应用法律知识与实务经验保护公众特别是弱势群体的利益。“一个出色的法律人不仅要具有正确的判断力与审慎的品德,更要具有公益精神并能服务于公益事业。”㉓随着学生对于社会问题的伦理思考并积极投入社会公益实践为弱势群体提供帮助时,他们会认识到职业伦理是在现实生活中可触可感的、真实的道德实践,需要最大限度地关切当事人的需要,而不仅是技术性规则。他们会领悟到法律职业的荣誉感、神圣感与正义感,感受到奉献精神的快乐。

三、法律职业伦理课程目标的实现路径

(一)坚持价值引领,细化法律职业伦理课程目标

高等学校以人才培养为核心,立身之本在于“立德树人”,高校当以“德”为先,知识的汲取及能力的养成次之。

首先,高校应顺应新时代德法兼修高素质法治人才培养的新要求,修订人才培养方案。有学者以我国首批卓越法律人才基地院校中的41所院校本科人才培养方案调研样本进行分析,研究结果表明,在培养目标方面,高校对法律职业伦理的目标认知有所欠缺,并未明确将法律职

㉓ [美]安索尼·T.克罗曼:《迷失的律师——法律职业理想的衰落》,田凤常译,法律出版社2010年版,第3页。

业伦理精神作为培养目标之一。㉔ 法律职业伦理是一门关乎法律人职业的学问,体现了法律职业的价值。法学教育中的"德"要求更高,高素质法治人才培养必须将法科学生公平正义的道德品格作为第一培养目标。㉕ 其次,高校法律职业伦理课程目标应侧重于"育人"即情感目标的实现。虽然布鲁姆认为只有达到三大领域目标的教学才是成功的,否则在一定程度上是一种失败,但是这并不意味着这些目标在每个课程中应同样对待。法律需要实践,其目的最终是要维护社会公平正义、全心全意为人民服务。根据法律职业伦理教育的特殊要求,课程教学时更应该注重呼唤学生的道德情感。最后,法律职业伦理课程教学目标表述应具体、可操作,应向学生提出明确具体的要求。

美国课程论专家舒伯特提出的课程目标富有启发性。他认为。课程目标主要有四种——普遍性、行为性、生成性以及表现性目标。㉖ 以澳大利亚国立大学法学院、新南威尔士大学法学院、昆士兰大学法学院课程目标为例,表现性目标以及行为性目标是课程目标表述的重要形式。㉗ 行为目标以具体、外显行为陈述课程目标,表示的是学生课程学习之后发生的变化,如"知悉法律实务的社会、政治和经济背景""形成对法律实务的现实和多样性的理解",但有时类似"理解"就是一类含义含糊的行为动词,可能会让课程实施者感觉难以把握。表现性目标是指每一个学生在具体教育情境中的个性化表现,特点是开放性、差异性及创造性。它追求的是学生反应的多样性,旨在培养学生的创造性,而不是事先规定的结果。例如,"该课程旨在模拟法律诊所教育形式,鼓励学生深入思考法律实践中可能出现的状况。"表现性目标不仅包括特定的学科知识内容,同时也指向学生学习后的具体行为。在课程实施的过程

㉔ 参见刘坤轮:《"学训一体"法律职业伦理教学模式的实践与创新》,载《政法论坛》2019 年第 2 期。

㉕ 参见陈云良:《新时代高素质法治人才法律职业伦理培养方案研究》,载《法制与社会发展》2018 年第 4 期。

㉖ See Schbert, W. H. Curriculum, Perspective, Paradigm, and Possibility, New York: Macmillan Publishing Company, 1986, p. 190 – 195.

㉗ 参见齐凯悦:《论澳大利亚法律职业伦理教育之发展与启示》,载杨宗科主编:《法学教育研究》第 28 卷,法律出版社 2020 年版。

中,表现性目标更加明确、具体、可操作性更强。这些关于课程目标的具体表述有助于我们对法律职业伦理课程内涵有更具体、清晰的把握。(见表 1)

表 1　澳大利亚部分法学院课程目标

课程名称	开设学校	课程目标
律师正义与伦理	澳大利亚国立大学法学院	(1)知悉法律实务的社会、政治和经济背景; (2)形成对法律实务的现实和多样性的理解; (3)批判性地评估诉诸司法的限制和为促进接近正义所采取的措施; (4)解释法律实践的道德维度和对职业行为的监管; (5)有效传达他们的阅读、研究和批判性分析的成果
律师,伦理和正义	新南威尔士大学法学院	(1)旨在帮助学生评估律师的行为、伦理实务的本质以及根据自己的身份、价值观和技能追求正义,要求学生考虑依照自己的价值观行事对其职业生涯的意义; (2)通过该课程,学生将开始增强他们参与道德法律实践所需的技能,如识别和解决道德问题;与同事或其他专业人士合作,建立和维护道德工作实践;认识和管理客户的多样化需求和利益;将职业责任与客户、工作场所、职业、司法系统和社会相连接
伦理与法律职业	昆士兰大学法学院	(1)该课程旨在提供一个动态和互动的论坛,让学生了解规范律师的法律和伦理因素如何影响法律实践; (2)该课程旨在模拟法律诊所教育形式,鼓励学生深入思考法律实践中可能出现的状况

(二)创新教学模式,构建"层层递进"的课程体系

在课程目标明晰的前提下,单门课程的设计是根据课程目标选择一个或多个学科的教学内容与教学活动,通过计划、组织、实施、评价与调整等环节,最终达到课程目标的工作过程。[28] 针对当前高校法律职业伦理教育效果不佳的困境,结合法律职业伦理教育在知识、技能、情感、行为方面的要求,法学院校在寻求更加有效的教学模式。

中国政法大学通过多元化的课程设计,形成了“理论教学、案例教学、法律诊所、法律实习”标准化、层层递进的课程教学体系,代表了我国法学院校对法律职业伦理课程教学的先进理念和模式,值得推广和借鉴。[29]

首先,在法学理论教学中贯穿职业伦理教育,将集中式教育与渗透式教育相结合。学生在部门法学习中不仅可以锻造自己的法律职业伦理能力,而且能够促进对专业知识的理解与获得。在渗透式的教育中,法律职业伦理教育容易被当作附属品,集中式实施教育的法律职业伦理课程不可或缺。

其次,在实践教学活动中贯穿职业伦理教育。伦理本质上指一种实践美德,无法通过简单的说教完成,更多的是靠内省与实践。[30] 英国学者 McPhail 的体谅模式也认为,只有将道德教育置于人际社会的开放环境,才能培养学生对他人目的、利益的敏感性以及丰富的人际意识、社会意识。[31] 因此,要加强实践性教学,引导学生参与各类实践活动,只有依靠不断的实践才能转化为稳定的行为习惯。要将法律职业伦理教育置于开放的环境中,只有学生对法律职业伦理感同身受,才能够帮助学生塑造职业伦理精神,培育良好的职业伦理素养。

最后,推动法律职业伦理教育融入法学专业实习教育教学的全过程。专业实习是法科学生从理论走向实践的关键环节。在专业实习过程中,学生接触的是真实案情与事例,需要解决的是切切实实的真问题。只有让学生直面并尝试解决伦理困境,才能将知识、技能与情感融会贯通,实现从价值内化到行为外化的教育目标。

---

[28] 参见刘献君:《论大学课程设计》,载《高等教育研究》2018 年第 3 期。

[29] 参见刘坤轮:《“学训一体”法律职业伦理教学模式的实践与创新》,载《政法论坛》2019 年第 2 期。

[30] 参见危文高:《法律职业伦理教育的主要问题与反思》,载王瀚主编:《法学教育研究》第 13 卷,法律出版社 2015 年版。

[31] 参见冯增俊:《道德教育的体谅模式述评》,载《教育研究与实验》1992 年第 2 期。

(三)以生为本,切实改进课程教学方法

法律职业伦理课程不同于其他法学课程,它还是一种美德教育。传统的法律职业伦理教学方法主要以教师讲授为主,对学生实施"填鸭式"教学。学生处于被动地位,缺乏参与的主动性和思考的积极性,课堂气氛沉闷,教学效果不理想。因此,实施法律职业伦理教育必须得法,避免教学活动成为纯粹伦理规范的灌输和说教。

首先,教师应树立"以生为本"的教育理念。"以生为本"意味着让学生成为课堂的主体,教学以学生学习活动为中心,一切教学活动都要从学生的发展出发,教师主要起引导的作用。在课堂中教师要适度放手,赋予学生相应的课程权力,给足学生自由发挥的空间。

其次,恰当的教学方法是保证良好教学效果的前提。教师需要从法律职业伦理教育的特质入手,采用更多样化、灵活化的教学方法。比如,案例教学法、角色扮演法、问题教学法、小组讨论法、影像展示、合作课程活动等。[32] 在案例教学中以经典、热点案例或者自身实践中的真实案例为素材,结合相关的伦理道德规范进行分析,根据道德评价、榜样示范等方法让学生对相关行为作出价值判断,最后使学生在表扬与批评中获得启发与感悟;角色扮演是教师根据教学内容设计情境,学生通过模拟活动能够对角色所处的情景感同身受,悟出道理;影视作品是一种极具感染力的艺术形式,通过影视评析的方式能够使学生对相关职业伦理规范产生直接、强烈的印象与感受;创设"问题"情景组织学生展开争论和辨析,使学生在激烈的争辩中逐渐清晰、识别和确认观点;此外,还有指导学生参与法律援助案件的办理、组织举办法律职业领域的道德楷模先进事迹报告会等多样化的教学方式方法。

最后,应充分利用多媒体教学设施进行授课,注重"互联网+"的作用。如MOOC等形式的在线课程一定程度上能充实课程教学,拓展课程资源。同时即时性通信工具还可以拓宽师生交流与沟通的渠道,增强师生的互动性,唤起学生的兴趣,进而提升学生的认知、分析及表达能力。

---

[32] 参见刘坤轮:《法律职业伦理教育必要性之比较研究——以美国、澳大利亚、加拿大和韩国为比较》,载《中国法学教育研究》2014年第4期。

总之，只有当学生成为真正的学习主体、感受体验的主体、亲历实践的主体、行动反思的主体，对法律职业伦理的理解才不会停留在表面上，才能真正保障法律职业伦理课程目标的实现。

加强法律职业伦理教育是培养德法兼修高素质法治人才的重要途径，“法律职业伦理”课程是实施法律职业伦理教育的基本载体，法律职业伦理课程目标是法律职业伦理教育的具体化，包含知识、技能、情感、行为四个层面。在该课程作为必修课的当今，高校应充分认识到法律职业伦理教育的特殊性，坚持“以德为先”的价值引领，在明确课程目标内涵具体要求的同时，注重呼唤学生的道德情感，侧重“育人”即情感目标的实现；创新法律职业伦理教学模式，将知识目标、技能目标、情感目标以及行为目标四者紧密结合，构建“层层递进”的课程体系，实现从知识认知到技能转化，从价值内化到行为外化的教育目标；树立“以生为本”的教育理念，采用多样化的教学方法，真正保障法律职业伦理课程目标的实现，真正收到实效。

On the Four-Dimensional Course Objectives and Their Realization in the Course of “Legal Professional Ethics”

Yan Yalin　Liu Bingke

Abstract: In the new round of legal education reform in China, legal professional ethics education is expected a fast development. As a real sense of the curriculum, the course of “legal professional ethics” has to face a primary issue in the course objectives in its curriculum development. In this situation, it is significantly important to establish the reasonable curriculum objectives for improving the effect and quality of curriculum implementation. Through the analysis and exploration of the existing relevant research results, this article finds that the objectives of "legal professional ethics" courses in many universities are facing the dilemma of over-generalized, abstract, and poor operability. Based on the reasonable implications of Bloom's taxonomy of educational objectives, combined with the particularities in the education of legal professional ethics, the authors interpret the "legal professional ethics" course objectives into a four-dimensional hierarchy of knowledge, skill, emotion, and behavior. By discussing the path to the realization of the course objectives, the authors hope to contribute to the promotion for the development and reform of the course.

Key Words: legal professional ethics, course objectives, target structure, implementation path

法律硕士应用型人才的培养路径研究

——以专业学位分方向培养为观察视角*

王　跃　林　曦**

摘　要：应用型人才是法律硕士培养的重要目标，二十余年的教育改革形成了“法律术语、知识、技术、方法、思维和伦理”的职业素养体系。围绕职业素养要求，法硕教育逐渐走出了“部门法实务”、“交叉型法律实务”、“方法型法律实务”和“工作指向型法律实务”四条路径。各路径的实践给法律硕士教育带来了新启示：应当树立全程性的教育观；建立综合性的素养意识；重新思考法律硕士教育的定位；构建层次化、渐进型的应用能力锻炼体系。

关键词：法律硕士　应用型人才　培养路径　职业素养

“应用型”作为专业学位人才培养的重要目标一

---

* 基金项目：本文系重庆市2020年研究生教育教学改革研究重点项目“新文科背景下法律硕士教学案例库建设长效机制研究”（编号：YJG202013）、重庆市研究生导师团队项目（证据调查创新人才培养）、重庆市研究生联合培养基地项目的阶段性成果。

** 王跃，西南政法大学教授，法学博士，西南政法大学法律硕士（证据调查实务）学科负责人，研究方向：法学教育、法庭科学；林曦，华东政法大学刑事法学院硕士研究生，研究方向：证据法学、高等教育学。

直贯穿着法律硕士教育全过程。1995年4月,国务院学位委员会通过《关于设置法律专业硕士学位的报告》,标志着法律硕士教育成为我国法学教育的重要组成部分。法律硕士学位的设置是为了解决1988年以来法学应用类硕士培养中存在的问题,①同时,也尝试着进一步回答“法学研究生教育如何更好地适应法律业务工作”的命题。二十余年来,国务院学位委员会、全国法律专业学位教育指导委员会等单位前后5次调整法律硕士研究生培养方案,在知识结构、能力结构、思维习惯等多个方面提出了“应用型人才”的培养要求。

法律硕士应用能力如何提升,应用型人才培养之路如何选择,各院校在二十余年的探索中逐渐达成了共识。特别是近几年来,专业硕士分方向培养已经成为许多高校的普遍做法。当然,法律硕士“分方向”并非按照既定方向的内容割裂式地培养研究生,而是兼顾“共性”与“个性”培养,在“宽口径、厚基础”的培养上突出院校优势、学科特色。不同的方向设置代表着不同的人才培养路径,这反映了各高校在“应用型人才”培养路径上有着自己的思考,多样化、差异化的方向设置为探索法律硕士应用型人才之路提供了典型的样本经验。

一、以职业素养为核心的法律硕士应用型人才培养要求

应用型人才是法律硕士教育的培养目标,而这种应用型导向的培养是通过建设研究生职业素养培养方案实现的。2006年,《法律硕士专业学位研究生指导性培养方案》(下文以“年份+《培养方案》”的形式作简称)的《修订说明》中明确指出,职业素养应当成为培养方案的参照标准。近年来,法学教育界也逐渐重视职业素养在法律硕士教育中的地位。

---

① 参见全国法律硕士专业学位教育指导委员会秘书处编:《中国法律硕士专业学位教育的探索与实践》,法律出版社2011年版,第10~11页。

（一）法律硕士职业素养体系的构成

经历二十余年的探索，法律硕士职业素养体系愈渐明晰和健全：

第一，法律硕士培养过程中逐渐形成了以法律术语、知识、技术和方法为核心的知识和能力结构。1996 年《培养方案》便提出“宽口径、复合型、外向型”的知识和能力结构；1999 年《培养方案》则通过具体的描述细化职业能力要求，例如，运用法律原理发现、分析和解决问题，进行法律推理以及主持诉讼程序等；2006 年《培养方案》系统性阐述了构成职业能力的多个方面，将“法律职业语言、知识、方法、技术等”纳入法律职业能力的评价范畴内。

第二，法律硕士教育注重职业思维的培养。早在 1999 年《培养方案》中便出现了“职业能力包括法律职业思维方式”的表述，由此可见《培养方案》特别强调法律硕士应当养成“像法律人一样思考”的习惯。法学教育界在探索中也逐渐认识到，法学教育的核心或许不在“法律知识传授”上，而应当将重点转移到“法律思维培养”上。②

第三，法律职业伦理成为法律硕士教育中的重要环节。“为谁培养人才”“培养什么样的人才”，这是法硕教育的必答题。法学教育界很早便意识到法律人才的培养需要传承共同的法律职业伦理。法律界也认为，这个维系共同体及成员社会地位和声誉的法律职业伦理是形成“法律家共同体”的内在标志之一。③ 1999 年《培养方案》首次把司法伦理学定为推荐选修课，并在方案中强调了职业道德和职业能力的具体要求；2006 年《培养方案》将相关课程更名为法律职业伦理；2009 年《培养方案》将法律职业规范与伦理作为必修类的实践教学环节；2017 年《培养方案》将该课程设定为必修，并提出要将思想引导和价值观塑造融入每一门课程的教学中。

（二）法律硕士职业素养构成要素的相互关系

现代职业素养可以划分为职业信念、职业知识技能与职业行为习惯

② 参见刘宇：《法学教学中的法律思维培养——以〈合同法〉和〈侵权责任法〉为例》，载《黑龙江高教研究》2020 年第 6 期。

③ 参见孙笑侠：《法律家的技能与伦理》，载《法学研究》2001 年第 4 期。

三类要素,[4]按照外界识别程度也可分为显性和隐性素养。表1是根据素养构成类别和显隐性对照关系将“法律人素质评价”和“培养方案素养要求”两套评价体系的具体内容进行整合的结果。需要说明的是,要素的划分与对照关系并非绝对,例如,隐性程度较高的职业伦理部分也会存在显性的内容。

各构成要素之间存在相互关系,割裂看待就会陷入机械认识的陷阱中去。在同一类别的素养之间存在一定的相互关系,以“知识与技能素养”类别为例:法律术语起着统合内容的形式作用和特定语意的概括作用,法律人之间的交流是通过概念化的术语将各种法律行为、关系、现象等内容关联起来,提高交流的效率和精确性。法律知识是法律世界中最基础的内容,当我们谈到法律方法与技术的运用时,必然要从法律知识中寻找原理依据;从动态发展的认识层面,我们通过一定的方法与技术也能获得新的知识。法律方法是指法律人如何运用法律来对事实作出价值判断的专门化方法,典型的例子就是“法律如何通过方法转变为判决”,[5]从这个角度而言,法律方法的选择具有个体性、主观性和抽象性的特点;而法律技术是适用法律时采取的具体手段与技艺,因此具有普遍性、相对客观、具体指向性的特点。[6] 其中关系耐人寻味,一方面,法律人选择某种法律方法,通过具体的技术、组织法律知识来完成法律活动;另一方面,在这种法律技术的运用中又会出现法律方法层面上的反思与检视。

在不同的素养类别之间也存在这种关系。首先,法律思维是以法律规范及其价值对具体问题进行思考、分析、判断的一种思维活动,[7]既包括了个体对知识、技能的实际掌握情况,也会受到来自个体对法律职业信念的影响。其次,如何组织知识、运用技能,在很大程度上是由当时个体所形成的职业思维以及来自职业信念的价值观、伦理规则、职业道德等因素决定的。例如,知识与技能并不提供必然的选择,因为不同的法

---

④ 参见吴吉明、王凤英主编:《现代职业素养》,北京理工大学出版社2018年版,第13~14页。

⑤ 陈金钊主编:《法律方法教程》,华中科技大学出版社2014年版,第8页。

⑥ 参见胡玉鸿:《法律技术的内涵及其范围》,载《现代法学》2006年第5期。

⑦ 参见范进学:《论中国特色法学思维体系的基本范式》,载《法学》2020年第1期。

律方法之间或许存在结果的矛盾,于是选择就需要个体法律思维与信念的介入,法律界也有“对法律方法的运用不是用手而是用心”的论述。⑧最后,法律信念对于个体而言可以分为多个层面,有的是法律职业共同体的伦理知识、价值规范、趋同思维等显性内容,而更多的则来自法律个体对于法律职业的倾向性态度等隐性内容。(见表1)

表1 法律人的素质评价与培养方案的素养要求

法律职业素养构成类别	培养方案要求	法律人的素质评价内容	程度
法律职业知识与技能	法律术语	法律术语熟练程度	显
	法律知识	法律知识掌握程度	
	法律技术	法律技术运用情况	
	法律方法	法律方法选择情况	
法律职业行为习惯	法律思维	法律行为习惯的内容	
		法律思维的特征	
法律职业信念	法律职业伦理	法律职业伦理的遵守性	
		法律职业价值观的正确性	
		法律职业心态的积极性	隐

二、法律硕士应用型人才培养的“四条路径”

因时制宜是法律硕士教育的重要特点。20余年来,我国法学教育局面发生了巨大变化:在数量上,从1996年开办法律硕士教育的8所院校,到2019年已有230余所单位具有相应的招生资格;从法学教育内容上,在传统法学学科之下不断细化三级、四级学科,在传统法学之外发展新的交叉学科、边缘学科等。法律硕士教育也随着法学教育局面的变化

⑧ 陈金钊主编:《法律方法教程》,华中科技大学出版社2014年版,第4页。

及时调整了发展思路,围绕法律硕士如何适应新形势下应用型人才素养的要求,各地院校在实践中逐渐摸索出了四条具有代表性的培养路径。

(一)部门法实务培养路径

"部门法实务"是传统法硕的主流培养路径,表2中绝大多数院校的培养方向均属此类。它的逻辑是:通过深化课程学习内容、细化课程学习项目,以长期学科浸淫来保证法律硕士在法律知识方面的深度与精细度、法律方法与技术上的熟练度以及法律思维上的成熟度。其具体路径的特点大致有:

第一,打通实体法与程序法之间的隔阂。方向名称也呈现总括性的表述,如"刑事法实务"。程序法和实体法在学科研究中会出现各自的价值倾向、技术重点和思维特征,但在面对鲜活的案件时,两者不可分割,因此在培养中突破这种学科隔阂有利于学生应用能力的提高。第二,院校根据自身法学研究的优势和特色开设细化课程。例如,华东政法大学在法律硕士(刑事法律实务)开设了金融证券犯罪、知识产权犯罪和新型经济犯罪等精尖化课程。第三,院校围绕特色方向开设"周边课程"。法律的适用一般需要在事实和法律之间进行发现、判断、识别等过程,不同情形所采取的法律知识、方法与思维截然不同。按此逻辑,西南政法大学为法律硕士(监察法实务)开设了党内法规、监察法、职务违法和职务犯罪等多门关联性强的课程。

(二)交叉型法律实务培养路径

"交叉型法律实务"是一种新型的培养路径。它的出现有着深刻的社会原因:一是特定的事物或社会现象在当前时期凸显出了较高的社会风险,产生了一定的社会矛盾,因此需要法学研究和教育给予足够的关注。二是当前社会不再满足于传统法律研究的路径,呼唤着新的知识、技术、方法与思维。在当前剧烈变革的中国社会环境中,交叉型法律实务人才的市场需求不断增加。

其培养路径主要有两种:一种是深入了解某一事物、社会现象的运行规律,通过法学或价值规范的一般原理作出妥当的法律回应。当然,前沿问题的研究必然将对固有法律知识及其体系产生冲击,甚至需要反思当前的法律制度，近年来热度日趋高涨的网络法、人工智能法就是如此。中国政法大学、西南政法大学敏锐地观察到了这一趋势，在法律硕士课程或方向设置中均予以重视。另一种路径则是通过引入其他学科的基本范式，对当前法律运行、发展以及法学研究提供必要的方法、技术等支持。清华大学的法律硕士（计算法学）是典型的代表，在研究中运用建模、模拟、神经网络等计算方法来分析法律关系，发现法律系统的运行规律，[⑨]从而达到科学立法、公正司法的目标。

（三）方法型法律实务培养路径

"方法型法律实务"是一种颇具技术色彩的培养路径。它的逻辑是通过提供一套相对程式化的法律方法，运用特定的技术，组织相关的法律知识，最终实现法律活动的目的，其中法律精神、法律思维贯彻着整个精细化的法律运作流程。

中国政法大学法律硕士（法庭科学）、西南政法大学法律硕士（证据调查）都是围绕"证据法"展开的探索，这背后有多重考量：一是法律实务中证据的核心地位越来越凸显。实务界素有"打官司就是打证据"的说法，这是因为事实认定是法律适用的前提，而事实认定的推断性链条是从证据出发的，遵循着"证据→推断性事实→要件事实→要件"的基本逻辑。[⑩] 二是证据法本身兼具实体法和程序法属性，一方面调控着控辩审三方权利与义务；另一方面也是对司法证明活动规律性的反映。[⑪]这些特征都符合法律硕士培养中的应用型素养要求，而且在法律硕士所学内容的"广博"与"精专"问题上找到了一个理想的平衡点。

（四）工作指向型法律实务培养路径

"法硕研究生对职业化培养的期待高"与"法律硕士教育职业导向不强"之间的矛盾十分突出。[⑫] 传统法律硕士的培养模式几乎就是按照

---

⑨ 参见张妮、蒲亦非：《计算法学：一门新兴学科交叉分支》，载《四川大学学报（自然科学版）》2019 年第 6 期。

⑩ 参见张保生主编：《证据法学》（第 3 版），中国政法大学出版社 2018 年版，第 16 页。

⑪ 参见张保生主编：《证据法学》（第 3 版），中国政法大学出版社 2018 年版，第 90 页。

⑫ 徐胜萍、田海鑫：《法律硕士（法学）培养的现状与思考——基于对北京 9 所高校问卷调查的分析》，载《学位与研究生教育》2014 年第 12 期。

法官、检察官等职业勾勒的,对当前社会需求较高的仲裁实务、企业法务、律师实务等领域关注不够。所以许多院校也开始摸索,形成了“工作指向型法律实务”的培养路径。

大致上,培养路径存在共通的趋势:第一,设置了有关具体职业内容的课程。抽象的法律人概念在课程设置时很难具有针对性,而现在把具体职业作为设置的方向,那么由具体事项组成的课程就变得具象起来。例如,西南政法大学在法律硕士(律师方向)就设置了法律顾问与律师制度、仲裁与公证律师实务、律师尽职调查实务和律师执业风险防范与规避实务等课程。第二,具体的职业思维出现复合型趋向。以企业法务为例,现代企业需要法务具备底线、预防、跨界、创新、协同等思维,要具备发现“法律雷区”、预防和化解纠纷、提供创新型法律方案等能力,⑬因此,在相关课程设置中就需要体现这些内容。(见表 2)

表 2　各院校法律硕士“方向”分类

单位:个

院校	类别	部门法实务	交叉型实务	方法型实务	工作指向实务
北京大学	法学	6	0	0	1
	非法学	15	2	0	0
清华大学	非法学	3	1	0	1
中国政法大学	法学	2	2	0	1
	非法学课程组	6	2	2	4
西南政法大学	法学	7	1	1	3
	非法学	7	1	1	3
华东政法大学	法学	3	2	0	0
	非法学	8	0	0	0

注:本表按照 2019 ~ 2020 年各院校法律硕士方向分类情况统计,不含中外合办、人才实验班等方向。各方向的分类标准主要按照各单位《培养方案》课程设置情况。

---

⑬　参见黄忠:《法商融合:法律硕士教育改革的新思路》,载《学位与研究生教育》2016 年第 2 期。

三、关于法律硕士培养"四条路径"的反思

在法律硕士培养中形成的四条路径,是我国法学教育界围绕应用型人才培养目标自觉探索的结果,在某种意义上,它摆脱了过去过度关注域外经验带来的思维桎梏。正是由于扎根本国教育实践,极力回应强烈的社会人才需求,才有了今天多元化的培养模式。但也应清醒地意识到,我们仍需反思当前实际教育中出现的棘手问题。

(一)关于部门法实务培养路径的检视

作为主流且成熟的培养模式,部门法实务培养路径面临着一个难题:如何妥善处理法律硕士(法学)和法律硕士(非法学)的差异?这个问题或多或少也困扰着其他路径的培养,是典型的共性问题。2009年国家恢复法律硕士(法学)招生后,相关讨论不绝于耳,主要围绕着法本法硕是否存在其他专业知识的结构缺陷、法律硕士教育会不会沦为低水平重复工作等问题。⑭ 根据各校的认识差异,采取的对策也不同:一是有些院校认为,法律硕士(法学)和法律硕士(非法学)并无侧重点上的差异,只需要让法律硕士(非法学)第一年补齐法学本科基础知识或者让法律硕士(法学)的学制相应减少。二是有些院校在招生之初就明确不招录法律硕士(法学)。三是有些院校在两类法律硕士培养的方向设置上采取了不同的思路,例如,北京大学给法律硕士(非法学)设置了17个方向,大部分参照了法学二级学科的设置,而给法律硕士(法学)只有7个选择,且多为精专型的方向;中国政法大学在法律硕士(法学)中并不安排任何目录内二级学科,而更多关注细化的研究方向和新型的法学领域。

(二)关于交叉型法律实务培养路径的反思

交叉型法律实务培养路径是极具挑战性的探索,主要面临几个难

---

⑭ 参见王健:《招生政策的调整与法律硕士教育面临的新挑战》,载张仁善主编:《南京大学法律评论》(2010年春季卷),北京大学出版社2010年版,第293~301页。

题:第一,能否完成学科交叉的任务最终全凭学生自觉。这是由于专门知识的复杂性而形成学科壁垒导致的,对具体事物或现象规律的把握以及对这些事物或现象的法律规制、适用问题很难纳入统一的、连续的思考中,容易出现“两张皮”的情况。这背后很大的原因是当前交叉学科的研究和发展还未进入足够的深度,各院校能够提供的内涵式发展的资源仍然十分有限。

第二,当法学专业外的课程涌入法律硕士培养中,难免带来知识、思维甚至专业伦理、价值观上的碰撞。以毒品犯罪为例,运用经济学分析,就会得出通过“毒品犯罪合法化”的对策来减少贩毒现象,而在社会学者眼中该对策只看到“理性经济人”的前提,忽视了犯罪的感性因素⑮。而对于我国法律人而言,即便该对策有效也不可能采纳并付诸实践,因为法律从根本上说是一种价值判断,毒品无论如何都不可能符合我国主流社会的价值取向。

(三)关于方法型法律实务培养路径的反省

方法型法律实务的培养路径是技术导向的,注重实际操作性,但或许正因如此,遇到的问题也比较尖锐:第一,如何妥善处理好技术、方法与法律基本原理之间的关系。合格的法律人不能只是机械化运用法律方法和技术的“法律工匠”,“懂原理、懂技术”才是法律人才培养的目标。以证据调查活动为例,在上千年的变迁中,它逐渐从神示证据制度、法定证据制度、自由证明制度发展过来,从法律方法和技术中逐渐抽象、归纳、演绎形成了现代法治的核心原理,这也是现代法治将两者紧密结合不可分割的表现。特别是在以技术为导向的法律硕士教育培养方面,如果不把法律基本原理提到一个恰当的位置,那么学生很难具备举一反三的能力,也无法树立基本的法律信念。

第二,如何在方法型实务培养中平衡好“总论课程”与“分论课程”的关系。以西南政法大学法律硕士(证据调查)为例,这部分主要存在两块难啃的“骨头”:一是由于方法论学科在国内起步晚,学科研究脉络

---

⑮ 参见刘婷:《社会学选择理论视角下的毒品犯罪研究》,载《中国人民公安大学学报(社会科学版)》2010年第1期。

并不清晰，导致在早期培养方案的课程设置中存在混乱，如法庭科学概论、科学证据基本原理和证据调查技术模拟训练等课程存在许多重复内容。二是证据调查涉及案件性质不同、所处诉讼阶段不同、证据种类不同、司法证明路径不同，那么课程设置又面临着如何体现其内在逻辑关系的难题。⑯

（四）关于工作指向型法律实务培养路径的省察

工作指向型法律实务是职业色彩浓厚的培养方式，在发展中问题也逐渐呈现出来：第一，如何平衡好学生的可能性和确定性的关系。过分地把具体职业作为方向培养的指挥棒，在一定程度上牺牲了学生再发展的可能性，因此需要我们进行反思何种能力、知识、技能是法硕教育应当提供的，哪些内容可以由就职教育提供，以及哪些内容是由每个职业个体在职业生涯发展过程中逐渐积累的，不能越俎代庖。第二，如何处理课程设置的逻辑性。在该方向的培养上，存在一种倾向：现实存在某种工作任务，法律硕士教育就需要开设相关课程。那么问题和麻烦随之而来：开设的课程之间是否有内在逻辑，在整体的课程体系中处于何种地位，该课程是否能够提供一般性的法律人知识或技能，该课程教学内容是否上升到了一定的理论高度，学生通过课程学习是否具备举一反三的能力等。

四、法律硕士"四条培养路径"带来的启示

四条路径是我国法律硕士教育近年来的思考成果，虽然还存在各式各样的问题，但是新路径、新理念、新思路给法学教育带来了许多启示：

（一）树立全程性的法律硕士教育观

全程性的教育观由三方面组成：首先，正确对待法律硕士在本科习

⑯ 参见王跃等：《法律硕士证据调查能力培养改革研究与实践》，载重庆市学位与研究生教育学会主编：《以知促行：新时代研究生教育再思考》，西南师范大学出版社 2019 年版，第 190～199 页。

得的知识和能力。有些培养单位把非法学本科毕业生的专业知识和技能当成法硕教育的“负担”，这是短视的，应该看到这些差异化的知识和能力结构将成为研究生的巨大财富。妥善处理法硕教育与本科所学知识，包括：一是在法硕招生制度（或分流培养制度）上，对于一些专门性知识密集、学科壁垒过高的法硕方向，可以提出专业背景的要求。例如，清华大学法律硕士（计算法学）通过“推免夏令营”“统招后再分流”两个渠道进行招生，其生源标准就包括了“理工类”或“信息技术类”学历背景等考虑因素。二是在法硕的培养过程中，导师可以根据研究生本科所学知识，引导研究生对学科研究对象或者研究方法进行分析，按照该领域法学研究的任务进行取舍，进一步制订细化的人才培养方案和计划。对于非法学本科毕业生而言，其本科所接触的学科研究对象往往具有自身的逻辑，这种学科逻辑或学科思维很可能将给法学研究和教育带来新的视野、方法。

其次，妥善处理好课程内外的培养关系。2006年《〈培养方案〉修订说明》指出“课程结构是职业资质养成的前提”，但也要意识到，课程只能提供基础框架。研究生培养的目光还应投向课堂之外：一是在学分制度上可以保留一定的弹性学分，分配给相关的理论或实务讲座、各类模拟法庭竞赛、法律诊所教学等，弹性学分制度可以通过其灵活性特征增加研究生参与实践和实务的机会。二是在硕士研究生的学业评价中设立社会调查、社会实践等奖励性计分，调动研究生参与课外实践、实务的积极性。三是充分发挥导师指导制度的效益，导师指导工作没有严格的时间、地点限制，在形式上具有灵活性，在内容上具有多样性。例如，导师安排的实地调查、实务部门走访、典型案例收集和整理、法律业务办理等，导师在与研究生的互动交流中能及时掌握其知识和能力水平，进而针对性地提出培养意见。

最后，重视法硕教育与职业教育的衔接问题。法律职业的基本规律决定了法律人才的培养过程具有全程性的特点，法学专业的学历教育仅仅只是法律人才全过程的起点和开端,并非全部,更非终点。[17] 那么“如何处理好学历教育和职业教育之间的关系”就成了重要命题。一方面,法硕教育需要对照职业教育的要求,及时回应社会需要。对于培养单位而言,既需要做好实时性、动态性的职业素养偏好调查,也需要对法硕毕业生进行后续的就业现状评估,这些内容需要培养单位主动与实务部门、用人单位加强交流和沟通。另一方面,法硕培养也需要明确自身边界,应进行“学历教育”属性的判断。法律岗位所需的职业素养十分宽泛,而考虑到学历教育的短期性、素质养成的高效性要求,那些事无巨细的资料性知识、实践体悟性较高的内容以及涉及个人职业特质等领域就不宜过度引入法硕教育中。

(二)建立综合性的法律职业素养意识

法律职业素养是法律硕士教育的根本落脚点,综合性的素养意识要求我们做到:第一,在人才培养过程中应强调多层次的素养构成。其集中反映在教学活动中主要有:一是在传统知识类课程之外应增设“法律方法论”“证据运用与事实认定”等方法类课程,当然各个法硕方向可以按照各自领域的法规范所调整的社会关系的特点适当调整教学侧重点。二是重点建设“法律思维”“法律职业伦理”等价值类课程,在教学设计上应避免枯燥的宣讲,可以立体化地讲述法律思维和法律职业伦理的变迁历史、变化原因,也可以将法律思维和职业伦理的功能与法律制度的运行逻辑整合起来。三是课程考评应当根据教学进度逐渐实现由“知识接受程度”向“理论运用能力”的转变,其目的是发现研究生法学理论运用能力的薄弱之处,进而在后续的教学中展开针对性的专题训练。

第二,在法硕人才培养过程中应重视素养构成之间的相互关系。一方面,应妥善运用好素养之间相互影响的关系。很多时候,法律素养之间存在相互促进的关系,例如,具体的法律知识中暗含着某种法律方法的痕迹,法律程序中也体现了法律运行思维或法律职业伦理等,因此,无论是课堂教学还是导师指导都可善用这种相互作用关系。而有时,法律

[17] 参见霍宪丹:《法学教育重新定位的再思考》,载《法学》2005 年第 2 期。

职业素养之间也存有矛盾之处,例如,按照某一法律思维或方法推理得出的法律知识与现行法规范相左,这种矛盾的形成或许是因为法规范未实现统一,或许是因为社会科学技术和认识水平无法达到理论预期,又或许是由于其他原因造成的,此时应当检视两者各自的原因和逻辑。这种理论检视将有利于研究生发现研究的新问题、新对象,甚至发现法律改进的新潜力。另一方面,需要在方法论、价值论等层面进行谨慎反思。知识的拓展往往伴随着思维的变革与伦理的变迁,在某种程度上使法律面临"解构"的风险,因此,在吸纳其他学科的研究成果或者研究范式时,导师需要把好"学科范式关",应当明确该项法律研究的任务和目的,对研究结论应当根据与法学价值范式的差异情况进行综合判断,避免研究生滑向学科研究的前提错误、逻辑错误、任务不明的方向。

第三,加强显性素质的培养,引导好隐性素质的养成。按照"素质冰山"理论,学生的职业术语、知识、技术、方法等都属于显性素质,在整体职业素质中仅占1/8,[18]这部分素质容易通过学校教育取得,一直以来都是法硕教育中备受关注的内容。而剩下的大部分素质的养成则需要学生自我培育、自我锻炼,对此,学校应当起到有效的引导作用:一是按照科学标准训练法律职业思维,例如引导学生通过不同法律职业角色的扮演熟悉不同法律职业的思维方式,邀请法律实务部门的执业人员举办分享交流会等。二是在法律职业工作上提供积极的导向,例如,提供正确的法律职业信息、帮助学生建设良好的职业理想。三是将法律职业工作的研究与个人职业生涯规划结合起来,对标实务岗位要求,确定应用能力的专题化训练,实现职业新人基本素质的养成。

(三)重新定位法律硕士在法学教育中的地位

在过去一段时间内,法律硕士处于尴尬的地位:在有选择的情况下,许多考生优先选择法学硕士而非法律硕士;同样地,一些教师出于科研、教育连续性等考虑,相较于法律硕士更愿意招录法学硕士。而随着法律硕士教育四条培养路径的完善,法律硕士的优势便开始显现出来:第一,

---

[18] 参见吴吉明、王凤英主编:《现代职业素养》,北京理工大学出版社2018年版,第12页。

跨专业的学科知识结构带来法律研究的新思路。这在交叉型法律硕士培养中十分突出，在某些程度上甚至改变了过去“教师→学生”这种单向性的知识传递链条，进而发展为“教师—学生”双向型的知识交流模式。第二，实务型问题大量涌入法学研究的视野。《培养方案》反复强调法律硕士学位论文应当以法律实务中出现的问题为研究对象，这拉近了法律硕士与法律实践之间的距离，让许多鲜活的实务问题暴露在法学界面前。而自带应用属性的法学研究恰恰不能回避这些问题，这使“把论文写在中国大地上”成为可能。例如，有些实务问题具有着眼点小、影响力大的特点，通过法律基本原理的推理、思想实验的逻辑很难得出结论，唯有经过法律运行的实践检验才能发现问题症结所在。因此，有学者直言，随着法治进步，技术与细节问题将会越来越重要，方法的研究需要提前做好应对复杂法治的准备。⑲

（四）构建层次化、渐进型的应用能力锻炼路径体系

许多法律硕士逃避实习、实训和实践，主要的原因是法硕教育没有考虑在“学习”到“实践”之间设置必要的过渡节点。随着对综合性素养重视性的提高，法学教育界逐渐意识到教学实践形式应该在种类上多元化、使用上层次化、设计上渐进化：

第一，在课程内容的安排上应注重应用化趋向。一方面，在适当阶段，教学形式可以借鉴案例教学，根据教学内容的重点差异选择不同种类的案件，通过对案例进行法律剖析，向研究生展示法律思维过程，有助于法律硕士养成法律思辨和说理习惯；另一方面，可以增设实训类课程（或实训类教学任务），在教学内容上应消除实体法与程序法的间隔，该类实训课程往往需要采用“多师同堂”的组织形式，学生之间也可以采取“分组对抗”“演示＋讨论＋点评”等方式进行课堂学习和交流。

第二，做好课程之间的关联性设计。一是在课程任务的安排上需要实现主干核心课程之间的相互衔接，在教学内容上不能过度重复，造成时间、精力、资源的浪费，因此需要加强培养方案的制定者与任课教师的

---

⑲ 参见陈金钊主编：《法律方法教程》，华中科技大学出版社2014年版，第11页。

沟通,设计订单化、个性化的课程大纲;二是核心课程应当配套相应的拓展类和实训类课程,例如部门法实务方向的法硕教育常常在核心课程之外配套刑事、民事、行政疑难案件的法律适用等课程,方法型法律实务的法硕教育通常在相关的实训课程上增加、改变、调整具体案件的不同阶段、案件性质等来训练研究生的知识组织能力。

第三,丰富法律硕士实践性教学的形式。在传统知识传递型课堂教学和专业实习之间,应当设计过渡性质的教学方式,例如,模拟法庭教学除了训练法律知识的组织能力之外,还重点培养学生对诉讼业务的熟悉程度、控辩双方的策略,此外沉浸式的职业体验也容易促进学生形成职业观念和法律精神;法律诊所教学能够提供许多真实的案件,既考验学生对法律的熟悉程度、对法律文书写作的规范程度,同时也能在接待当事人的过程中了解"法律"之外的逻辑、价值和规范,这都将成为法律之外十分宝贵的本土化资源;案件模拟教学则将现场案件的发生通过虚拟仿真或三维动画等技术还原出来,让学生直接决定证据的收集、固定、提取和运用,进而认定案件事实、适用法律规范,它有效避免了传统法律课堂因抽象和概括案情导致的案件信息丢失、命题人价值涉入等问题,同时它又将案件的起点——证据材料交给学生自己决断,训练学生运用证据进行法律论证和说理的基本能力。当然,上述实践性教学的丰富形式各有侧重点,导师应当指引学生根据自身能力情况提出个体化的意见方案。

五、结语

客观来说,法律硕士培养的四条路径还存在着许多空间可以继续深入探寻。例如,以方法型法律实务而言,当前的培养路径还未对法律领域的重要方法给予必要的重视,例如,狭义上的法律方法学(包括法律发现、解释、推理、论证、修辞等内容)、法律逻辑学等。再如,各院校也可以考虑在一些新型的法学方向和精细化的法学学科中进行精耕细作,如当前社会人才紧缺的卫生法、教育法、娱乐法、传播法、体育法等领域。总而言之,种种法律硕士培养路径的形成,并不意味着法律硕士教育制度实现了最终的成功,打响“法律硕士”这个品牌还有很长一段路要走。只有用科学的方法研究法治、教育规律,法律硕士教育才能满足我国新时代法律人才的需求。

Research on the Cultivation Path of the Applied Juris Master Talent

— From the Perspective of Research Interest Division of Professional Degree in Cultivation

Wang Yue　Lin Xi

Abstract: The Cultivation of application-oriented talent are an important goal of the Juris Master education. More than two decades of educational reform have formed a professional quality system of “legal terminology, knowledge, technology, methods, thinking and ethics”. Focusing on the requirements of professional literacy, Juris Master education has gradually developed the four paths of “departmental practice”, “intersecting legal practice”, “methodological legal practice” and “work-oriented legal practice”. The practice of each path has brought new enlightenment to the Juris Master education. The implications include that a full-course education concept should be established; a comprehensive sense of literacy should be established. The positioning of Juris Master education should be reconsidered and a hierarchical and gradual application ability cultivation system should be built.

Key Words: juris master, application-oriented talent, cultivation path, professional quality

以“联合—竞赛”式指导模式培养法科研究生的探索*

黄茂钦　江　帆　甘　强**

摘　要:在全面推进依法治国和实施卓越法治人才计划背景下,相关部门对法科研究生的培养指导需要围绕这一目标进行,尤其是针对导师如何指导和学生如何学习的问题展开。实践中,可在执行既定人才培养方案、推进日常教学运行、坚持导师个性化指导的基础上,通过导师之间“联合”打造法科研究生学术研讨平台、引导学生之间“竞赛”式学习的途径,来构建“联合—竞赛”式的研究生指导模式,以此促进导师指导能力的提升和法科研究生全面发展的实现。

关键词:卓越法治人才　研究生　联合　竞赛模式

目前,各校在全面推进依法治国和实施卓越法

* 基金项目:2019 年度西南政法大学校级高等教育教学改革研究一般项目“西南政法大学本硕博贯通式人才培养模式构建方案”(编号:2019C06)的研究成果。

** 黄茂钦,西南政法大学经济法学院教授、博士生导师,研究方向:经济法学;江帆,西南政法大学经济法学院教授、博士生导师,研究方向:经济法学;甘强,西南政法大学经济法学院副教授,研究方向:经济法学。

治人才计划背景下，在法科研究生培养方面形成了各具特色的培养方式。① 具体以经济法专业硕士研究生或者法律硕士（经济法方向）研究生的培养来看，依照相应的人才培养方案实施课堂教学、实践教学以及施以导师指导的方式展开硕士研究生教育教学，乃是各校较为普遍的做法；与此同时，各校的学科专业特色、办学规模、教学资源以及师资团队的特点也会影响法科研究生的培养。② 进一步讲，探索各具特色的法科研究生指导模式，有助于丰富卓越法治人才的培养内涵。鉴于此，本文拟结合实践来呈现在长期探索中形成的“联合—竞赛”式研究生指导模式，以期能够从中总结出具有一定规律性的法科研究生培养理念和方法。

一、探索“联合—竞赛”式研究生指导模式概述

（一）“联合—竞赛”式研究生指导模式形成的基本情况

自2013年10月起，本模式的实践者依托所在西南政法大学经济法学院的经济法学科优势和学校优质教学资源，形成经济法专业研究生和法律硕士（经济法方向）研究生培养的导师团队，以培养卓越法治人才为导向，创新法科研究生指导模式，自主发起成立了“三门研讨会”，③并

① 在各具特色的培养实践中，一个值得注意的问题是，如何实现“法学教育体系整体优化”。针对这一问题，本模式在开展过程中实现了硕士研究生与博士研究生共同参与、学术型硕士研究生与专业型硕士研究生协同学习的运行机制。参见郜占川：《新时代卓越法治人才培养之道与术》，载《政法论坛》2019年第2期。

② 目前，各类高校均立足于自身特点进行法科研究生培养，由此契合了“推进高校分类评价，引导不同类型高校科学定位，办出特色和水平”的政策导向。参见《深化新时代教育评价改革总体方案》（2020年10月13日发布）。

③ “三门研讨会”在流程设计中引入了“赛制”，基本流程为：（1）三位导师协商好研讨的主题，交给总负责人，总负责人与三门的联系人沟通协调；（2）三门研究生自我组织讨论，并各自推选出本门的1名报告人和2名评论人；（3）研讨会由轮值所在门的研究生自己主持，由各小组报告人分别进行报告，评论人进行点评，其余参与人可以自由发言；（4）三位导师根据各研究生的表现给予评议，就研讨主题发表专业意见；（5）三位导师集体商议选拔出表现优异的3名研究生（报告人、评论人、自由发言人各1名）与三位导师共进午餐。在“赛制”安排下，研究生不止为个人荣誉而战，更为集体荣誉而战，每一门的研究生在现场的报告呈现均为各门集体研讨的成果。

以此为基础,拓展了人文通识(“草街读书会”)④和实务教学(“实践调研”)⑤相结合的教育教学内容,形成了独具特色的法科研究生指导模式(以下简称模式)⑥。自相关探索实施以来,本团队以探索培养“卓越法治人才”为目标,立足于社会主义法治国家建设和培养造就高素质法治人才的需求,逐步形成了“联合—竞赛”式法科研究生指导模式,藉此丰富卓越法治人才培养的内涵,形构卓越法治人才培养的路径。

实践中,本团队在既有的导师单独指导硕士研究生的基础之上,通过“导师联合—学生竞赛”而形成新的指导模式,⑦即一方面重视研究生的主体性因素,以研究生自主策划、设计和组织研讨内容,促进不同导师指导的研究生共同学习和探索为措施;另一方面在本“模式”的设计中嵌入“同门、师门”的双重竞争机制,激发研究生的建构性学习能力,形成对学科专业知识有掌握、对学科前沿主题有思考、对学科知识实践有了解、对人文通识有涉猎的卓越法治人才培养路径。

本“模式”实施八年来,累计深度参与的研究生近240名,其后在论文写作与发表、升学攻读博士、毕业后工作表现等诸方面取得了较好的成绩,在提高法科研究生培养质量方面取得了显著的成效,体现了道德性、专业性、通识性、实践性、开放性内涵在卓越法治人才培养上的意义。

到目前为止,以“联合—竞赛”式研究生指导模式来创新卓越法治

---

④ “草街读书会”由西南政法大学经济法学院江帆教授自筹经费于2016年创办,目的在于拓宽各级各专业学生的阅读视野,鼓励师生学术研究和实践调查,汇聚读书人,品读人文经典,培育法治理念,启迪人生智慧,涵养家国情怀。读书会自创办五年多以来,已开展讲座29期、调研2期、学术人生活动1期。

⑤ “实践调研”以导师们自主拟定的调研题目或者主持的课题为内容,赴农村基层、三峡库区、市场监督管理机关、税务机关等实地开展调研,从而对学生参与课题研究、锻炼实践能力等有所裨益。

⑥ 在该模式中,其“三门研讨会”侧重专业能力的培养,“草街读书会”侧重通识素养的培养,“实践调研”侧重实践应用能力培养,以此保证“法律人才厚实的理论基础和娴熟的应用能力”的养成。参见王利明:《我国法律专业学位研究生教育的发展与改革》,载《中国大学教学》2015年第1期。

⑦ 类似的探索也在其他学校的法科研究生培养中得到体现。参见魏汉涛:《法学研究生培养方式的革新——优势教学法与团队研习法的结合》,载《研究生教育研究》2014年第2期。

人才培养路径的做法初见成效，本模式的运行展现了法科研究生培养过程中一个具有定型化、差异化、特色化内涵的有效样本。

（二）探索“联合—竞赛”式研究生指导模式拟解决的教学问题

“联合—竞赛”式研究生指导模式的探索意在回应现实中存在的若干研究生培养方面的问题，并致力于通过一定的教学改革实践来解决这些问题。

其一，本模式的探索意在以“卓越法治人才”目标为导向，培养造就具有理想信念、职业道德、专业知识、人文素养、务实精神、广阔视野，具有立法思维、执法思维、司法思维和守法思维⑧的高素质法治人才。具言之，本模式的探索首先仍然以既定的本校人才培养方案对（经济法专业）学术型硕士研究生和（法律硕士）专业学位研究生的培养目标为指引，同时，将法治国家、法治政府、法治社会对法治人才的现实要求⑨纳入培养目标，使其在丰富对培养目标的阐释之后，形成融入团队自身细化的培养目标的卓越法治人才“理想类型”。

其二，本模式的探索也尝试解决法科研究生人才培养过程中亟待解决的提升导师培养能力、改进指导方法手段、提升学生学习能力、促进学生全面发展、建立质量保障体系、及时总结人才培养模式改革创新经验的问题。⑩ 针对长期以来实践中存在的上述诸多问题，本模式意在借助一套相对固定的、立体的、协同的、可评估的法科研究生培养模式，来丰富导师的培养理念、形塑导师的指导行为、促进学生的学习能力发展和

---

⑧ 有学者提出，作为不同于其他人才的一种类型，“法治人才”首先要有“法治思维”，除此以外，还应养成历史思维、辩证思维、系统思维和创新思维。参见张守文：《法治人才培养的目标与路径》，载《中国高校社会科学》2017 年第 4 期。

⑨ 徐显明教授认为：“习近平总书记在十九大报告中提出，人民对民主、法治、公平、正义、安全和环境都提出了新要求，这六个方面每一项都和法学、法治有关系。”由此可见，法科研究生培养应着眼于社会对法治人才的“新要求”来开展工作。参见徐显明：《新文科建设与卓越法治人才培养》，载微信公众号“法学学术前沿”2020 年 11 月 3 日，http://mp.weixin.qq.com/s/E2TQSp8nK2NWOC34vOaepg。

⑩ 本模式的探索实践得益于西南政法大学多年来实施研究生教育综合改革与实践的现实基础。参见李燕：《西南政法大学“1357”研究生教育综合改革与实践》，载王瀚主编：《法学教育研究》第 20 卷，法律出版社 2018 年版。

综合素质提升,并在进行可把握的人才培养质量评估基础上,形成相应的培养经验做法。

其三,本模式的探索还着眼于解决从培养目标、师资队伍、教学资源、培养过程、学生发展、质量保障等方面促进法科研究生的定型化、差异化、特色化内涵发展的问题。以笔者所在的政法高校为例,⑪本校具有法科研究生人数多、教学工作量大、专业方向划分细等特点,因此,面对这样的人才培养现状,如何解决法科研究生培养的内涵式发展和"提质增效"问题,是研究生导师需要回应的现实问题。实践中,本模式的导师团队一方面遵照不同类型法科研究生的人才培养方案⑫执行教学计划;另一方面也尝试在日常的指导过程中打通学术型硕士研究生和专业学位研究生的培育界分,凸显人才培养的定型化、差异化、特色化内涵。⑬

二、以"联合—竞赛"式研究生指导模式培养卓越法治人才的基本内容

本模式以"联合—竞赛"式的研究生指导过程为切入点,以卓越法治人才的教育培养为导向,形成了以下解决教学问题的一体化的基本内容。

---

⑪ 结合政法高校办学规律、充分发挥其法治人才培养的独特作用是新形势下实现法治人才培养创新需要注意的问题。参见付子堂:《探索政法高校法治人才培养新机制》,载《中国高校社会科学》2017年第4期。

⑫ 以西南政法大学为例,该校针对经济法专业学术型研究生(法学硕士)制定和实施专门的培养方案,针对法律硕士(法学)、法律硕士(非法学)专业学位研究生分别制定和实施企业法实务方向、财税金融法实务方向等特色方向培养方案。

⑬ 无论是对作为培养目标的"卓越法治人才""高素质法治人才"等理想类型法治人才的描述,还是对作为培养内涵的法科研究生定型化、差异化、特色化培养的描述,都是以"德法兼修"作为首要遵循。参见黄进:《新时代高素质法治人才培养的路径》,载《中国大学教学》2019年第6期。

(一)确立以“卓越法治人才”培养目标为导向的教育理念

随着全面依法治国进程的推进,法科研究生培养所遵循的政策导向也实现了逐步升级,由此可见,培养目标的深化和细化给法科研究生培养的实践提供了新的指引。具体而言,由《教育部　中央政法委员会关于实施卓越法律人才教育培养计划的若干意见》教高〔2011〕10号所描述的“培养造就一批信念执著、品德优良、知识丰富、本领过硬的高素质法律人才”,到《教育部　中央政法委关于坚持德法兼修实施卓越法治人才教育培养计划2.0的意见》教高〔2018〕6号所描述的“培养造就一大批宪法法律的信仰者、公平正义的捍卫者、法治建设的实践者、法治进程的推动者、法治文明的传承者,为全面依法治国奠定坚实基础”,卓越法治人才培养目标深化的实际内在地要求“紧密结合新时代高素质法治人才成长需要、紧扣应用型复合型创新型法治人才培养”。⑭ 在此背景下,为满足这样的现实需求,有待就法科研究生的培养,从培养目标、培养规格、课程体系、教学规范、教师队伍、教学条件、教学效果、质量保障体系等内容给予必要的回应。⑮

具体到本模式的实施,一方面,本团队导师根据学校适时修订的法科研究生人才培养方案和培养管理办法,开展作为“规定动作”的思想教育指导、学业指导、实习实践指导、学位论文写作指导以及就业指导等教育教学工作;另一方面,则是在参照学校落实“卓法计划”⑯的基础上,持续推进“联合—竞赛”式研究生指导模式这一“自选动作”的运行。由此,尝试以独具特色的培养模式来丰富具有西政特色的法科研究生教育教学内涵。

(二)以“联合—竞赛”式指导模式凸显法科研究生培养的六大特性

本项改革探索注重以“导师联合—学生竞赛”式的法科研究生指导

---

⑭　参见《教育部　中央政法委关于坚持德法兼修实施卓越法治人才教育培养计划2.0的意见》(教高〔2018〕6号)。

⑮　参见李树忠:《坚持改革调整创新立中国法学教育、德法兼修明法笃行塑世界法治文明》,载《中国大学教学》2018年第4期。

⑯　参见张春铭:《为新时代培养卓越法治人才——访西南政法大学党委书记樊伟》,载中国教育新闻网,http://www.jyb.cn/rmtzcg/xwy/wzxw/201905/t20190520_235178.html。

模式解决法科研究生人才培养过程中所存在的定型化、差异化、特色化发展不足的问题,进而凸显法科研究生培养的六大特性。

其中,该模式在执行中体现了法科研究生培养中包含的“六大特性”,具体有:(1)联合性,即多位导师联合,形成导师资源共享、指导风格互补、知识覆盖面全的稳定平台。(2)竞争性,即在本模式中引入“同门之间、师门之间”的双重竞争机制,以个人荣誉感和集体荣誉感激励研究生在学习研究中深耕细作,使学生的学习能力、表达能力、协作能力、动手能力在研讨会实施过程中得以充分展现。(3)开放性,即在稳定的三门联合基础上,再与校内和校外其他导师联合,形成师资资源和信息资源的开放结构,使学生在开放式的学术研讨过程中体会到学术研究的多样性和丰富性。(4)通识性,即通过举办定制的以文史哲为主题内容的“草街读书会”和经典研读会,拓展法科研究生的人文知识与人文素养,实现知识储备的扩展和创新思维的培养。(5)实践性,即从实地调研或参与课题等实践中发现问题,在理论讨论中总结问题、拓展问题,并运用于实践,使学生分析解决问题的能力得以养成。(6)引导性,即在研究生科研项目申报、毕业论文选题、择业就业、人生观价值观塑造等诸方面进行引导,使学生能够将参与本模式活动的收获迁移到其自身的能力养成和职业发展之中。

通过以上“六大特性”的彰显,该模式实现了“三个结合”:其一,法学专业理论研讨与法律职业实践体验相结合,藉此融通理论学习与实践体悟。其二,法学专业教育与人文通识教育相结合,藉此丰富专业素养与通识素养。其三,导师单独直接指导与导师联合开放指导相结合,藉此整合独立指导与协同指导。

(三)以“模式”实施中的“3+X”指导方法探索法科研究生培养路径

本项改革探索一方面坚持“联合—竞赛”式指导模式的基本框架,确保其定型化;另一方面也形成了三个维度的“3+X”系统指导方法。(参见图1:“联合—竞赛”式研究生指导模式概览)

其中,三个维度的“3+X”系统指导方法主要包括以下内容:

第一,指导主体维度的“3 + X”,即形成了以三位导师为基础,适时邀请校内或校外其他导师加入“三门研讨会”。“草街读书会”,给予现场或非现场指导的开放结构。这一方面体现了系统指导方法的稳定性,有助于形成人才培养模式中的固有风格;另一方面也融入了指导方法的开放性,便于学生在获得稳定指导的同时,经由多师指点,从而开阔眼界、提升素养、增强能力。

第二,指导措施维度的“3 + X”,即以“三门研讨会”“草街读书会”“实践调研”为指导的基础,辅之以“法规文本研读会”“经典阅读讨论会”“论文写作交流会”等形式的研究生指导方式。此指导方法确立的初衷是由固定的导师共同打造某一个各门学生能够共同参与的平台,体现一种人才培养的稳定模式;与此同时也要看到,学生仅仅从数量有限的共同打造的学术活动中获益不足以满足学生学习积累的需要。因此,本模式在运行的同时,仍然保证了各自导师开展各自组织的独立的形式多样的学习活动。由此可见,体现出指导措施维度的同一性与多样性的统一。(见图 1)

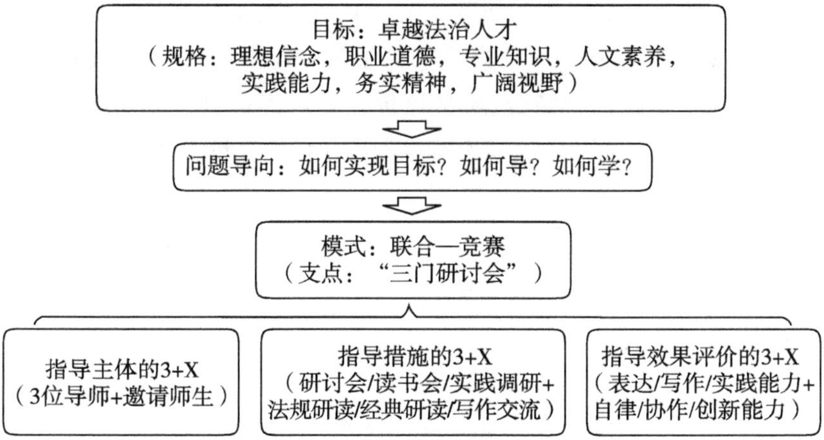

图 1 “联合—竞赛”式研究生指导模式概览

第三,指导效果评价维度的“3 + X”,即形成以研究生的论文写作能力、口头表达能力、实践观察能力为基础,辅之以研究生的自我管理能力、团队协作能力、学术创新能力为拓展的指导效果评价指引。就此而言,其注重的是在本模式运行过程中,着眼于实现什么样的人才培养目标,或者说致力于提升学生哪些方面的能力,并且,在诸多能力的养成过程中,如何在立足于全方位能力培养的基础上,评价本模式运行的效果,从而便于设计和改进相应的研究生学术活动内容与学术活动流程。

(四)以质量保障为导向规范“联合—竞赛”式研究生指导模式的运行

质量保障是教学运行过程或教学改革过程需要考虑的重要问题之一,就此而言,本项改革探索注重构建“三门研讨会”运行机制、“草街读书会”参与机制、“实践调研”开展机制,以及在此基础上的研究生评价机制、学风建设机制、质量自评机制等组成的质量保障体系,以此为研究生培养质量提供制度保障。

具体来看,“三门研讨会”的运行机制重在从选题确定到会议筹备再到流程开展的连续性和稳定性,“草街读书会”的参与机制重在引导学生通过融入经典人文素材和激励学生参与讲座研习来丰富自身的积累储备,“实践调研”的开展机制重在通过问题意识切入、进而在导师组织下以分工协作和集体攻关的方式完成具体课题的研究任务。在此基础上,本模式在运行中注重研究生的德法兼修评价标准、学风建设中的统一要求与个体施教相结合、质量评价上的对标指引与自评激励相协调。由此,搭建起内在统一、动态持续的人才培养质量保障体系。

三、“联合—竞赛”式研究生指导模式在卓越法治人才培养中的具体应用

(一)“联合—竞赛”式研究生指导模式的探索应用概况

经过六年多、近 200 名经济法专业研究生和法律硕士研究生的实践和探索,该模式获得了较好的应用,其具体情况如下。

其一,以持续应用为基础,探索形成具有一定特色的法科研究生培养模式。其中,“三门研讨会”从 2013 年 12 月举办第 1 期至今,共计已

完成 14 期研讨，研讨的主题一般为经济法学科前沿理论问题或经济法实践重要现实问题，如 2013 年的主题为“王老吉与加多宝：广告语之争”、2016 年的主题为“《反不正当竞争法》的修改”、2019 年的主题为“数字治理的经济法应对”，等等。“草街读书会”创办 3 年多以来，已开展讲座 29 期、调研 2 期、学术人生活动 1 期，相关题目包括第 4 期的“卢梭论立法者”讲座、第 16 期的“法的现代性的呈现：法律关系形式理论百年回眸（1918—2018）”讲座、第 23 期的“拉丁语与西方语言和文化”讲座等内容。“实地调研”包括“开县农地政策实施调研”“万州农地流转纠纷法律问题调研”“赴重庆市发改委政府投资问题调研”等。由此可见，形成较为稳定持续的培养模式。

其二，邀请专家、同行参与本模式运行的体验指导，借助网络媒介交流分享研习成果。其中，“三门研讨会”在举办过程中，先后邀请了校内李昌麒老师参与“以房养老法律问题”主题的研讨，盛学军老师带领研究生参与“金融消费者法律保护”主题的研讨，金励老师、陈司谨老师带领研究生参与“数字治理的经济法应对”主题的研讨；校外先后邀请了深圳大学应飞虎老师、河北大学孟庆瑜老师、上海财经大学单飞跃老师带领研究生参与具体主题的研讨。“草街读书会”在举办过程中，通过微信途径发布讲座主题和分享讲座文字记录，“《史记》中的孔子形象”“叙拉古与希腊命运：柏拉图《书信》解读”等讲座内容受到较为广泛的关注。

其三，通过对本团队导师各自的在校研究生和毕业研究生进行适时访谈或样本追踪调查，自评和优化本模式的运行。具体来说，团队导师在本模式运行的基础上，适时了解在校学生对本模式开展活动的信息反馈，就相关学术活动的开展进行及时改进。同时，分别就各自已毕业的学生进行样本追踪调查，了解其整体学业成绩、就业基本信息、职业发展现状、主要工作业绩、参与本模式活动的体验等信息，进而在汇总相关信息的基础上，发现本模式运行过程中形成的具有共性的人才培养规律，以及各自导师在本模式运行中形成的特色化培养经验，从而助于本模式运行的完善和导师们优化自身的研究生指导举措。

(二)"联合—竞赛"式研究生指导模式的探索应用效果

本模式在培养法科研究生的探索应用方面取得了良好的效果,主要表现在以下几个方面:

其一,实现了法科研究生人才培养过程的丰富和优化。本模式在法科研究生人才培养过程中,通过坚持"联合—竞赛"式指导模式这一基本框架,辅之以三个维度的"3 + X"系统指导方法,建构起面向研究生的一系列研讨式、调研式、协作式的学术活动,由此可见,丰富了法科研究生的人才培养内容,提升了法科研究生的人才培养内涵。

其二,促进了研究生导师指导机制的探索创新。本模式在运行常规性的法科研究生导师指导机制基础上,引入了"导师联合"与"学生竞赛"相结合的指导理念,由此尽可能充分地发挥导师在人才培养中的作用,同时,尽可能充分地调动学生自主学习的积极性。在此基础上,本模式的运行形成了学生参与度广、参与方式丰富、富有成效的指导状态,促进了研究生导师指导机制的探索创新。

其三,推动了法学研究生的全面发展。通过实施上述模式,法学研究生的自我管理能力、自主学习能力、专业思维方式、人文科学素养、科研创新精神得以培养,研究生掌握知识的深度和广度均有深化,收获了若干重要的荣誉奖项,也为其职业规划奠定了重要基础。例如,通过考察参与本模式运行的研究生的成长轨迹可以看到,研究生毕业后的成长路径可以是步入对专业性要求极高的法律职业岗位,也可以是从事实体经济部门的法律服务岗位,或者是继续攻读博士学位。[17] 而无论从事哪一个领域的工作,均产生了诸多业绩突出的毕业生代表。

其四,本项改革探索的推广应用得到业内和社会好评。业内专家李昌麒老师认为,本项改革探索拓展了人文通识和法律实践的教育内容,在法科研究生教育教学方式上的创新将助力高素质法治人才的培养。

---

⑰ 新时代卓越法治人才的培养面向应当是覆盖整个法治体系,由此适应全面推进依法治国工作布局和法治国家、法治政府、法治社会一体建设的需要。在此意义上,法科研究生毕业后的职业发展方向就会是既涉及传统的公安司法机关、律师公证等行业,也覆盖管理、法学教育、党政机关等不直接从事法律职业的领域,从而适应社会对法治人才的多元需求。参见邰占川:《新时代卓越法治人才培养之道与术》,载《政法论坛》2019 年第 2 期。

应飞虎老师认为,本模式充分激励了研究生的自主性、协作性和创造性,促进了研究生指导机制的创新,推动了培养过程的优化和学生的全面发展。2018 年 9 月 10 日,《重庆日报》在第 001 版就本模式的“学习制度”作为“全国高校黄大年式教师团队”西南政法大学经济法教师团队的一项特色制度进行了报道,指出学生从这一集体研讨、精心设计的学习制度中获益良多。

四、“联合—竞赛”式研究生指导模式的创新性和应用前景

(一)“联合—竞赛”式研究生指导模式在探索中形成的创新性

本模式在探索中形成的创新性反映出法科研究生培养教育可以在结合既有办学条件、遵循通用指导方式的基础上开展丰富多样的尝试,这有助于为研究生培养寻求教育教学可持续发展的新的增长点。具体来讲,其创新性体现在以下几点:

其一,人才培养理念的创新。本项改革探索的形成得益于确立以“联合—竞赛”模式为基础、以卓越法治人才培养为导向的教育教学理念。该理念通过落实到培养目标预设、师资团队搭建、教学资源整合、活动规则设置、学生发展引导等具体工作中,充分激励研究生的自主性、协调性和创造性,以此围绕卓越法治人才培养目标形塑培养对象。

其二,人才培养方式和措施的创新。本项改革探索通过创新研究生指导模式的运行,从总体上突破了既有的研究生导师单独指导研究生的方式,实践了“联合—竞赛”式研究生指导模式,引入富有特色的“赛制”和奖励规则,并实施了三个维度的“3 + X”系统指导方法。同时,本“模式”的运行在师资资源提升、开放视野、质量保障等方面的相关措施也具有丰富的、创新性的内涵。

其三,人才培养质量评价标准的创新。本项改革探索在具体“模式”的运行中,不仅得益于常规性的质量保障体系的保障,也得益于借助专门的、差异化的、特色化的、内涵式的自我质量“评估”和质量“认证”。

换言之,导师团队进行此类"评估"与"认证"实际上是对前期指导效果的自查和检视,[18]具体是注重将培养过程的素材、数据与研究生毕业之后的就业状态信息相联通,进而评估前期模式运行的绩效。这就实现了对研究生培养质量的自我评价,同时,以其客观性、普适性的内涵充实了法科研究生培养的质量评价标准。

(二)"联合—竞赛"式研究生指导模式预期的探索应用前景

本模式是本团队教师在法科研究生人才培养过程中经过长期探索和实践而形成的教育教学改革举措。该人才培养模式的教育理念、培养目标、指导方式、质量保障机制生发于卓越法治人才的需求导向,形成于定型化、差异化、特色化的培养过程,收获于职业发展的积极评价,其应用情况反映该模式具有明显的创新性和实用性。进一步讲,本模式在培养目标、师资队伍、教学资源、培养过程、学生发展、质量保障等方面,实施综合性、系统性的教育教学改革,创新卓越法治人才培养机制,具有教学模式明晰、运行过程规范、投入资源适度、所得效益显著等特点,是提升法科研究生人才培养质量的一个有效措施。

与此同时,还应该看到,本模式的应用前景还取决于法律教育工作者对此项改革探索的持续推进,取决于对此项改革探索的不断改进。事实上,通过回顾和总结本模式的实践,可以发现其仍然存在较大的完善空间,比如,在坚持本模式的过程中完善其定型化标准方面,在面对社会多元化需求和学生个性化需求基础上明晰培养目标的精细化方面,在协调导师团队的稳定性与更广泛的专职教师与实务导师协同指导方面,在校内外各类优质教学资源的充分整合利用方面,在指导方式的整体优化设计方面,在学生德法兼修全面发展及其就业质量的促进方面,在质量保障体系的优化方面等,均有值得探索和改进的空间。对于这些问题的回应有助于本模式的提质增效。

---

⑱ 这种自查和检视可以是依照一定的参照标准,比如,"多维度能力"养成的观测点就可以作为其中的一个依据内容,具体从专业思维能力、知识应用能力、问题分析能力、人文体验能力、角色适应能力等方面进行评估。参见林仕尧:《法学硕士研究生实践能力培养的内涵与路径探究》,载《学位与研究生教育》2015年第7期。

An Exploration on Cultivating Law Major Postgraduates under the Guidance of the “Union and Competition” Mode

Huang Maoqin Jiang Fan Gan Qiang

Abstract: Under the background of comprehensively promoting the rule of law and implementing plan of cultivating outstanding rule-of-law talent, the education of law major postgraduates should be based on the realization of the objective, especially focusing on the teachers'teaching and the students'learning. In practice, on the basis of implementing the established talent cultivation program, advancing the daily teaching operation, and sticking to the personalized guidance of the tutors, through the “union” between the supervisors to create the academic platform for students and the “competition” among students themselves to proactively acquire their knowledge. With the building of the “Union and Competition” Mode, the all-round development of the supervisors' instruction ability and the students'learning abilities can be fully achieved.

Key Words: outstanding rule-of-law talent, postgraduate, union, competition, mode

管理经纬

我国高等教育公平研究范式的发展、演进与展望

张　斌　李翔宇*

摘　要:20 世纪 90 年代末以来,高等教育公平问题受到学界和全社会的广泛关注。在此过程中,我国高等教育公平研究范式也历经转化与发展。通过对 CNKI 中关于高等教育公平研究的 CSSCI 论文进行考察,发现我国高等教育公平研究经历了三个发展阶段:一是以思辨研究和少数量化研究为开端的探索发展阶段(1995 年至 2002 年)。二是以思辨研究为主、量化研究逐渐增多的快速发展阶段(2003 年至 2009 年)。三是量化研究占据主导、思辨研究稳步发展、质性研究逐渐兴起的深入发展阶段(2010 年至今)。我国高等教育公平研究范式的演进逻辑表现为:研究方法从主要是思辨研究转向以量化研究为主,而质性研究方兴未艾;研究主题由关注宏观到宏微观并举,从以起点、结果为重心到起点、过程与结果三者兼顾;理论视角丰富多样且社会科学化趋势和社会学化特征愈加明显,理论运用所占比例逐渐增加。展望未来,我国高等教育公平研究范式

* 张斌,陕西师范大学教育学院副教授,研究方向:高等教育社会学、学术职业与学术体制;李翔宇,陕西师范大学教育学院硕士研究生,研究方向:高等教育原理与教育政策。

应从以下方面改进加强:创新研究方法,促进方法论范式转换;增强问题意识,遵循知识逻辑与社会逻辑开发拓展高等教育公平研究议题;丰富理论视角,整合理论要素,生成本土性理论解释框架。

关键词:高等教育公平　研究范式　方法范式　理论视角

教育公平既是衡量社会公平的重要指标,又是促进社会公平的重要途径。习近平总书记在北京市八一学校考察讲话时强调,教育决定着人类的今天和未来,教育公平是社会公平的重要基础,只有努力把教育越办越好,不断促进教育发展成果更多更公平惠及全体人民,才能以教育公平促进社会公平正义。[①] 自1999年高校扩招以来,我国高等教育的规模迅速扩大,高等教育入学机会持续增多,在实现高等教育大众化近20年后,目前高等教育即将迈入普及化时代。然而,高等教育毛入学率的提高并未降低高等教育机会在数量和质量上的不平等,[②]高等教育公平问题日益凸显。当前,在"双一流"建设的政策驱动下,我国高等教育由规模扩张的外延式发展正在转向注重公平与质量的内涵式发展,致力于发展更加公平且有质量的教育。

在高等教育急速发展的过程中,我国众多学者对高等教育公平问题进行了大量的研究,促进了我国高等教育公平理论的发展,为现实问题的解决提供了重要的智力支持。本文试图从方法论的视角回顾我国高等教育公平研究范式的发展历程,总结高等教育公平研究的方法、主题与理论视角及其演变特征,反思研究"瓶颈",以期为高等教育公平研究范式转化与发展寻找方向。

---

① 参见霍小光、张晓松:《习近平在北京市八一学校考察时强调:全面贯彻落实党的教育方针,努力把我国基础教育越办越好》,载《人民教育》2016年第18期。

② 参见李春玲:《高等教育扩张与教育机会不平等——高校扩招的平等化效应考查》,载《社会学研究》2010年第3期。

一、数据来源与分析框架

(一)数据来源

本文以中国学术期刊网络出版总库 CNKI 为检索工具获得所需文献。在高级检索设置中以篇名为“高等教育”“高校”“大学”“大学生”“研究生”与“公平”“平等”“公正”“均等”“差异”等核心概念分别进行组合进行检索,限定为 CSSCI 来源期刊,发表时间截至 2018 年,检索时间为 2019 年 6 月 1 日。经过筛选后,共检索到 1995 年以来发表的 481 篇文献。

(二)分析框架

本文主要依据方法论范式对我国高等教育公平研究的学术论文进行分类,分析我国高等教育公平研究范式发展与演进历程。“范式”概念最早由美国学者托马斯·库恩提出。库恩认为,范式是指被学术共同体奉为标准的一系列普遍性规则、方法、概念及理论。③ 与自然科学中范式的不可通约性相比,教育与社会科学中的研究范式多种多样,学者们对其也有不同的认识、理解与运用。在研究方法论范式的层面长期存在“量化与质性”“思辨与实证”的争论。④ 但总体而言,学者们倾向于认为教育与社会科学研究主要包含思辨研究、量化研究与质性研究等三种方法论范式,分别对应着不同的研究主题、研究方法与理论视角。本文亦采取这一分类作为分析框架。其中,思辨研究主要是针对概念、理论和观点进行逻辑推理;量化研究主要基于数据进行统计和分析;质性研究则遵循自然主义路径进行实地研究。此外,综合使用量化研究与质性研究的“混合方法”亦受到越来越多的重视。然而,在本文检索到的学术论文中,仅有 1 篇运用了混合方法,故不单独成类。

---

③ 参见彭玉生:《“洋八股”与社会科学规范》,载《社会学研究》2010 年第 2 期。

④ 参见冯向东:《高等教育研究中的“思辨”与“实证”方法辨析》,载《北京大学教育评论》2010 年第 1 期。

二、我国高等教育公平研究范式的发展阶段

通过统计 1995～2018 年各年份发文量,可以看出我国高等教育公平研究范式的发展演变经历了三个发展阶段。(见表 1)

表 1　1995～2018 年我国高等教育公平研究发文量

单位:篇

第一阶段(22)	年份	1995	1996	1997	1998	1999	2000	2001	2002	—
	发文量	1	3	0	3	4	3	4	4	—
第二阶段(126)	年份	2003	2004	2005	2006	2007	2008	2009	—	—
	发文量	14	10	11	21	20	27	23	—	—
第三阶段(333)	年份	2010	2011	2012	2013	2014	2015	2016	2017	2018
	发文量	33	38	34	32	39	41	38	36	42

(一)以思辨研究和少数量化研究为开端的探索阶段(1995～2002 年)

20 世纪 90 年代中后期,我国高等教育发展出现重大转变,国家先后实施“211”工程、“985”工程、高等教育(全面)收费制度、扩招政策等,逐渐引发了关于“我国高等教育政策公平性”的热门话题,高等教育公平研究随之发轫。但针对高等教育公平研究的发文数量较少,研究方法以思辨研究为主,发文量约占 81.8%;1999 年开始出现量化研究,但仅有 4 篇,发文量约占 18.2%;质性研究为零。(见表 2)

表 2　1995～2002 年研究方法统计

单位:篇

年份	思辨研究	量化研究	质性研究
1995	1	0	0
1996	3	0	0
1997	0	0	0

续表

年份	思辨研究	量化研究	质性研究
1998	3	0	0
1999	2	2	0
2000	3	0	0
2001	3	1	0
2002	3	1	0
总数	18	4	0

这一时期,高等教育公平是学术界的一个新问题。学者们主要从三方面对其进行考察:一是利用高等教育成本分担补偿理论对收费制度与资源配置的合理性进行辨析。大多数研究都基本认可收费制度的合理性,认为应该坚持“效率优先、兼顾公平”的原则,但是成本分担制度下的教育资源配置与转移会影响不同群体高等教育入学机会的公平。[⑤]二是开始援引大众化理论对“高等教育大众化”引发的“教育机会均等”问题进行理性审视并提出发展对策。[⑥] 三是逐渐运用社会性别理论研究高等教育结果公平,认为大学生在劳动力市场入口处存在性别差异。[⑦] 这一阶段,成本分担补偿理论占据主流,这与当时我国高等教育收费制度市场化改革的时代背景有很大关联。大众化理论和社会性别理论的初步运用,为之后关于高等教育机会和结果公平研究奠定了基础。总体而言,此阶段的研究主题和理论视角都比较少,只是初步性的探索研究,但是对于高等教育公平的概念界定、问题表征与研究视域等无疑是一个较好的开端。

⑤ 参见钟宇平、陆根书:《论中国公共教育资源配置的公平问题——兼谈高等教育成本回收的影响》,载《西安交通大学学报(社会科学版)》1999年第2期。

⑥ 参见陈锡章:《高等教育大众化与教育机会均等》,载《中国高教研究》1999年第1期。

⑦ 参见王小波:《大学生劳动力市场入口处的性别差异与性别歧视——关于“女大学生就业难”的一个实证分析》,载《青年研究》2002年第9期。

(二)以思辨研究为主、量化研究逐渐增多的快速发展阶段(2003~2009年)

高等教育进入大众化的时代背景与构建和谐社会的总要求使高等教育公平问题越来越受到学界的关注。与上一阶段相比,这一阶段发文量快速增多(共计126篇),其中思辨研究增多幅度最大,发文量约占65.9%,占据主导地位;量化研究平稳增长,发文量约占34.1%;质性研究仍为零(见表3)。量化研究的增多从一定程度上反映了我国教育学科(尤其是高等教育学科)逐渐科学化、规范化的过程。

表3 2003~2009年研究方法统计

单位:篇

年份	思辨研究	量化研究	质性研究
2003	11	3	0
2004	6	4	0
2005	8	3	0
2006	13	8	0
2007	11	9	0
2008	20	7	0
2009	14	9	0
总数	83	43	0

与开端阶段相比,无论是理论视角还是研究主题在这一阶段都呈现日益多元化的特征。具体来看:一是深化了成本分担补偿理论下的高等教育公平和效率关系研究。⑧ 二是利用公平正义理论探讨高等教育公平的概念内涵、招生计划、资源配置与质量评价等。三是运用社会分层

⑧ 参见陈德静:《高等教育发展中的公平与效率关系研究》,载《云南社会科学》2006年第6期;李朝晖:《论高等教育公平与效率》,载《江苏高教》2003年第3期。

理论从阶层辈出率和阶层分化角度研究高等教育入学机会公平问题。⑨四是从社会资本理论视角研究高等教育结果公平问题。⑩ 五是从社会性别理论出发研究女性在接受高等教育过程中的不公平现象。⑪ 这些研究主题伴随大众化、和谐社会等时代背景而出现，对认识高等教育公平的概念与意义具有重要作用。与此同时，因扩招而来的高等教育机会、过程与结果公平的数量化表征不断增多，增进了关于高等教育公平的事实性认识。随着高校扩招效应的逐步凸显与研究主题的多元化，原有的理论视角已经难以满足高等教育公平研究的需要，学界开始通过从其他学科借鉴使用的方式弥补这一不足与短板。如果说，开端阶段的理论视角主要源于经济学和高等教育学科本身，在这一阶段，学者们则越来越多地从哲学、社会学、政治学等社会科学中寻找理论视角，从而扩展研究视野与问题域，深化对现实的认识与理解，使得高等教育公平研究呈现出社会科学化的趋势。

（三）量化研究占据主导、思辨研究稳步发展、质性研究逐渐兴起的深入发展阶段（2010 年至今）

2010 年以来，国家相继颁布出台教育改革和发展规划纲要以及“双一流”建设总体方案和实施办法，对高等教育发展与改革提出了更高的要求。这一阶段，思辨研究数量虽平稳增加，但发文量占比降低，约占 38.7%；量化研究增长迅猛，发文量约占 59.8%，成为主导方法论范式；质性研究也逐渐运用于高等教育公平研究之中，但占比很低，仅为 1.5%。可以说，高等教育公平研究在这一时期已经进入了量化研究占据主导、思辨研究稳步发展、质性研究逐渐兴起的深入发展阶段。（见表 4）

---

⑨ 参见胡荣、张义祯：《现阶段我国高等教育机会阶层辈出率研究》，载《厦门大学学报（哲学社会科学版）》2006 年第 6 期；刘慧珍：《社会阶层分化与高等教育机会均等》，载《北京师范大学学报（社会科学版）》2007 年第 1 期。

⑩ 参见陈成文、谭日辉：《社会资本与大学生就业关系研究》，载《高等教育研究》2004 年第 4 期。

⑪ 参见郭丛斌等：《中国高校理工类学生教育及就业状况的性别差异》，载《高等教育研究》2007 年第 11 期。

表4　2010~2018年研究方法统计

单位:篇

年份	思辨研究	量化研究	质性研究
2010	19	14	0
2011	20	18	0
2012	12	22	0
2013	11	21	0
2014	14	25	0
2015	17	23	0
2016	10	26	2
2017	12	23	2
2018	14	27	1
总数	129	199	5

与之前相比,这一阶段高等教育公平研究的理论视角和研究主题更加多样化,且出现了明显不同于以往的视角和主题。在文化再生产理论、⑫社会性别理论、⑬社会资本理论、⑭社会分层理论、⑮结构化理论⑯占据主流地位和出现筛选假设理论、⑰文化治疗理论、⑱MMI假设

⑫　参见朱焱龙:《"资本补给"与"自觉共情":低阶层子代获得高层次高等教育过程的代际支持》,载《中国青年研究》2018年第6期。

⑬　参见曹星、岳昌君:《我国高校毕业生就业状况性别差异研究》,载《高等教育研究》2010年第1期;郑育琛、武毅英:《高校毕业生就业性别差异的叙事分析》,载《高教发展与评估》2017年第4期。

⑭　参见邹宇春、周晓春:《大学生社会资本:内涵,测量及其对就业的差异化影响》,载《华中科技大学学报(社会科学版)》2016年第6期。

⑮　参见高耀、刘志民:《机会扩展、社会分层与高等教育公平——基于高校学生调查数据的实证研究》,载《教育科学》2015年第1期。

⑯　参见周菲:《家庭背景如何影响大学生的学习经历》,载《高等教育研究》2016年第7期。

⑰　参见张继平、董泽芳:《从筛选假设理论看高等教育入学公平的特点》,载《教育与经济》2016年第1期。

⑱　参见李印、布丹丹:《文化治疗理论视域中的高等教育公平问题探析》,载《教育理论与实践》2018年第18期。

和 EMI 假设[19]等小众理论的同时，网络时代的高等教育公平、[20]供给侧结构性改革与高等教育公平、[21]高校扩招的平等化效应[22]等富有时代性的主题异军突起，基于结构化理论、文化再生产理论、学生投入理论等视角的高等教育过程公平研究也日益受到学者的青睐。这些研究主题越来越紧跟时代变化与发展，不仅对我国高等教育公平的质量要求、网络化手段、供给侧结构性改革等政策具有积极意义，还对于从量化视角分解考量高等教育公平起到了重要作用。质性研究的出现更是有助于从具体情境中理解和解释高等教育公平的过程与结果，但是其相对较少的数量表明需要加强这一方面的研究。与上一阶段相比，社会学中主流的文化再生产理论、社会资本理论、社会性别理论的借用幅度超过甚至取代了哲学、政治学和经济学中的理论，成为高等教育公平研究中的主流视角，使得高等教育公平研究在社会科学化趋势的基础上日益社会学化。

三、我国高等教育公平研究范式的演进逻辑

从研究方法论范式的层次来看，我国高等教育公平研究在研究方法、研究主题和理论视角方面表现出如下演进逻辑：

(一)研究方法从以思辨研究为主转向以量化研究为主，质性研究方兴未艾

作为学术研究的一种古老传统，思辨研究在我国高等教育研究中有

---

⑲ 参见王伟宜：《高等教育入学机会获得的阶层差异分析——基于 1982～2010 年我国 16 所高校的实证调查》，载《高等教育研究》2013 年第 12 期。

⑳ 参见张治勇：《网络公开课：实现高等教育公平的有效路径》，载《大学教育科学》2016 年第 4 期。

㉑ 参见张旸、张雪：《改革开放 40 年来我国高等教育供给的变迁逻辑与展望》，载《复旦教育论坛》2018 年第 5 期；石火学、俞兆达：《背景·意涵·路向：高等教育供给侧结构性改革》，载《江苏高教》2018 年第 10 期。

㉒ 参见魏晓艳：《大学扩招是否真正推动了高等教育公平——高等教育大众化、扩招与高等教育代际传递》，载《教育发展研究》2017 年第 11 期。

着独特地位。[23] 高等教育学的早期发展具有非常明显的重思辨范式轻实证研究的倾向,[24]相应地,我国高等教育公平研究也是从思辨研究开始的。由于高等教育强烈的社会价值,思辨研究往往与宏观政策性问题难分难解,一般是在政策出台酝酿时期对公平性进行理性辨析,提出应然的高等教育公平观。不可否认的是,围绕公平与效率关系的高等教育公平思辨研究打开了我国高等教育研究的视野,促进了高等教育公平研究的发展,为高等教育政策调整提供了重要的理性依据。

随着学术界越来越重视基于证据的研究,量化研究在高等教育公平研究中得到了越来越多的应用。在其初期阶段,多数研究是通过描述统计呈现高等教育中的不公平现象和原因。随着教育研究实证化的推进,通过假设验证、模型构建的实证研究也更多地得以使用。这些实证研究往往基于某种理论框架或综合几种理论形成新的理论框架,将理论要素操作化为变量,分析变量之间的相关或因果关系,探寻高等教育公平(不公平)现象背后的路径、机制与规律。实证研究即基于事实和证据的研究,[25]是学科从思辨性发展到科学性的转折点。总体而言,量化研究的广泛使用在促进高等教育公平研究的科学化、规范化发展方面发挥了重要作用。

在量化研究勃兴的同时,质性研究亦逐渐受到高等教育公平研究的青睐。虽然最近几年才开始得到使用,但质性研究有其方法论优势,能深入理解和解释不公平的形成过程与因果机制,与思辨研究、量化研究优势互补。

(二)研究主题由关注宏观到宏微观并举,从以起点、结果为重心到起点、过程与结果三者兼顾

高等教育公平研究主题的变化契合着学术研究的知识逻辑和社会

---

[23] 参见彭荣础:《思辨研究方法:历史、困境与前景》,载《大学教育科学》2011年第5期。

[24] 参见徐辉、季诚钧:《高等教育研究方法现状及分析》,载《中国高教研究》2004年第1期。

[25] 参见袁振国:《实证研究是教育学走向科学的必要途径》,载《华东师范大学学报(教育科学版)》2017年第3期。

需要。高等教育公平研究兴起之日恰逢我国经济体制和教育体制的改革转型时期,开展宏观层面研究可以解决一系列与高等教育公平有关的重大问题。高等教育公平与效率的关系问题、和谐社会构建与高等教育公平问题、高等教育资源配置公平问题等都是较为宏观的研究,不仅时代感强,还受政策导向影响。早期的宏观研究在之后并未中断停止且不断得到丰富,持续贯穿于我国高等教育公平研究之中。

随着我国教育改革的深入发展,中观与微观层面的高等教育公平问题逐渐显现,需要从多视角、综合性地开展高等教育机会、过程与结果公平研究。其中,入学机会公平主要以入学率为指标进行考察,过程公平主要是考察大学生的学业差异,结果公平则将大学生的就业状态作为研究变量。随着微观研究的逐步深入,学界也逐渐注意到了高校内部以学业差异为表征形式的过程公平问题。就目前而言,关于起点、过程与结果的高等教育公平研究越来越多,越发致力于深入细致地考察研究不公平背后的因果机制,并对大学生和其家庭的反应态度与应对策略进行研究。

(三)理论视角丰富多样且社会科学化趋势与社会学化特征愈加明显,理论运用所占比例逐渐增加

经过近20年的发展,我国高等教育公平研究的理论视角形成了以文化再生产、社会资本、社会分层为主导,多种视角并存的多元化状态,在社会科学化趋势的基础上,出现了需要警惕的社会学化特征。

社会科学化趋势中,理论视角多来源于哲学、政治学、社会学等学科,以公平正义理论、社会分层理论、社会性别理论为主导。以哲学和政治学中的公平正义理论为基础的研究,基本上在公平这一概念内涵上达成了一致,并认为应该根据正义论中的补偿原则、差异原则等,在招生、补助、资源配置等方面进行改进。以社会学中的社会分层理论和社会性别理论为视角的研究,也大多达成了一致意见,认为家庭背景、学校专业、性别、城乡等都会对包括机会起点、学业过程、就业结果等在内的高等教育公平产生影响,而这些因素往往交互作用,需要进一步研究。在此基础上,高等教育公平研究理论视角的社会学化特征更加明显,文化再生产理论、社会资本理论、社会性别理论等社会学理论成为主流理论视角,致力于解释因果机制、诊断事实问题、调整政策逻辑等主题。

除这些相对主流的理论外,新兴运用发展的其他理论也逐渐在高等教育公平研究中显现出生命力。从这些理论出发,我国高等教育公平研究建立了比较系统扎实的理论基础,对于从理论上解释高等教育公平问题和从实践上解决高等教育公平问题起到了重要作用。

四、我国高等教育公平研究范式的未来展望

二十余年以来,我国高等教育公平研究范式从纯粹的理论思辨逐渐向基于经验证据的科学研究转变,在宏观认识的基础上,越来越多地关注现实发展中的事实问题,对制定教育政策提供着越来越充分和坚实的证据。然而,纵观20余年来的发展变化,可以发现其与欧美国家高等教育公平研究范式具有较大的差异,主要表现在方法论范式之间。冈伯特回顾了《美国社会学研究》、《高等教育杂志》和《高等教育研究》等期刊自1973年到2004年关于以大学入学为代表的高等教育公平研究,发现在这30年间,量化研究方法处于绝对主导地位(占77%),且已经出现和使用了质性研究方法(占4%)。[26] 与此相对照,我国高等教育公平研究范式应在以下几个方面进一步加强与改进。

(一)创新研究方法,促进方法论范式转换

研究方法是学者们进行知识开拓的一个重要前提。[27] 对每一个具体问题的研究与解决,必须配有适当的研究方法和技术,才能事半功倍。高等教育公平问题的复杂性客观上要求我们突破单一研究范式带来的思维定式桎梏,走向多元、复杂的研究方法论范式,并推动高等教育领域研究方法独特性的形成。

㉖ 参见[美]帕翠西亚·冈伯特主编:《高等教育社会学》,朱志勇、范晓慧译,北京大学出版社2013年版,第52页。

㉗ 参见谢宇:《社会学方法与定量研究》,社会科学文献出版社2006年版,第1页。

学科的发展过程中会面临一个明显的矛盾即方法上的矛盾。每种方法都有其优势和局限性,不同的研究问题,应该运用不同的方法论范式。量化方法虽然长于大规模调查、横纵向比较、数字化检验、应用预测性等方面简约性变量关系的研究,但在深度的资料阐释方面有其不足,而质性研究则在挖掘丰富和深入的资料信息、解释过程机制、渗入价值立场与倾向等方面有其长处。此外,不同于西方发达国家长期以来比较稳定的社会结构,我国经济社会快速发展中制度体系、社会矛盾、经济结构等方面存在急剧的变化,这些变化难以用一直变动的变量因素等进行分析,必须利用质性研究观察和概括。虽然总的趋势表明,质性研究方法越来越被学者认同并应用于各种领域的研究,然而,我国高等教育公平研究中的质性方法却运用较少,不能真正做到研究资料的深度解释,不能兼顾到特殊情况,无法通过小样本展开和个案切入的方式进入某个问题,也就无法真正落脚于研究背后的大问题。

量化研究、质性研究是高等教育学科规范化发展的必经之路,特别是"第三条道路"即结合量化和质性方法的混合研究方法也逐渐在教育和社会科学研究中得到使用与发展,㉘这已然成为一种较为明显的发展趋势。在这一方面已有学者利用混合方法就高校不公平事件的心理应对模式进行了研究,㉙是高等教育公平研究中使用混合研究方法的典型代表。规范扎实的量化或质性研究能够基于系统的证据得出更为可靠的结论,这可以为更加科学地制定实施高等教育政策提供重要的学理依据。因此,我们应该充分利用之前思辨研究和量化研究获得的基础,在目前质性研究方兴未艾的势头上,综合不同方法论的优势,推动相互借鉴,立足于中国社会转型期的现实问题,吸收超越各种研究方法论范式,促进高等教育公平研究方法论的转化,创造出符合中国本土社会的方法论范式和研究方法与技术。

㉘ 参见张绘:《混合研究方法的形成、研究设计与应用价值——对"第三种教育研究范式"的探析》,载《复旦教育论坛》2012 年第 5 期。

㉙ 参见涂阳军等:《大学校园不公平事件的序列性心理应对模式——一项基于扎根理论与量化调查的研究》,载《大学教育科学》2015 年第 5 期。

(二)增强问题意识,遵循知识逻辑与社会逻辑开发拓展高等教育公平研究议题

科学的"问题意识"是学术研究的强大动力,没有问题意识便进不了学术研究之门。[30] 改革开放以来,我国经济建设迅速腾飞,经济社会快速发展,社会上出现了大量的新现象、新问题、新矛盾需要我们去探索与分析。发现、研究、解决高等教育公平问题,必须增强相关的问题意识。中国高等教育研究学科化进程历经两个发展阶段:在第一个阶段,学科发展主要遵循的是社会需求逻辑,外部需求是学科发展的主要动力;在第二个阶段,学科发展主要遵循的是学科自身逻辑,致力于构建和形成学科的知识传统。[31] 高等教育公平研究不仅是当前我国高等教育研究的重点,也是未来高等教育研究需要攻克的难点。提出新的问题,从新角度和创造性地看现实问题,标志着科学的真实进步。认识中国社会的变化与发展必须深入实践当中,通过实践走出一条特色化的知识积累与学术发展道路。

总体来看,高等教育公平的宏观性研究主题主要遵循社会逻辑,微观性研究主题主要遵循知识逻辑。以第一阶段为例,这一时期高等教育公平研究与高等教育政策有着一定的联系,政策的转变促使研究的发展,研究的发展也使得新的政策逐步酝酿发轫。随着研究关注点由宏观转向宏微观并举,社会发展实践与知识理论基础都在高等教育公平研究中起到越来越重要的作用。就宏观研究而言,虽然以政策导向为主,但也需要高等教育公平研究的知识基础作为研究起点与来源;就微观研究而言,为深化高等教育公平研究,不能简单套用外国高等教育公平研究议题,而是要在我国特殊的社会文化境脉中研究那些真实的关键性问题。现在中国正处于急剧转型时期,经济社会发展过程中的许多社会问题经常引起全社会的重视和关注,这就不仅需要我们从宏微观结合的角

---

[30] 参见吕梦荻:《研究中"问题意识"的运用与反思》,载中国社会科学网,http://www.cssn.cn/zx/bwyc/201702/t20170207_3405645.shtml。

[31] 参见周光礼:《中国高等教育研究:过去、现在与未来》,载《中国高教研究》2016年第10期。

度认真看待教育公平和社会公平问题,还需要注意我国与西方社会在文化传统与社会理念之间的差别,透过这些深层面的差异更好地理解和解决我国的高等教育公平问题。

(三)丰富理论视角,整合理论要素,生成本土性理论解释框架

理论视角重在提供一种观察角度、思考方法和解释依据,以期使研究更具有解释力、说服力和可信度。与思辨研究相比,量化研究与质性研究中理论视角的运用比较明显,这对于丰富和完善我国高等教育公平研究理论基础无疑具有重要作用。但以占主流地位的量化研究来看,文化再生产理论、社会资本理论主要遵循布尔迪厄的研究范式,而社会性别理论、社会分层理论等也多多少少都带有布尔迪厄研究范式的"影子"。无可否认,从布尔迪厄的理论视角出发,我国高等教育公平研究形成了初步的解释框架,也得出了一些重要的结论。然而,一种理论再好也不能包打天下,任何理论的产生都带有一定的时代背景,任何理论解释也都具有一定的局限性,存在合适与不合适的区别。因此,高等教育公平研究不仅需要继续从此理论之中深入挖掘和努力创新,还需要使用其他理论视角作为研究给养。

还应警惕的是,当前高等教育公平研究所依据的理论视角都源于欧美国家,难免出现"西方化"的倾向。然而,一方面,西方教育公平理论已逐渐出现发展乏力现象,即便是"入侵"我国的高等教育公平研究的理论视角也没有出现明显转机;另一方面,源于西方社会的价值目标和认识工具难以进入中国社会现实问题中,往往会非其所指,远离"现实"而单纯成为"应该",造成削足适履或指鹿为马的困境。[32] 换言之,产生于欧美文化境脉的理论解释框架,在分析、解释乃至解决中国教育公平问题时,多少都存在隔靴搔痒的不足。一个国家要想真正屹立于世界民族之林,就必须发展自己的学术研究,必须发展出独立创新的理论。当今的中国社会包含农业社会、工业社会和信息社会等,具有非常独特的社会变迁过程,在理论选择和理论把握上存在较大难度,需要尽快达到

㉜ 参见曹锦清:《黄河边的中国》,上海文艺出版社 2000 年版,第 2 页。

理论创新的阶段。在学术研究的立足点越来越要求“本土化”“中国化”“特色化”的背景下,值西方教育公平理论发展乏力之际,高等教育学界应该结合我国社会与文化发展境脉,整合相关理论要素,促使本土性理论解释框架的生成,形成本土化的高等教育公平研究理论。

研究问题、研究方法与理论视角是紧密相关、相辅相成的研究方法论范式统一体。有意义的研究问题与成熟的理论视角和正确的研究方法产生碰撞、相互交融,才能生成和创造更好的研究。[33] 在社会科学研究中,研究方法与研究理论都要围绕研究问题而定,问题意识与理论意识也密切关联。方法与理论都不是独立的王国,方法是针对一定问题的方法,理论是针对一定现象的理论。[34] 但是反过来,研究方法的创新、研究理论的挖掘,也会使研究的问题域得到扩展。总之,研究问题、研究方法与理论视角相互制约、相互促进。费孝通先生也曾就我国社会学学科发展指出,历史的前进要求中国的社会学学科在理论、方法和具体专题上的研究能够跟上我国社会发展的实际步伐,而且应当在理论视角运用、研究方法创新和研究问题寻找上都建设和发展出具有鲜明中国特色的社会学学科。[35] 受此启发,在我国现实社会迅速发展变化的新时代,我们应该与时俱进,根据高等教育公平研究范式转变之一例,举一反三,推此及彼,以小见大,促进高等教育研究、教育研究乃至社会科学研究范式统一体的转化与发展。

---

[33] 参见张舒、曹一鸣:《“问题”“理论”与“方法”:如何做好数学教育研究——访国际数学教育委员会前秘书长 Mogens Niss 教授》,载《数学教育学报》2018 年第 6 期。

[34] 参见[美]米尔斯:《社会学的想象力》,陈强、张永强译,生活·读书·新知三联书店 2001 年版,第 130 页。

[35] 参见[美]艾尔·巴比:《社会研究方法》,邱泽奇译,华夏出版社 2018 年版,总序。

On the Development, Evolution and Prospect of the Research Paradigm of the Equity in Chinese Higher Education

Zhang Bin　Li Xiangyu

Abstract: The issue of equity in higher education has been widely concerned by the academia and the whole society since 1990s. The research paradigms of equity in Chinese higher education have also undergone the stage of transformation and development. Reviewing the CSSCI papers on the study of equity in higher education in CNKI, this paper has been found that the study of equity in Chinese higher education has experienced three stages of development. The first is the explorational development stage (1995 – 2002), which started from speculative research and a few quantitative studies. The second is the rapid development stage (2003 – 2009), during which speculative research occupied the most, and the amount of quantitative research is increasing. The third is the in-depth development stage (2010 – present) in which quantitative research dominates, speculative research develops steadily, and qualitative research gradually emerges. The evolutionary logic of the paradigm of equity in Chinese higher education shows that the research method shifts from speculative research to quantitative research, and qualitative research is in the ascendant; the research theme is from macroscopic to macroscopic and microscopic level, from the starting point and the result to the starting point, the process and the result; the theoretical perspectives are rich and diverse, and the trend of social science and sociological characteristics are increasingly obvious, and the theoretical proportion of theoretical application is gradually increasing. In prospect, research paradigms of equity in Chinese higher education should be improved and strengthened from the following aspects: Transforming research methods, promoting methodological paradigm shift; enhancing question awareness, following the development of knowledge logic and social logic to expand the research topics of equity in higher education; enriching theoretical perspectives, integrating theoretical elements and generate frameworks for local theoretical interpretation.

Key Words: equity in higher education, research paradigms, methodological paradigms, theoretical perspectives

我国研究生学位论文质量研究的文献计量分析*

梁　瑞　杨聚鹏**

摘　要:本研究采用文献计量法,运用 Citespace 软件对 1999 ~ 2019 年我国以"研究生学位论文质量"为主题的研究文献进行分析,以揭示研究生学位论文质量领域的研究状况。结果表明,该研究领域较有影响力的作者为高耀、陈艳慧、陈洪捷等;北京大学教育学院、吉林农业大学等机构的贡献较大;热点主题有研究生培养质量、研究生学位论文质量影响因素、质量保障与管理、质量评价及专业研究生学位论文质量研究;前沿主题包括专业学位、质量保障体系等。

关键词:研究生　学位论文质量　文献计量

---

* 基金项目:中央高校基本科研业务经费专项资金一般项目"西部欠发达地区后发型高等教育发展的中国经验研究"(项目编号:20SZYB26)、陕西省哲学社会科学重大理论与现实问题研究项目"创新驱动发展战略下政府管理地方院校的职责承担研究"(项目编号:2021ND0066)、陕西师范大学教师教育研究重点项目"西部教师教育发展的机制体制困境及政策支持研究"(项目编号:JSJY2020027)。

** 梁瑞,西安交通大学公共政策与管理学院博士研究生,研究方向:教育政策与经济分析;杨聚鹏,陕西师范大学教育学部副研究员,研究方向:高等教育政策。

一、引言

近年来,随着知识经济的快速发展,我国大力推动创新驱动发展战略,着力建设创新型国家,因而急需大批高层次领军型人才。研究生教育是培养高层次领军型人才的重要途径,大力提升研究生教育质量成为当前我国研究生教育的时代使命。学位论文作为衡量研究生教育质量的核心指标,其质量问题受到了越来越多的关注。但目前研究生学位论文出现诸如创新不够;①文献综述质量低、论述和讨论不够深入;②规范性缺失③等一系列问题。相对于传统的内容分析,基于文献计量的分析能够以定量数据方式客观形象地反映学位论文质量研究领域的现状。为此,本研究采用文献计量分析方法,对1999~2019年间我国研究生学位论文质量研究进行分析,以了解该研究领域的研究现状,把握关键作者与研究机构,探寻研究热点和前沿主题,以期为研究生学位论文质量的后续研究提供有益的参考。

二、研究设计

(一)数据来源

本研究样本数据源于中国知网(CNKI)学术期刊全文数据库。首先,检索文献,检索条件采用主题词或者“学位论文质量”并含“研究生”、“学位论文质量”并含“硕士”、“学位论文质量”并含“博士”,时间

---

① 参见官新栋等:《研究生学位论文质量保障体系构建刍议——基于唯物辩证法的矛盾论和认识论视角》,载《江苏高教》2018年第1期。

② 参见秦琳:《社会科学博士论文的质量底线——基于抽检不合格论文评阅意见的分析》,载《北京大学教育评论》2018年第1期。

③ 参见李敏、陈洪捷:《不合格学术型硕士研究生学位论文的典型特征——基于论文抽检专家评阅意见的分析》,载《学位与研究生教育》2017年第6期。

范围为1999～2019年，检索时间为2020年5月1日，共检索到文献1176篇。其次，筛选文献，剔除总结报告、新闻报道等非学术类文献，最后获得有效文献共1114篇。

（二）研究工具

本研究运用Citespace5.6R5软件，对1999～2019年我国研究生学位论文质量的研究文献从发文时间和载文期刊分布、研究作者和科研机构分布、关键词等进行分析，以揭示该领域的高产作者和研究机构、研究热点及前沿，并结合二次文献查阅和研读，对研究生学位论文质量的具体研究情况进行分析。

（三）数据处理

将获取的文献以Refworks格式导出，然后导入Citespace软件进行数据转换，并新建项目。参数设置如下：在Time Slicing中，时间跨度设置为1999～2019年，时区分割值为1，即每一年为一个时间间隔段；在Text Processing中，术语类型（Term Type）选择Burst Terms以便探测突发性术语；节点类型（Node Types）依次选择作者（Author）、机构（Institution）和关键词（Keyword）；阈值选择TOP N的方法，并设定Top N per slice为50，即每年切片中出现频次排名前50的共现词，其他为默认。为提高结果的可读性，生成关键词共现网络知识图谱时，网络裁剪功能区（Pruning）的剪枝算法选择最小数（Minimum Spanning Tree），剪枝策略选择对合并后的整个网络进行裁剪（Pruning the Merged network）。最后运行软件，获得文献计量分析结果。

三、数据统计与结果分析

（一）研究生学位论文质量的研究现状

1.研究文献的时间分布。研究生学位论文质量研究文献的发文分布情况如图1所示。从中可见，1999～2019年，发文量总体呈上升趋势，表明研究生学位论文质量引起了学者越来越多的关注。（见图1）

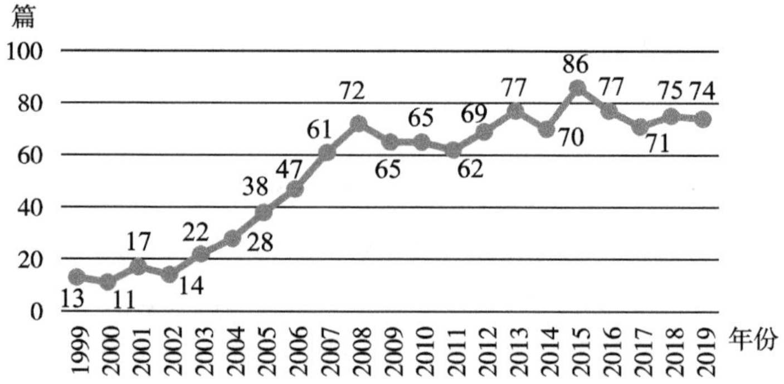

图1　1999~2019年研究生学位论文质量研究文献的数量及其时间分布

从时间分布上具体可分为两个阶段。第一阶段是1999~2008年，发文量快速上升，尤其在2002年以后，发文量迅速增长，于2008年达到高峰。这一趋势与1999年全国优秀博士学位论文开始评选及2003年国家"研究生教育创新计划"启动密切相关，这两项政策都旨在鼓励创新能力，提升研究生教育质量，这说明研究生教育质量问题开始受到重视。2007年《关于开展全国博士质量调查工作的通知》的发布和陈至立同志在第二十四次、第二十五次国务院学位委员会会议上的讲话都强调提高研究生教育质量，使学位论文质量研究形成了发文高峰。第二阶段为2008~2019年，发文量占发文总量的77.47%，整体呈波动中上升趋势，并在2013年和2015年各出现一次明显波峰。2013年我国开始实施《学位论文作假行为处理办法》；2014年，国务院学位委员会、教育部印发《博士硕士学位论文抽检办法》；2015年，国家提出"双一流"建设政策。上述有关政策的颁布实施，有效推动了研究生学位论文质量的相关研究。

2.研究文献的期刊分布。1999~2019年研究生学位论文质量研究领域文献发表数量排名前十(含并列排名)的期刊见表1。从中可知，前十位期刊的发文总量为302篇，占总发文量的27.11%。其中，《学位与研究生教育》是该研究领域刊载量最大的学术期刊，占总发文量的7.36%，为研究生学位论文质量研究提供了重要的交流平台。《教育教学论坛》和《研究生教育研究》也是该主题的重要传播媒介。除教育类期刊外，其他学科类期刊也是研究生学位论文质量研究的重要发文载体，如

《中国高等医学教育》、《高等农业教育》和《中国电力教育》载文量均在20篇以上，这表明研究生学位论文质量研究涉及具体学科，而相对其他学科，医学、农学和工学领域的研究生学位论文质量研究受到了更多关注。

表1 1999～2019年研究生学位论文质量研究文献的期刊分布(前十位)

序号	期刊	文献数量/篇	百分比/%
1	学位与研究生教育	82	7.36
2	教育教学论坛	42	3.77
3	研究生教育研究	29	2.60
4	中国高等医学教育	23	2.06
5	高等农业教育	21	1.89
6	中国电力教育	21	1.89
7	中国高教研究	17	1.53
8	医学教育研究与实践	15	1.35
9	黑龙江高教研究	14	1.26
10	中国高等教育	14	1.26
11	高等教育研究学报	13	1.17
12	设计艺术研究	11	0.99

注：本研究对重复期刊进行了合并(涉及新旧刊名更替)。

(二)研究生学位论文质量研究的科研合作网络分析

科研合作是学者为生产新的科学知识这一共同目的而在一起工作。④Citespace提供了学者合作、机构合作以及国家地区合作的科研合作网络分析功能。本研究对研究作者、机构的合作进行分析，以探究研究生学位论文质量的研究力量及其合作关系。

1. 研究作者的合作网络分析。表2列出了发文量排名前3位的作者。从中可见，对研究生学位论文质量研究领域贡献较大的作者为高耀和陈艳慧，发表的论文数量均为5篇，其中高耀的研究聚焦在学位论文

---

④ See Katz J. S., Martin B. R., *What Is Research Collaboration*, Research Policy, 26, 1997, p. 1－18.

质量评价,如对硕士学位论文抽检结果、专家评阅意见的分析;陈艳慧主要针对学位论文评审系统及其质量影响因素进行了研究。根据笔者间的合作关系,有三个发文量较高的群体,分别是由高耀、陈洪捷、沈文钦组成的合作团体,由陈艳慧、李博和李勇组成的研究团体以及以仰曙芬为核心的研究团体。但总体看,我国研究生学位论文质量研究的合作规模较小,主要集中在团体内部,团体间合作并不紧密,也没有形成较大的科研合作群体。(见表2)

表2　研究生学位论文质量研究的高产作者统计(前3位)

序号	作者	发文量
1	高耀、陈艳慧	5篇
2	陈洪捷、马新宏、封旭红、李博	4篇
3	沈文钦、仰曙芬、张敏、李勇、李安萍、秦凤娇、陈新超	3篇

2.研究机构合作的网络分析。表3列出了发文量在3篇及以上的研究机构。从中可知,从单个机构看,节点最大的是北京大学教育学院,发文量为7篇;其次为吉林农业大学,发文量为5篇;第三位发文量为3篇,研究机构有福建医科大学研究生处、北京林业大学研究生院、中国矿业大学研究生院、东北农业大学、中国民用航空飞行学院。由此可见,在研究机构中,以研究教育见长的师范院校表现并不突出,除北京大学之外设有教育学院(教育科学研究院或所)的双一流高校的表现也不显著。从研究机构的合作关系看,机构合作网络密度仅为0.003,说明研究机构之间的联系较少,合作交流并不紧密。总体来说,研究机构的合作网络并未形成,合作有待进一步开展。(见表3)

表3　研究生学位论文质量研究的机构分布(发文量≥3篇)

序号	机构	发文量
1	北京大学教育学院	7篇
2	吉林农业大学	5篇
3	福建医科大学研究生院、北京林业大学研究生院、 东北农业大学、中国民用航空飞行学院	3篇

（三）研究生学位论文质量研究的热点分析

关键词是文献内容的高度凝练，其频次能反映研究者对主题的关注程度，其中心性则表征了该节点与其他节点之间的联系程度，是测度节点重要性的指标。因此分析关键词频次和中心性能够确定研究生学位论文质量研究领域的热点主题。本研究在 Citespace 软件中对关键词进行共现分析，根据软件后台数据统计，除相关搜索词节点外，“研究生学位论文质量”研究文献排名前十位的高频和高中心性关键词如表 4 和表 5 所示。本研究认为，这些关键词代表了过去二十年来我国研究生学位论文质量研究领域的热点主题。结合表 4 和表 5，本研究对高频、高中心性节点词汇进行归纳分析，概括出我国研究生学位论文质量的研究热点主要聚焦在以下方面。（见表 4、表 5）

表 4　1999～2019 年研究生学位论文质量研究高频关键词统计

序号	关键词	词频/次	首次出现年份
1	培养质量	134	2000
2	研究生教育	125	2001
3	专业学位	57	2005
4	工程硕士	54	2001
5	研究生培养	54	1999
6	质量保障体系	40	2008
7	质量保障	32	2008
8	创新	28	2003
9	质量评价	27	2007
10	过程管理	26	2007

表5　1999~2019年研究生学位论文质量研究高中心度关键词统计

序号	关键词	中心度	首次出现年份
1	培养质量	1.29	2000
2	导师队伍	0.93	2002
3	创新	0.80	2003
4	工程硕士	0.34	2001
5	专业学位	0.33	2005
6	质量管理	0.24	2006
7	影响因素	0.21	2009
8	过程管理	0.15	2007
9	研究生教育	0.09	2001
10	质量保障体系	0.06	2008
11	质量保障	0.06	2008

注:表4、表5中数据已将搜索词和泛指意义词去除,并对相近语义词作合并处理。

1.研究生培养质量。该主题涉及的关键词有培养质量、研究生教育和研究生培养。其中“培养质量”的频次和中心度均最高,是研究生学位论文质量研究的重要主题。狭义的研究生培养质量是指学位论文质量⑤,已有研究基于研究生学位论文对培养质量进行了探讨。如王战军等研究者基于对全国优博论文的分析,研究了提升研究生培养质量的有效措施⑥;郭海燕2019年发表的“博士学位论文评审制度改革及其成效分析”一文通过对博士学位论文匿名评审制度的分析,指出评审制度的改革促进了培养质量的提升。⑦ 另有研究者认为应通过慎重选择研究

⑤ 参见袁本涛等:《我国研究生教育质量现状的调查与研究》,载《高等工程教育研究》2007年第4期。

⑥ 参见王战军等:《评选全国优秀博士学位论文是提高博士生培养质量的有效措施》,载《中国高教研究》2002年第4期。

⑦ 参见郭海燕等:《博士学位论文评审制度改革及其成效分析》,载《中国高等教育》2019年第5期。

方向和学位论文课题严把博士生培养质量关。[⑧] 就研究生教育和研究生培养而言,已有研究多围绕研究生培养问题,通过分析学位论文选题、开题等影响研究生培养质量的因素等探讨提高研究生培养质量的途径和方法。

2. 专业学位研究生学位论文质量。该研究热点涉及的关键词为专业学位和工程硕士。专业学位研究生是我国研究生教育的重要类型之一,随着我国专业学位研究生教育的快速扩张,其学位论文质量问题也引起了社会各界的关注。根据表4 和表5,专业学位是一个高频关键词,且占据重要位置。已有研究多基于某特定学科从专业学位研究生学位论文质量评价指标体系,质量保障体系,质量管理和监控,学位论文选题和答辩,学位论文质量要求、结构及影响因素等进行了研究,对提高专业学位研究生学位论文质量提供了建设性意见。而工程硕士作为我国开展较早的专业学位教育,成为专业学位中规模最大的专业学位,其学位论文问题一直是理论研究和实践改革的热点。根据 Citespace 分析结果工程硕士在网络中与校企合作、实践基地、创新等节点紧密相连,说明以工程硕士为中心形成了一个小范围的研究网络。

3. 研究生学位论文质量影响因素。该热点主题涉及的关键词主要是影响因素和导师队伍。“影响因素”的频次为27,中心度是0.21,是研究生学位论文质量研究的热点主题和关键节点。通过研究影响因素可以发现问题引发机制并采取干预措施提升学位论文质量。已有研究从个人特征、导师、科研参与、课程等维度对学位论文质量影响因素进行了分析。“导师队伍”是一个具有较高中心度的关键词,且以导师队伍为中心,形成了与创新、能力培养等节点紧密相连的研究网络。有研究者认为研究生导师是保证和提高研究生学位论文质量的关键,导师的指导资格、学术头衔和学术成果等学术品质是影响学位论文质量的重要因

⑧ 参见郭日修:《提高博士生培养质量之我见》,载《学位与研究生教育》2008 年第7期。

素,[9]而导师指导作用的偏离会直接影响学位论文质量。[10]

4.研究生学位论文质量保障与管理。该热点主题包括质量保障、质量保障体系、质量管理、过程管理等关键词。研究生学位论文质量保障体系是一个系统工程,已有研究主要从学校内部层面指出不仅要对影响学位论文质量的重要环节构建质量保障体系,而且要健全学术规范,加强职能部门的监督、指导和调控,以构建完整的质量保障体系。就质量保障而言,已有研究主要从制度保障的角度进行了研究,如应完善学位论文抽检制度,[11]设置、优化预答辩制度等。[12] 就质量管理而言,研究者强调不仅要重视规章制度的制定,更要保证制度落到实处。[13] 同时,要做到事前预防,坚决执行过程管理,[14]重视学位论文的选题、开题、中期报告、论文评阅、答辩和学位评定等环节的把关和审查。[15][16]

5.研究生学位论文质量评价。该主题包括质量评价、创新两个关键词。能否客观公正地对学位论文质量进行评价不仅关系研究生个人能否获得学位,而且关系学位授予质量。就质量评价而言,已有研究主要针对研究生学位论文评价指标及结果进行了分析。如孔祥沛等构建了以"论文选题与综述、论文水平和论文写作"为指标的学位论文质量评

---

⑨ 参见王务均:《"双一流"视域下导师学术品质对研究生培养质量的影响——基于安徽省四届优秀硕士论文评选的实证研究》,载《重庆高教研究》2017年第5期。

⑩ 参见李艳明:《试论影响研究生学位论文质量的两个因素》,载《学位与研究生教育》2004年第11期。

⑪ 参见曹雷等:《研究生学位论文抽检中的问题预判与解决对策》,载《学位与研究生教育》2016年第1期。

⑫ 参见刘晗、龚芳敏:《优化预答辩制度提升硕士学位论文质量的探索与实践——以吉首大学文学与新闻传播学院为例》,载《研究生教育研究》2014年第4期。

⑬ 参见陈勇、王道红:《浅论研究生学位论文质量管理制度的落实》,载《高等教育研究学报》2006年第3期。

⑭ 参见刘丽娜:《发达国家高校研究生教育质量管理研究与借鉴》,载《黑龙江高教研究》2014年第1期。

⑮ 参见周兆君:《基于过程管理的硕士学位论文质量研究》,载《文教资料》2011年第27期。

⑯ 参见王海丽等:《加强在职专业学位硕士学位论文过程管理保证论文质量》,载《高教学刊》2019年第4期。

价指标体系。⑰ 李艳等2015年对某高校博士学位论文质量现状的分析表明学位论文的综合评价和"创新性成果"评价均服从正态分布。⑱ "创新"的频次为28次,中心度为0.80,研究者一致认为创新是研究生学位论文质量的核心。如李春根认为创新性是衡量研究生学位论文质量的重要标准,并提出建立有利于学位论文创新的评价机制;⑲也有研究者根据对论文评价得分的分析,指出博士学位论文具有创新性不足的问题。⑳ 根据软件分析结果,创新与导师队伍、工程硕士、课程体系等节点紧密相连,这说明已有研究围绕创新形成了一个小范围的研究网络。

(四)研究生学位论文质量的研究前沿分析

普莱斯最早提出"研究前沿"的概念,他认为一个研究前沿大概由40~50篇最近发表的文章构成。㉑ 陈超美则把"研究前沿"定义为一组突现的动态概念和潜在的研究问题,㉒通常由突现词或其聚类体现。突现词是指特定时间内出现频次变化率高、增长速度快的词汇。本研究运用Citespace软件中的突现词探测功能(burst term)对关键词进行突变探测,获得1999~2019年我国研究生学位论文质量研究领域关键词的突现时间及强度分布,然后筛选出近3年中有突现的关键词,并选择按照突发强度进行排序,具体如表6所示。

---

⑰ 参见孔祥沛、孙继红:《基于SEM的研究生学位论文质量评价研究》,载《河海大学学报(哲学社会科学版)》2008年第4期。

⑱ 参见李艳等:《博士学位论文质量及其影响因素研究》,载《江苏高教》2015年第2期。

⑲ 参见李春根、罗丽:《研究生学位论文:质量现状及提升措施——基于研究生创新能力培养的视角》,载《高等财经教育研究》2012年第2期。

⑳ 参见刘朝晖、万宇:《提高博士学位论文质量之我见》,载《西南交通大学学报(社会科学版)》2003年第2期。

㉑ See Price D, *Networks of Scientific Papers*, Science, 149, 1965, p.510-515.

㉒ 参见陈超美等:《CiteSpace Ⅱ:科学文献中新趋势与新动态的识别与可视化》,载《情报学报》2009年第3期。

表6　1999～2019年研究生学位论文质量研究的突发性关键词(近3年)

关键词	突现强度	突现年份		1999～2019年
		开始年份	结束年份	
专业学位	4.9662	2012	2019	
质量评价	4.6299	2015	2017	
评价指标体系	4.5890	2016	2017	
培养模式	4.5200	2013	2017	
质量保障体系	3.8825	2014	2019	
质量控制	3.6378	2012	2017	

1. 专业学位。由表6可知,专业学位以4.9662的突现度位于关键词突现列表第一位,其突现时间从2012年持续到2019年,突现开始时间较早且跨度长。该词的突现与2012年“教育部关于全面提高高等教育质量的若干意见”的发布密切相关,该意见明确提出大力发展专业学位研究生教育,促进专业学位和学术学位协调发展,由此引发了一系列关于专业学位的探讨。已有研究主要针对构建专业学位研究生学位论文评价指标体系、加强学位论文质量管理和控制、如何提高专业学位研究生学位论文质量进行了探讨。研究者认为我国专业学位论文总体质量有待提高,[23]应优化专业学位研究生的政策环境,[24]调整专业学位论文质量评价指标体系,增强其合理性。[25] 随着我国大力发展专业学位研究生教育,涉及专业学位的研究主题是目前并将持续成为未来一段时间研究生学位论文质量研究领域的热点和前沿主题。

2. 质量评价和评价指标体系。“质量评价”和“评价指标体系”与学

㉓ 参见许长青:《专业学位硕士研究生教育质量发展评估报告:以华南地区研究型大学为例》,载《现代大学教育》2012年第3期。

㉔ 参见李占华等:《我国兽医博士专业学位研究生教育的实践与发展》,载《学位与研究生教育》2018年第7期。

㉕ 参见梅红等:《使命与责任:从完善专业学位质量保障机制的视角看MBA论文质量评价》,载《研究生教育研究》2011年第2期。

位论文质量评价密切相关,成为近年来研究生学位论文质量研究的前沿主题。质量评价既是研究热点也是研究前沿,已有研究主要针对研究生学位论文质量评价结果、现状和影响因素进行了分析,为提高研究生学位论文质量提供了对策。“评价指标体系”能够为客观合理地评价研究生学位论文质量提供依据,研究者多从硕士、博士或以学科为背景构建学位论文质量评价体系。例如,仰曙芬基于德尔菲法构建了护理学博士学位论文评价指标体系。[26] 在完善研究生教育质量评价机制的大背景下,学位论文质量评价的研究能够为科学评价学位论文质量提供依据,未来在两方向的研究将继续成为前沿主题。

3. 培养模式。“培养模式”一词在 2013 年突现,一直持续到 2017 年。2012 年教育部发布的《国家教育事业发展第十二个五年规划》提出“全面创新研究生培养模式”,2013 年教育部、人力资源和社会保障部发布《关于深入推进专业学位研究生培养模式改革的意见》,提出构建“具有中国特色的专业学位研究生培养模式”。这样的政策背景引发了一系列关于研究生培养模式的讨论。研究者认为研究生教育结构类型丰富的同时也应考虑培养模式的差异,由于专业学位和学术学位的差异,不同学位类型的研究生培养模式应该具有独特性。如专业学位研究生学位论文选题和评价标准应该更突显其应用性。[27][28]

4. 质量保障体系。“质量保障体系”在 2014 年突现,持续到 2019 年。2014 年首次全国研究生教育质量工作会议召开,刘延东在讲话中明确要求逐步确立质量保障体系。同年,国务院学位委员会、教育部下发的《加强学位与研究生教育质量保证和监督体系建设的意见》和《博士硕士学位论文抽检办法》都对研究生学位论文质量保障体系建设作出要求,由此引发了学者对质量保障体系的研究。研究者认为,为了保障

㉖ 参见仰曙芬等:《德尔菲法构建护理学博士学位论文评价指标体系》,载《中国高等医学教育》2016 年第 8 期。

㉗ 参见孙友莲:《专业学位研究生的特殊性呼唤培养模式的独特性》,载《学位与研究生教育》2013 年第 10 期。

㉘ 参见余支政、骆莲莲:《基于课程硕士角度的工程硕士培养模式创新》,载《中国高教研究》2007 年第 7 期。

研究生学位论文质量,必须建立一套与研究生培养体制相适应的学位论文质量保障体系,如优化生源结构、加强导师队伍建设、建立论文写作中的激励机制、完善论文评价体制及完善课程体系等。[29][30]

5. 质量控制。"质量控制"作为关键词,在2012年突现,突现时间持续到2017年。已有研究把全面质量管理理念、项目生命周期理论引入研究生学位论文质量控制,[31][32]从而实现对研究生学位论文质量全过程的控制,有效地提高了研究生学位论文质量。要实现研究生教育内涵式发展,提高质量是根本,而健全研究生学位论文质量控制体系建设对于提高研究生学位论文质量具有重要的意义。因此,该词也将是未来一段时间的研究前沿。

四、结论及建议

本研究运用Citespace软件,对1999~2019年我国研究生学位论文质量研究文献进行了分析,探讨了研究生学位论文质量研究的发文时间和刊载期刊分布、研究作者和机构及其合作情况、研究热点和前沿主题。得出以下结论及建议:

第一,从文献发表的时间分布看,我国研究生学位论文质量研究文献总体呈增长趋势,研究成果相对较为丰富。但是,紧跟国家政策进行的研究较多,具有明显的"蹭热点"现象,而对政策制定的引导、论证、咨询及建议性研究较少。因此,应将学位论文质量领域的政策制定与政策实践研究相结合,以形成良性互动,提升政策质量。

㉙ 参见郭巍、郑舒婷:《博士学位论文质量影响因素及保障体系建设》,载《沈阳师范大学学报(社会科学版)》2014年第3期。

㉚ 参见王素梅:《硕士研究生培养质量保障体系建设的实践研究》,载《黑龙江高教研究》2009年第6期。

㉛ 参见王雅静等:《基于过程集成的博士学位论文质量管理模式研究》,载《学位与研究生教育》2012年第10期。

㉜ 参见于庆东等:《基于项目生命周期的工程硕士学位论文质量控制研究》,载《教育教学论坛》2012年第38期。

第二,从载文期刊看,《学位与研究生教育》、《研究生教育研究》和《中国高教研究》是研究生学位论文质量研究刊载量较大且具有较高影响力的学术期刊。但从我国教育学核心期刊的数量看,期刊覆盖面并不广泛。从这个角度讲,我国以研究生学位论文质量为主题的研究并没有引起广泛关注。

第三,从研究笔者及其合作看,研究作者的合作并不紧密,影响较大的是以高耀、陈洪捷、沈文钦为核心的研究团体,其研究主要聚焦在研究生学位论文抽检结果和专家评审意见分析,内容涉及学位论文质量现状及不同组别的学位论文质量差异等。而笔者之间的合作仅限于团体内部,并没有形成较大的科研合作群体。从研究机构看,除北京大学教育学院发文量最多之外,主要是一些专业性院校从事此类研究;研究机构之间的合作极少,整体上并没有形成大规模的合作网络。因此,建议研究作者及机构之间加强合作,改变各自为营的状态,积极促进师范大学与一些教育研究实力比较突出的综合大学参与研究,以提升研究力量。

第四,研究生培养质量、学位论文质量影响因素、质量保障与管理、质量评价、专业学位研究生学位论文质量是研究热点。研究生学位论文质量是培养质量的核心衡量指标,研究学位论文质量的最终目的还是提高研究生培养质量,故基于研究生学位论文质量对研究生培养质量进行研究是该领域的一大热点。学位论文质量影响因素的研究成果较为丰富,但从输入、过程和输出全过程角度的系统研究比较缺乏,尤其是实证研究不足,因此未来应考虑全过程角度的研究。就质量保障与管理而言,虽然对学校内部层面的质量保障体系和制度保障做了大量研究,但如何落实这些保障措施,做到事前预防更值得研究者关注。就质量评价而言,由于不同学位类型、学科和对人才培养目标的要求不同,制定的学位论文质量标准也应不同,故未来在质量评价方向上应探索多元化、分类评价的方式。而近年来,我国专业学位研究生规模迅猛发展,但专业学位论文质量却参差不齐,因此研究生学位论文质量研究领域将更加关注专业学位论文质量的研究。

第五,研究前沿包括专业学位、质量评价、评价指标体系、培养模式、质量保障体系、质量控制。特别是质量保障体系、专业学位等呈现持续前行的态势,将受到学者们更多的关注。就质量保障体系而言,研究生学位论文质量保障体系是一个系统工程,因此从输入、过程和输出的培养全过程建立质量保障体系就显得尤为重要,也将是未来我国研究生学位论文质量保障体系研究的主要方向。就专业学位而言,我国在2013年就提出强化专业学位论文应用导向,分类制定专业学位论文标准,规范专业学位论文要求。相对于学术型研究生学位论文,专业型研究生学位论文形式多样,各不同领域的专业学位之间具有明显的差异。因此专业学位论文质量的研究应结合专业学位的性质,突出其职业性和实践性。但目前我国专业研究生学位论文质量相关的顶层设计模糊,对专业研究生学位论文质量的研究相对还比较缺乏,因此专业学位论文质量这一主题值得未来深入研究。

An Analysis on the Bibliometrics of Postgraduates' Graduation Theses in China

Liang Rui　Yang Jupeng

Abstract: This study adopts bibliometrics and uses Citespace software to analyze the research literature on the theme of "Quality of Graduate Dissertations" in China from 1999 to 2019 to reveal the research status in the field of the quality of graduate dissertations. The results show that the influential authors in this research field are Gao Yao, Chen Yanhui, Chen Hongjie, etc. College of Education of Peking University, Jilin Agricultural University and other institutions have made greater contributions. The relevant hot topics from this perspective include the quality of postgraduate cultivation, the quality of postgraduate dissertations, and the factors affecting the quality of postgraduate dissertations, quality assurance and management, quality evaluation, and research on the quality of professional graduate dissertations. The relevant cutting-edge topics include professional degrees, quality assurance systems, etc.

Key Words: postgraduates, quality of graduation theses, literature statistics

教育法制

布朗诉托皮卡教育委员会案判决*

美国联邦最高法院　撰　阎　天**　译

摘　要：1954 年至 1955 年，美国最高法院分两次就布朗诉托皮卡教育委员会案作出判决，这是美国宪法史上最为重大的事件之一。布朗案的判决沉重打击了种族隔离制度，促使民权运动渐入佳境，深刻改变了美国社会。判决开启了最高法院新的司法能动时代，重塑了法院在社会变革中的角色，更重新定义了司法与其他分支、联邦与地方、国家与公民之间的关系。判决还引发了学界的广泛讨论，为现代美国宪法学设定了议程和范式，更为后世学人提供了源源不断的灵感。国内已有布朗案判决的多个译本，但均存在较多简化。此次根据美国最高法院官方记录译出全本，以期呈现判决的全貌。

关键词：美国宪法　平等保护　种族隔离

* 原载《合众国报告》(United States Reports)第 347 卷第 483 页以下(1954 年)、第 349 卷第 294 页以下(1955 年)。

** 阎天，北京大学法学院助理教授，研究方向：宪法、行政法、劳动法、社会保障法。

布朗诉托皮卡教育委员会(布朗第一案)
347 U. S. 483 (1954)

一号案件,上诉自合众国堪萨斯地区法院。***

1952 年 12 月 9 日辩论。1953 年 12 月 8 日重新辩论。1954 年 5 月 14 日判决。

摘　要

根据允许或要求实施种族隔离的州法,单纯基于种族而在一州公办学校的白人和黑人儿童之中施行种族隔离,否定了第十四修正案所保障的对黑人儿童的法律平等保护,即便白人和黑人学校的物理设施和其他“有形”因素可能是平等的。(p. 486 – 496)

(a)第十四修正案的历史对于该修正案所意图对公办教育施加的影响并无定论。(p. 489 – 490)

(b)决定这些案件所提出的问题时,不能立足于第十四修正案获得采纳时所存在的条件,而是必须依据公办教育的充分发展,以及公办教育在全国各地美式生活中的当下地位。(p. 492 – 493)

(c)如果一州承诺在其公办学校中提供受教育的机会,那么这个机会就构成一项权利,必须以平等的条件让所有人可得。(p. 493)

(d)单纯基于种族而对公办学校儿童施行种族隔离,剥夺了少数族裔儿童的平等教育机会,即便物理设施和其他“有形”因素可能是平等的。(p. 493 – 494)

*** 一起判决的还有二号案件,布里格斯诉艾略特(Briggs et al. v. Elliott et al.),上诉自合众国南卡罗来纳东区法院,1952 年 12 月 9 日至 10 日辩论,1953 年 12 月 7 日至 8 日重新辩论;四号案件,戴维斯诉弗吉尼亚州爱德华王子县学校委员会(Davis et al. v. County School Board of Prince Edward County, Virginia, et al.),上诉自合众国弗吉尼亚东区法院,1952 年 12 月 10 日辩论,1953 年 12 月 7 日至 8 日重新辩论;以及十号案件,格布哈特诉贝尔顿(Gebhart et al. v. Belton et al.),上诉自特拉华州最高法院调卷,1952 年 12 月 11 日辩论,1953 年 12 月 9 日重新辩论。

(e)普莱西诉弗格森案(Plessy v. Ferguson, 163 U. S. 537)所采纳的"分离但平等"的司法学说在公办教育领域没有地位。(p. 495)

(f)这些案件重新列入待决案件清单,以便就与命令形式相关的特定问题做进一步辩论。(p. 495 –496)

各方律师

罗伯特 L. 卡特(Robert L. Carter)在一号案件中代理上诉人参加初次辩论和重新辩论。瑟古德·马歇尔(Thurgood Marshall)在二号案件中代理上诉人参加初次辩论,斯波茨伍德 W. 罗宾森三世(Spottswood W. Robinson, Ⅲ)在四号案件中代理上诉人参加初次辩论,两人共同在二号和四号案件中代理上述人参加重新辩论。路易斯 L. 莱丁(Louis L. Redding)和杰克·格林伯格(Jack Greenberg)在十号案件中代理答辩人参加初次辩论,杰克·格林伯格和瑟古德·马歇尔则参加重新辩论。

提交摘要的有:代表一号、二号和四号案件上诉人和十号案件答辩人的罗伯特 L. 卡特、瑟古德·马歇尔、斯波茨伍德 W. 罗宾森三世、路易斯 L. 莱丁、杰克·格林伯格、乔治 E. C. 海耶斯(George E. C. Hayes)、小威廉 R. 明(William R. Ming, Jr.)、康斯坦茨·贝克尔·莫特利(Constance Baker Motley)、小詹姆斯 M. 纳布里特(James M. Nabrit, Jr.)、查尔斯 S. 斯科特(Charles S. Scott)、弗兰克 D. 里弗斯(Frank D. Reeves)、哈罗德 R. 鲍德沃(Harold R. Boulware)和奥利弗 W. 希尔(Oliver W. Hill);代表一号、二号和四号案件上诉人的乔治 M. 约翰逊(George M. Johnson),以及代表二号和四号案件上诉人的洛伦·米勒(Loren Miller)。阿瑟 D. 舒尔斯(Arthur D. Shores)和 A. T. 沃登(A. T. Walden)在二号案件中撰写了《关于管辖权问题的声明》,并撰写摘要反对《关于撤销或支持该案诉讼请求的动议》。

堪萨斯州助理司法部部长保罗 E. 威尔森(Paul E. Wilson)在一号案件中代理被上诉人参加初次辩论和重新辩论。与他共同撰写摘要的是司法部部长哈罗德 R. 费策尔(Harold R. Fatzer)。

约翰 W. 戴维斯(John W. Davis)在二号案件中代理被上诉人参加初次辩论,在二号和四号案件中代理被上诉人参加重新辩论。与他在二号案件中共同撰写摘要的是南卡罗来纳州司法部部长T. C. 卡里森(T. C. Callison)、小罗伯特McC. 费格(Robert McC. Figg, Jr.)、S. E. 罗杰斯(S. E. Rogers)、威廉R. 米格尔(William R. Meagher)和塔戈特·威普(Taggart Whipple)。

弗吉尼亚州司法部部长小J. 林赛·阿尔蒙德(J. Lindsay Almond, Jr.)和T. 贾斯汀·摩尔(T. Justin Moore)在四号案件中代理被上诉人参加初次辩论,在二号和四号案件中代理被上诉人参加重新辩论。在四号案件撰写摘要的有:代理被上诉人弗吉尼亚州的司法部部长小J. 林赛·阿尔蒙德和司法部部长特别助理亨利T. 维克汉姆(Henry T. Wickham),以及代理被上诉人爱德华王子县学校管理局的T. 贾斯汀·摩尔、阿奇博得G. 罗伯森(Archibald G. Robertson)、约翰W. 莱利(John W. Riely)和小T. 贾斯汀·摩尔(T. Justin Moore, Jr.)。

特拉华州司法部部长H. 艾尔伯特·杨(H. Albert Young)在十号案件中代理申诉人参加初次辩论和重新辩论。与他共同撰写摘要的是司法部特设副部长路易斯J. 费英格(Louis J. Finger)。

在最高法院的特许下,助理司法部部长兰金(Rankin)代理合众国,作为法庭之友参加重新辩论,吁请推翻一号、二号和四号案件的原判,并维持十号案件的原判。与他共同撰写摘要的有:司法部部长布朗内尔(Brownell)、菲利普·埃尔曼(Philip Elman)、利昂·厄尔曼(Leon Ulman)、威廉J. 莱蒙特(William J. Lamont)和M. 玛德琳娜·绍齐(M. Magdelena Schoch)。时任司法部部长詹姆斯P. 麦克格兰内里(James P. McGranery)和菲利普·埃尔曼代理合众国,作为法庭之友参加初次辩论,提交摘要,吁请推翻一号、二号和四号案件的原判,并维持十号案件的原判。

作为法庭之友提交摘要以支持一号案件上诉人的有:代表美国犹太人大会(American Jewish Congress)的谢德·博利尔(Shad Polier)、威尔·马斯洛(Will Maslow)和约瑟夫B. 罗比森(Joseph B. Robison);代表美国公民自由联盟(American Civil Liberties Union)等组织的QY·艾德温J. 卢卡斯(QY Edwin J. Lukas)、阿诺德·佛斯特(Arnold Forster)、

阿瑟·加菲尔德·海斯(Arthur Garfield Hays)、弗兰克 E. 卡尔森(Frank E. Karelsen)、莱昂纳德·哈斯(Leonard Haas)、萨布罗·基多(Saburo Kido)和西奥多·莱斯克斯(Theodore Leskes)。以及代表美国教师联合会(American Federation of Teachers)的约翰·莱登伯格(John Ligtenberg)和塞尔玛 M. 波查特(Selma M. Borchardt)。作为法庭之友提交摘要以支持一号案件上诉人和十号案件答辩人的有:代表产联(Congress of Industrial Organizations)的阿瑟 J. 戈德伯格(Arthur J. Goldberg)和托马斯 E. 哈里斯(Thomas E. Harris),以及代表美国退伍军人委员会公司(American Veterans Committee, Inc.)的菲尼斯·因得利茨(Phineas Indritz)。

法院意见

首席大法官沃伦先生发表法院意见。

本判决各案分别自堪萨斯州、南卡罗来纳州、弗吉尼亚州和特拉华州到达本院。各案的事实基础和当地情况不一,而共同的法律问题使它们理当获得共同考量,形成这份统一意见。①

---

① 在堪萨斯的布朗诉教育委员会案(Brown v. Board of Education)中,原告是居住在托皮卡(Topeka)的一群小学学龄的黑人儿童。他们在合众国堪萨斯地区法院提起本诉,以求禁止执行堪萨斯的一项立法,该法允许但并不要求人口超过15,000人的城市为黑人和白人学生分开建立学校设施。Kan. Gen. Stat. § 72 – 1724 (1949). 依据该项职权,托皮卡教育委员会投票决定建立种族隔离的小学。然而,社区中的其他公办学校都没有实施种族隔离。地区法院根据28 U. S. C. § § 2281 and 2284 组成包括3位法官的法庭,认定公办教育中的这一种族隔离对黑人儿童有不利影响,但是拒绝提供救济,理由是黑人和白人学校在校舍、交通、课程和教师的教育资质方面都大体是平等的。98 F. Supp. 797. 本案根据28 U. S. C. § 1253 直接上诉到本院。在南卡罗来纳的布里格斯诉艾略特案(Briggs v. Elliott)中,原告是居住在克莱伦登县(Clarendon County)的黑人儿童,有些达到了小学学龄,其他人则达到了中学学龄。他们在合众国南卡罗来纳东区法院提起本诉,以求禁止执行州宪法和立法法典中的若干条文,这些规定要求在公办学校中对黑人和白人实施种族隔离。S. C. Const., Art. XI, § 7; S. C. Code § 5377 (1942). 地区法院根据28 U. S. C. § § 2281 and 2284 组成包括3位法官的法庭,拒绝给予诉求的救济。法院认定黑人学校低白人学校一等,并且命令被告立即着手实现设施的平等。然而,法院支持了系争规定的有效性,拒绝在平等化项目中将原告录取到白人学校。98 F. Supp. 529. 本院撤销了地区法院的判决,将案件发回重审,以期获知法院对被告所提交的一份报告的看法,该报告涉及平等化项目所取得的进展。342 U. S. 350. 在重审中,地区法院认定:除校舍外均已实现了大体平等,且被告也在采取措施纠正不平等。103 F. Supp. 920. 本案根据28 U. S. C. § 1253 再次直接上诉到本院。

在各个案件中,未成年的黑种人通过自己的法律代表寻求法院的帮助,以求在没有种族隔离的基础上,获得他们所在社区公办学校的录取。他们中的每一位都被白人儿童就学的学校拒绝录取,拒绝的依据都是根据种族实施隔离的法律。据称,这种隔离剥夺了原告根据第十四修正案享有的法律的平等保护。除特拉华州一案以外,由三名法官组成的联邦地区法院都根据本院在普莱西诉弗格森案(Plessy v. Fergson, 163 U. S. 537)中宣示的所谓"分离但平等"学说,拒绝给予原告救济。根据该学说,只要向各种族提供了大体上平等的设施,即便设施采取种族隔离,也符合待遇平等。在特拉华州一案中,州最高法院遵循了这一学说,但是命令白人学校录取原告,理由是白人学校比黑人学校条件优越。

原告坚称,种族隔离的公办学校不是"平等"的,也无法变得"平等",他们因此被剥夺了法律的平等保护。因为系争问题的重要性显而

在弗吉尼亚的戴维斯诉县学校委员会案(Davis v. County School Board)中,原告是居住在爱德华王子县的、高中学龄的黑人儿童。他们在合众国弗吉尼亚东区法院提起本诉,以求禁止执行州宪法和立法法典中的若干条文,这些规定要求在公办学校的黑人和白人之间实施种族隔离。Va. Const., § 140; Va. Code § 22 – 221 (1950). 地区法院根据28 U. S. C. § § 2281 and 2284 组成包括3位法官的法庭,拒绝给予诉求的救济。法院认定黑人学校在物理设施、课程和交通方面低人一等并且命令被告即刻提供大体平等的课程和交通,以及"以合理的审慎、坚持和迅速去除"物理设施的不平等。然而,正如南卡罗来纳的案件一样,法院支持了系争规定的有效性,拒绝在平等化项目中将原告录取到白人学校。103 F. Supp. 337. 本案根据28 U. S. C. § 1253 直接上诉到本院。在特拉华的格布哈特诉贝尔顿案(Gebhart v. Belton)中,原告是居住在纽卡斯尔县(New Castle County)的黑人儿童,有些达到了小学学龄,其他人则达到了中学学龄。他们在特拉华大法官法院(Court of Chancery)提起本诉,以求禁止执行州宪法和立法法典中的若干条文,这些规定要求在公办学校的黑人和白人之间实施种族隔离。Del. Const., Art. X, § 2; Del. Rev. Code § 2631 (1935). 大法官判决支持原告,并要求立即将他们录取到先前只招白人儿童的学校之中,理由是黑人学校在教师培训、生师比、课外活动、物理设施及通勤时间和距离方面都低人一等。87 A. 2d 862. 大法官还认定种族隔离本身会导致黑人儿童的教育低人一等(见后注10),但其判决并非基于这一理由。Id., at 865. 大法官的命令获得了特拉华最高法院的确认,但是该院表示:被告在实现黑人和白人学校的平等化之后,可以要求修改命令。91 A. 2d 137, 152. 被告仅主张特拉华的法院错在不该命令白人学校立即录取黑人原告,据此向本院申请调卷。本院发出了调卷令,344 U. S. 891。原告在下述判决中获胜,并未提交反诉。

易见,本院实施了管辖。[2] 本院在1952年审期内聆听了庭辩,在本审期又就本院提出的特定问题再次聆听了庭辩。[3]

再次庭辩在相当大的程度上专注于1868年第十四修正案通过前后的局势。庭辩中穷究了国会出台修正案的考量、各州的签署情况、当时存在的种族隔离做法,以及支持者和反对者对于该修正案的看法。这些讨论及本院自行调查说服本院:上述资料尽管不无启发,却不足以解决本院所面对的问题。至多可以说:从这些资料中并不能得出结论。无疑,内战后修正案的最热心支持者希望以此消除"一切生于或归化美国的人"之间的一切法律区隔。同样确定的是,他们的反对者既敌视修正案的文字,也敌视其精神,希望将其效果限制到最小。国会其他成员和各州立法机关的意志则全然无法确定。

之所以无法从修正案的历史中就学校种族隔离问题得出结论,另一个原因在于当时公办教育的状况。[4] 在南方,以普遍征税支持的公立中小学化运动尚不成气候。白人儿童的教育在很大程度上由私人团体掌控。针对黑人的教育几乎不存在,这个种族几乎全都是文盲。事实上,一些州的法律禁止针对黑人的一切教育。与此相反,如今有许多黑人都在文艺和科学以及商界和专业领域取得了卓越的成就。虽然北方的公办教育在修宪时已经取得了更多进展,但是在国会辩论中,修宪对于北

---

② 344 U. S. 1, 141, 891.

③ 345 U. S. 972. 合众国司法部部长作为法庭之友参加了两季审判。

④ 对于修正案出台前公办教育发展状况的总体研究,参见 Butts and Cremin, *A History of Education in American Culture* (1953), Pts. I, II; Cubberley, *Public Education in the United States* (1934 ed.), cc. II – XII. 对于第十四修正案获得采纳时的学校活动的描述参见 Butts and Cremin, *supra*, p. 269 – 275; Cubberley, *supra*, p. 288 – 339, 408 – 431; *Knight*, *Public Education in the South* (1922), cc. VIII, IX. See H. Ex. Doc. No. 315, 41st Cong., 2d Sess. (1871)。虽然北方和南方对于免费公办学校的呼声具有大致相同的样态,但是南方的发展直到大约1950年才形成势头,这比北方要晚大约20年。对于南方发展相对缓慢的原因(例如,南方以农村为主的特质,以及不同地区对于州提供协助的不同态度)的解释参见 Cubberley, *supra*, p. 408 – 423。从全国范围来看,特别是在南方,内战几乎中断了公办教育的一切进展。Id., p. 427 – 428. 对于内战之前和战后初期黑人教育在全国各地的低下地位的描述参见 Beale, *A History of Freedom of Teaching in American Schools* (1941), p. 112 – 132, 175 – 195。强制入学法直到第十四修正案批准生效后才普遍获得采纳,直到1918年,此类法律才在所有州都获得了效力。Cubberley, *supra*, p. 563 – 565.

方各州的影响基本被忽视了。即便在北方,公办教育的情况也无法与今时相比拟。课程通常很初步;不分年级的学校在农村地区很普遍;许多州每年只有三个月的学期;强制入学则几乎闻所未闻。由此可见,第十四修正案的历史几乎不涉及其所意图对公办教育施加的影响,也就不足为怪了。

第十四修正案通过后不久,本院在解释该修正案的早期案件中,认定该修正案禁止一切州所强加的、针对黑人种族的歧视。⑤ "分离但平等"的司法学说直到1896年的普莱西诉弗格森案(Plessy v. Ferguson, supra)才在本院出现,且该案涉及的也并非教育,而是交通。⑥ 此后半个多世纪,美国法院都承受着该学说的重负。本院在公办教育领域判决了6宗涉及"分离但平等"的案件。⑦ 在卡明诉县教育委员会案(Cumming v. County Board of Education, 175 U. S. 528)和龚兰诉赖斯案(Gong Lum v. Rice, 275 U. S. 78)中,司法学说本身的正当性并未受到挑战。⑧

---

⑤ 参见 Slaughter-House Cases, 16 Wall. 36, 83 U. S. 67 – 72 (1873); Strauder v. West Virginia, 100 U. S. 303, 100 U. S. 307 – 308 (1880):"它命令州不得未经法律正当程序而剥夺任何人的生命、自由或财产,或者在其管辖范围内拒绝给予任何人法律的平等保护。这恰恰宣示了合众国的法律对于黑人和白人应当是一样的;所有人,无论是有色人种还是白人,在合众国的法律面前应当是平等的,并且对于有色人种来说,修正案的主旨便是保护他们,法律不得由于其肤色而针对他们实施歧视。诚然,修正案采用了禁止性的措辞,但是它必然引申出一项积极的豁免或权利,这对于有色人种的价值尤其大——免于针对他们作为有色人种的特殊性的、不友善立法的权利——免受法律暗示他们在市民社会低人一等、削弱他们享有他人所享有的权利的保障的歧视,以及作为将他们贬低到受支配种族地位的步骤的歧视。" See Virginia v. Rives, 100 U. S. 313, 100 U. S. 318 (1880); Ex parte Virginia, 100 U. S. 339, 100 U. S. 344 – 345 (1880).

⑥ 该司法学说显然起源于1850年的罗伯茨诉波士顿市案(Roberts v. City of Boston, 59 Mass. 198, 206),该案支持学校种族隔离免遭违反州宪法对平等的保障的攻击。波士顿市公办学校的种族隔离于1855年被清除。Mass. Acts 1855, c. 256. 而在北方其他地区的某些社区,公办学校的种族隔离持续到了最近几年。显然,这种隔离长期以来都构成全国性问题,而不仅是特定地区的关切。

⑦ See Berea College v. Kentucky, 211 U. S. 45 (1908).

⑧ 在卡明案(Cumming)中,黑人纳税人寻求签发禁制令,要求被告学校委员会停止运营一所只招白人儿童的中学,直到委员会重新开始运营一所只招黑人儿童的中学。类似地,在龚兰案(Gong Lum)中,原告是一位华裔儿童,他仅主张州当局错误地适用了"分离但平等"的司法学说,把他归类为黑人儿童并要求他就读黑人学校。

最近的案件则都发生在研究生教育层面，法院判决：拒绝将白人学生所享有的特定利益给予受教育水平相同的黑人学生是不平等的。密苏里为盖恩斯诉加拿大案（Missouri ex rel. Gaines v. Canada, 305 U. S. 337），西普尔诉俄克拉荷马案（Sipuel v. Oklahoma, 332 U. S. 631），斯威特诉佩恩特案（Sweatt v. Painter, 339 U. S. 629），麦克劳林诉俄克拉荷马教育委员会案（McLaurin v. Oklahoma State Regents, 339 U. S. 637），上述个案均无须重新检讨司法学说本身即可救济黑人原告。在前引斯威特诉佩恩特案中，本院明确暂不就普莱西诉弗格森案是否不适用于公办教育作出裁判。

当下的案件则直接提出了这个问题。与斯威特诉佩恩特案不同，当下各案中黑白学校的校舍、课程、教师资质和薪金及其他"有形"因素都实现了平等，或正在向平等迈进。⑨ 因此，本院不能只依据各案中黑校和白校有形因素的对比来判决。相反，我们必须考察种族隔离本身对于公办教育的影响。

为分析这一问题，我们无法将时钟回拨到 1868 年该修正案获得采纳之时，甚至 1896 年普莱西诉弗格森案下判之时。我们考察公办教育的根据，必须是其在全国范围内的充分发展及其在美式生活中的现时地位。只有这样才能决定公办学校中的种族隔离是否剥夺了当下案件原告的法律平等保护。

如今，教育可能是州和地方政府最为重要的职能。强制入学法和庞大的教育开支都表明：我们意识到了教育对于我们民主社会的重要性。履行我们最基本的公共责任、甚至从军服役，都需要教育。教育正是良善公民身份的基石。如今，教育是对儿童进行文化价值启蒙、为其日后接受职业培训做准备、帮助其正常适应环境的关键手段。现在，任何儿

---

⑨ 在堪萨斯的案件中，下级法院认定在一切此类因素上都大体平等。98 F. Supp. 797, 798. 在南卡罗来纳的案件中，下级法院认定被告正在"迅速且诚信地履行法院的命令。"103 F. Supp. 920, 921. 在弗吉尼亚的案件中，下级法院指出，平等化的项目已然"行动起来并且取得进展"（103 F. Supp. 337, 341）；后来，我们从弗吉尼亚司法部部长关于再次庭辩的摘要中得知，该项目现在已经完成。在特拉华的案件中，下级法院同样指出，州的平等化项目进展顺利。91 A. 2d 137, 149.

童在教育机会遭到拒斥后,是否可以合理期待其仍能取得人生成功深值怀疑。如果一州承诺在其公办学校中提供受教育的机会,那么这个机会就构成一项权利,必须以平等的条件让所有人可得。

我们这就讨论当下案例所提出的问题:单纯基于种族而对公办学校儿童施行种族隔离,即便物理设施和其他“有形”因素可能是平等的,是否剥夺了少数族裔儿童的平等教育机会?我们相信答案是肯定的。

在前引斯威特诉佩恩特案中,本院判决实施种族隔离的黑人法学院不能为其提供平等教育机会,在很大程度上是考虑到“那些无法客观测量但是成就法学院的伟大的因素”。在前引麦克劳林诉俄克拉荷马教育委员会案中,本院要求白人研究生院所录取的黑人获得与其他一切学生相当的对待,再一次地诉诸那些无形的考量:“……他的学习、参加讨论并与其他学生交换看法以及从总体上说习得专业的条件。”这些考量因素尤其适用于小学和中学的儿童。仅仅因其种族而将他们与其他年龄和资质相似儿童分离开来,会让他们觉得自身在共同体中的地位低人一等,这种感觉会给他们的心智造成永远难以抹去的影响。在堪萨斯的一宗案件的判决中,某法院很好地阐述了这种分离对于他们教育机会的影响,但是仍然认为有必要判决不支持黑人原告:

“在公办学校中将白人和有色人种儿童分离开来,会对有色人种儿童产生不利的影响。当分离具备法律的约束力时,影响会更大,因为种族分离的政策通常被解读为指向黑人群体的低人一等。低人一等的感受会影响到儿童的学习动机。因此,具备法律约束力的分离可能阻滞黑人儿童的学习和心理发育,并剥夺他们在种族融合的学校系统下本来可以获得的某些利益。”⑩

无论心理学的认知在普莱西诉弗格森案的时代达到何种程度,这一

⑩ 特拉华州的案件作出了类似的判决:“我从证词中得出结论:在我们特拉华的社会中,州对于教育所施加的种族隔离本身,导致黑人儿童作为一个群体所获得的教育机会在相当程度上低于其他处境类似的白人儿童所能获得的机会。”87 A.2d 862, 865.

判决获得了现代权威的充分支持。[11] 普莱西诉弗格森案中与这一判决相抵触的任何话语都受到了驳斥。

我们得出结论:在公办教育领域,“分离但平等”的司法学说没有地位。分离的教育设施天然地不平等。因此,我们认定,原告及作为这些案件起诉目的的、其他处境相似之人,由于所诉称的种族隔离的缘故,被剥夺了第十四修正案所保障的法律的平等保护。这一决定使本院无需再讨论这些种族隔离是否同时违反了第十四修正案的正当程序条款。[12]

由于这些案件是集团诉讼,由于本判决的广泛适用性,也是由于地方状况的巨大多样性,制作这些案件的命令会带来相当复杂的问题。在再次庭辩时,对适当救济的考量不得不让位于首要的问题——公办教育中种族隔离的合宪性。我们现已宣布这些种族隔离否定了法律的平等保护。为了让我们在制作命令时获得各方的充分协助,这些案件将重新列入待决案件清单,我们要求各方就本院在本审判季再次庭辩时所提出的第四和第五个问题作进一步的论辩。[13] 我们再次邀请合众国司法部部长参加,我们也允许那些许可或要求在公办教育中实施种族隔离的州

---

⑪ K. B. Clark, *Effect of Prejudice and Discrimination on Personality Development* (Mid-century White House Conference on Children and Youth, 1950); Witmer and Kotinsky, Personality in the Making (1952), c. VI; Deutscher and Chein, *The Psychological Effects of Enforced Segregation A Survey of Social Science Opinion*, 26 J. Psychol. 259 (1948); Chein, *What are the Psychological Effects of Segregation Under Conditions of Equal Facilities?*, 3 Int. J. Opinion and Attitude Res. 229 (1949); Brameld, *Educational Costs, in Discrimination and National Welfare* (MacIver, ed., 1949), p. 44 – 48; See Myrdal, *An American Dilemma* (1944).

⑫ 参见 Bolling v. Sharpe, post, p. 347 U. S. 497,涉及第五修正案的正当程序条款。

⑬ “4. 假设判决公办学校的种族隔离违反了第十四修正案(a)是否有必要据此命令:在正常的地理学区范围内,黑人儿童应当即可被录取到他们所选择的学校,或者(b)本院是否有必要行使衡平的权力,允许从现行的种族隔离体制切实地、逐步地调整为不再基于肤色区分的体制? 5. 基于与问题4(a)和4(b)相同的假设,并且进一步假设本院为问题4(b)所述的目的而行使衡平的权力,(a)本院在这些案件中是否应当制定详细的命令;(b)如果是,命令应当涉及哪些具体的问题;(c)本院是否应当任命一位特别负责人(special master)听取证据,以便就这些命令的特定条款提供建议;(d)本院是否应当将案件发回初审法院重审,附上在这些案件中制定命令的指引? 如果是,本院的命令中应当包含哪些一般指引,初审法院应当遵循何种程序来为更细致的命令制定特定条款?”

的司法部部长依申请在1954年9月15日之前成为法庭之友,并且在1954年10月1日前提交意见摘要。[14]

此判。

布朗诉托皮卡教育委员会(布朗第二案)
349 U. S. 294 (1955)

一号案件,上诉自合众国堪萨斯地区法院。*

1955年4月11日至14日就救济问题重新辩论。1955年5月31日宣布法院意见和判决。

摘　要

1. 公办教育中的种族歧视违宪,347 U. S. 483, 497, 联邦、州和地方法律中一切要求或允许此类歧视的条文均必须服从于这一原则。(p. 298)

2. 下列判决(特拉华案的判决除外)被推翻,这些案件发回地区法院重审,其程序、判决和命令应当符合本意见,并且为了让这些案件的当事人在不受种族歧视的基础上以尽可能审慎的速度被录取到公办学校,应当是必需且恰当的。(p. 301)

(a) 教育当局对解释、评估和解决各种各样的地方学校问题负有首要责任,这些问题的解决需要充分执行占统治地位的宪法原则。(p. 299)

(b) 法院应当考虑教育当局的行为是否一直诚信地执行占统治地

---

⑭ 参见 Rule 42, Revised Rules of this Court (1954年7月1日生效)。

* 一起判决的还有二号案件,布里格斯诉艾略特(Briggs et al. v. Elliott et al.),上诉自合众国南卡罗来纳东区法院;三号案件,戴维斯诉弗吉尼亚州爱德华王子县学校委员会(Davis et al. v. County School Board of Prince Edward County, Virginia, et al.),上诉自合众国弗吉尼亚东区法院;四号案件,波灵诉夏普(Bolling et al. v. Sharpe et al.),上诉自合众国哥伦比亚特区巡回区上诉法院调卷;以及五号案件,格布哈特诉贝尔顿(Gebhart et al. v. Belton et al.),上诉自特拉华州最高法院调卷。

位的宪法原则。(p. 299)

(c)由于靠近本地的情形,且未来可能仍需听审,最初听审这些案件的法院能够最好地进行这种司法评价。(p. 299)

(d)法院在制作命令并使其发挥效力的过程中,应当受到衡平原则的指引——其特点在于创设救济时的务实灵活性,以及调整及协调公共和私人需要的能力。(p. 300)

(e)需要考虑的是原告在不被歧视的基础上尽可能快地被录取到公办学校的个人利益。(p. 300)

(f)衡平原则指导下的法院可以适当考虑公共利益,它意味着全面切实地消除阻止学校系统转型的各种障碍,使其按照 347 U. S. 483, 497(布朗第一案)所宣示的一系列宪法原则运作;但是这些宪法原则的有效性不得仅因对其持有异议而被放弃。(p. 300)

(g)在赋予这些公共和私人考量以权重时,法院应当要求被告迅速且合理地起步,向着充分遵守本院的判决迈进。(p. 300)

(h)一旦这一起步完成,法院可以认定:有效实施判决需要额外的时间。(p. 300)

(i)被告有义务证明,额外的时间对于公共利益是必要的,且符合在可能的最短期限内诚信履行判决的需要。(p. 300)

(j)法院可以考虑与行政有关的问题,这些问题源自学校设施的物理条件、学校的交通系统、人事;将学区和就学地域调整为小巧的单元,使公办学校系统的录取决定不再基于种族;以及为解决前述问题之需而修改地方法律和规章。(p. 300 – 301)

(k)法院还可以考量被告所提交的任何计划,这些计划旨在应对上述问题并实现向没有种族歧视的学校系统的转型。(p. 301)

(l)在转型期内,法院将保持对这些案件的管辖权。(p. 301)

3. 特拉华案件的判决要求立即将原告录取到先前只有白人儿童就学的学校,根据本院在 347 U. S. 483(布朗第一案)中的意见所宣示的原则,该判决得到维持,但是该案发回特拉华最高法院重审,以履行本院在本意见中认为必要的进一步程序。(p. 301)

98 F. Supp. 797, 103 F. Supp. 920, 103F. Supp. 337 和四号案件的判决被推翻并发回重审。

91 A. 2d 137 被维持并发回重审。

各方律师

罗伯特 L. 卡特在一号案件中代理上诉人参加辩论。斯波茨伍德 W. 罗宾森三世在二号和三号案件中代理上诉人参加辩论。乔治 E. C. 海耶斯和小詹姆斯 M. 纳布里特在四号案件中代理申诉人参加辩论。路易斯 L. 莱丁在五号案件中代理答辩人参加辩论。瑟古德·马歇尔在一号、二号和三号案件中代理上诉人,在四号案件中代理申诉人,在五号案件中代理答辩人参加辩论。

提交摘要的有:代表一号、二号和三号案件上诉人及五号案件答辩人的哈罗德·鲍尔沃、罗伯特 C. 卡特、杰克·格林伯格、奥利弗 W. 希尔、瑟古德·马歇尔、路易斯 L. 莱丁、斯波茨伍德 W. 罗宾森三世、查尔斯 S. 斯科特、小威廉 T. 科尔曼(William T. Coleman, Jr.)、查尔斯 T. 邓肯(Charles T. Duncan)、乔治 E. C. 海耶斯、洛伦·米勒、小威廉 R. 明、康斯坦茨·贝克尔·莫特利、小詹姆斯 M. 纳布里特、路易斯 H. 波拉克(Louis H. Pollak)和弗兰克 D. 里弗斯;以及代表四号案件申诉人的乔治 E. C. 海耶斯、小詹姆斯 M. 纳布里特、乔治 M. 约翰逊、赫伯特 O. 里德(Herbert O. Reid)、瑟古德·马歇尔和罗伯特 C. 卡特。

堪萨斯州司法部部长哈罗德 R. 费策尔在一号案件中代理被上诉人参加辩论,与他一起撰写摘要的是助理司法部部长保罗 E. 威尔森。彼得 F. 卡德维尔(Peter F. Caldwell)代理被上诉人堪萨斯州托皮卡教育委员会提交了摘要。

S. E. 罗杰斯和小罗伯特 McC. 费格在二号案件中代理被上诉人参加辩论并提交了摘要。

弗吉尼亚州司法部部长小 J. 林赛·阿尔蒙德和阿奇博得 G. 罗伯森在三号案件中代理被上诉人参加辩论。与他们一起撰写摘要的有:司法部部长特别助理亨利 T. 维克汉姆、T. 贾斯汀·摩尔、约翰 W. 莱利和小 T. 贾斯汀·摩尔。

弥尔顿 D. 科尔曼(Milton D. Korman)在四号案件中代理答辩人参加辩论。与他共同撰写摘要的有：弗农 E. 韦斯特(Vernon E. West)、切斯特 H. 格雷(Chester H. Gray)和黎曼 J. 厄姆斯泰德(Lyman J. Umstead)。

特拉华州司法部部长约瑟夫·唐纳德·克雷文(Joseph Donald Craven)在五号案件中代理申诉人参加辩论。撰写摘要的有：时任司法部部长 H. 艾尔伯特·杨、司法部副部长克拉伦斯 W. 泰勒(Clarence W. Taylor)和司法部特设副部长安德鲁 D. 克里斯蒂(Andrew D. Christie)。

应最高法院在 347 U. S. 483,495－496 发出的邀请，司法部副部长索伯洛夫(Sobeloff)代理合众国参加口头辩论。与他一同撰写摘要的有：司法部部长布朗内尔、助理司法部部长兰金、菲利普·埃尔曼、拉尔夫 S. 斯普利策(Ralph S. Spritzer)和艾伦 S. 罗森塔尔(Alan S. Rosenthal)。

应最高法院在 347 U. S. 483, 496 发出的邀请，以下各州官员作为法庭之友口头表达了他们的看法：阿肯色州司法部部长托马斯 J. 金特里(Thomas J. Gentry)，与他一同撰写摘要的是助理司法部部长詹姆斯 L. 斯隆(James L. Sloan)和司法部部长特别助理理查德 B. 麦卡洛克(Richard B. McCulloch)。佛罗里达州司法部部长理查德 W. 欧文(Richard W. Ervin)和助理司法部部长拉尔夫 E. 奥德姆(Ralph E. Odum)，他们一同撰写了摘要。马里兰州司法部部长 C. 费迪南德·希伯特(C. Ferdinand Sybert)，与他一同撰写摘要的有：时任司法部部长爱德华 D. E. 罗林斯(Edward. D. E. Rollins)、助理司法部部长 W. 吉尔斯·帕克尔(W. Giles Parker)和司法部部长特别助理小詹姆斯 H. 诺里斯(James H. Norris, Jr.)。北卡罗来纳州助理司法部部长 I. 贝弗利·雷克(I. Beverly Lake)，与他一同撰写摘要的有：司法部部长哈里·麦克姆兰(Harry McMullan)，助理司法部部长 T. 韦德·布拉顿(T. Wade Bruton)、拉尔夫·穆迪(Ralph Moody)和克劳德 L. 拉夫(Claude L. Love)。俄克拉荷马州司法部部长麦克 Q. 威廉姆森(Mac Q.

Williamson)也撰写了摘要。得克萨斯州司法部部长约翰·本·谢泼德(John Ben Shepperd)和助理司法部部长博耐尔·沃德利普(Burnell Waldrep),与他们一同撰写摘要的有:比利 E. 李(Billy E. Lee)、小 J. A. 艾米斯(J. A. Amis, Jr.)、L. P. 罗勒(L. P. Lollar)、J. 弗莱德·琼斯(J. Fred Jones)、约翰·达文波特(John Davenport)、约翰·里弗斯(John Reeves)和威尔·戴维斯(Will Davis)。

菲尼斯·因得利茨代表美国退伍军人委员会公司,作为法庭之友撰写了摘要。

法院意见

首席大法官沃伦先生发表法院意见。

这些案件于1954年5月17日宣判。当天的意见[15]宣示了公办学校中的种族歧视违宪这一根本原则,在此引用这些意见,将其纳入本意见。联邦、州和地方法律中一切要求或允许此类歧视的条文均必须服从于这一原则,剩下需要考虑的是救济的方式问题。

由于这些案件源于不同的地方条件,其状况涉及各种各样的地方问题,我们要求就救济问题展开进一步辩论。[16] 考虑到判决对于全国的重要意义,我们邀请合众国司法部部长以及所有要求或允许种族歧视的州的司法部部长,就这个问题提出看法。各方当事人、合众国,以及佛罗里达州、北卡罗来纳州、阿肯色州、俄克拉荷马州、马里兰州和得克萨斯州,均提交了摘要并参加了口头辩论。

---

[15] 347 U. S. 483; 347 U. S. 497.

[16] 要求就本院先前提出的下列问题展开进一步辩论,347 U. S. 483, 495 - 496, n. 13:"4. 假设判决公办学校的种族隔离违反了第十四修正案,(a)是否有必要据此命令:在正常的地理学区范围内,黑人儿童应当即可被录取到他们所选择的学校,或者(b)本院是否有必要行使衡平的权力,允许从现行的种族隔离体制切实地、逐步地调整为不再基于肤色区分的体制? 5. 基于与问题4(a)和4(b)相同的假设,并且进一步假设本院为问题4(b)所述的目的而行使衡平的权力,(a)本院在这些案件中是否应当制定详细的命令;(b)如果是,命令应当涉及哪些具体的问题;(c)本院是否应当任命一位特别负责人(special master)听取证据,以便就这些命令的特定条款提供建议;(d)本院是否应当将案件发回初审法院重审,附上在这些案件中制定命令的指引? 如果是,本院的命令中应当包含哪些一般指引,初审法院应当遵循何种程序来为更细致的命令制定特定条款?"

这些报告提供了信息，有助于本院考虑向免于种族歧视的公办教育系统转型所引发的复杂问题。报告还显示，消除公办学校种族歧视的实质步骤已经推行开来，不仅是在发生这些案件的社区之中，而且在作为法庭之友的一些州，乃至其他州也如此。本次诉讼所涉及的哥伦比亚特区，以及堪萨斯和特拉华的社区，都取得了实质性的进步。来自南卡罗来纳和弗吉尼亚的案件的被告在等待本院就救济作出判决。这些宪法原则的充分执行可能需要解决各种各样的地方学校问题。教育当局对解释、评估和解决这些问题负有首要责任；法院应当考虑教育当局的行为是否一直诚信地执行占统治地位的宪法原则。由于靠近本地的情形，且未来可能仍需听审，最初听审这些案件的法院能够最好地进行这种司法评价。据此，我们认为将案件发回相应法院再审是妥当的。⑰

法院在制作命令并使其发挥效力的过程中，应当受到衡平原则的指引。传统上，衡平的特点在于创设救济时的务实灵活性，⑱以及调整和协调公共和私人需要的能力。⑲ 这些案件需要践行这些衡平权力的传统特性。需要考虑的是原告在不被歧视的基础上尽可能快地被录取到公办学校的个人利益。为了实现这一利益，可能需要阻止学校系统转型的各种障碍，使其按照我们在 1954 年 5 月 17 日所宣示的一系列宪法原则运作。衡平原则指导下的法院可以适当考虑公共利益，它意味着全面切实地消除这些障碍。然而毫无疑问的是，这些宪法原则的有效性不得仅因对其持有异议而被放弃。

在赋予这些公共和私人考量以权重时，法院应当要求被告迅速且合理地起步，向着充分遵守本院 1954 年 5 月 17 日的判决迈进。一旦这一起步完成，法院可以认定：有效实施判决需要额外的时间。被告有义务证明，额外的时间对于公共利益是必要的，且符合在可能的最短期限内诚信履行判决的需要。为此，法院可以考虑与行政有关的问题，这些问

---

⑰ 从堪萨斯、南卡罗来纳和弗吉尼亚到达本院的案件，最初是根据 28 U. S. C. §§ 2281 and 2284，由地区法院 3 位法官组成的法庭听审的，相应地，这些案件也将发回那些由 3 位法官组成的法庭来再审。See Briggs v. Elliott, 342 U. S. 350.

⑱ See Alexander v. Hillman, 296 U. S. 222, 239.

⑲ See Hecht Co. v. Bowles, 321 U. S. 321, 329 – 330.

题源于学校设施的物理条件、学校的交通系统、人事;将学区和就学地域调整为小巧的单元,以使公办学校系统的录取决定不再基于种族;以及为解决前述问题之需而修改地方法律和规章。法院还可以考量被告所提交的任何计划,这些计划旨在应对上述问题并实现向没有种族歧视的学校系统的转型。在这个转型期内,法院将保持对这些案件的管辖权。

据此,下列判决除特拉华案外均被推翻,这些案件发回地区法院重审,其程序、判决和命令应当符合本意见,并且为了让这些案件的当事人在不受种族歧视的基础上以尽可能审慎的速度被录取到公办学校,这一决定应当是必需且恰当的。特拉华案件的判决——要求立即将原告录取到先前只有白人儿童就学的学校——根据本院在 1954 年 5 月 17 日的意见所宣示的原则获得维持,但是该案发回特拉华最高法院重审,以履行本院在本意见中认为必要的进一步程序。

此判。

The Verdict of Brown v. Board of Education of Topeka, 347 U. S. 483, 1954

The U. S. Supreme Court *Yan Tian*(*translator*)

Abstract: The U. S. Supreme Court ruled on the case of *Brown v. Board of Education* twice in 1954 and 1955 respectively. The case is a milestone in the history of American constitution. It catalyzed the Civil Rights Movement which finally destroyed the racial segregation system. The case also marks the beginning of a new era of judicial activism. It reshaped the role played by the Court in social change, and redefined the relationship between the judiciary and other branches, the federal government and the states, and the state and the citizens. The case also generated a comprehensive academic discussion which set the agenda and the pattern of modern American constitutional scholarship.

Key Words: the U. S. Constitution, equal protection, racial segregation

法国教育法规法典化的经验及启示*

刘　玥**

摘　要:21 世纪初,法国为简化和明确教育法规、稳定教育法治环境颁布了教育法典,该法典在世界教育法规法典化经验中极具代表性,对进一步完善我国教育法制体系有极大的借鉴意义。对《法国教育法典》编纂的背景历程和体系内容进行梳理,可以对其有较为全面的认知,并从中总结其成功编纂主要得益于中央政府的全力支持、丰富的经验技术贡献以及实用主义编纂思路推动。教育法规法典化是推进我国全面依法治教的有利之举,但同时也要正视法典本身的限制,可以在借鉴经验并结合国情的基础上对法典编纂所涉及的价值位阶、内容范围、模式体例等主要问题进行科学规划,充分发挥教育法典的作用。

关键词:法国　教育法规　教育法典　法典化

我国目前已经形成了"五个层次、六大部门纵横

* 本文系 2018 年国家社科基金重大项目"当代中国国家治理中的规范协同问题研究"(项目编号:19ZDA155)研究成果。

** 刘玥,华东师范大学法学院博士研究生,研究方向:法理学、教育法学。

交错,百余种法律法规填充其中"①的较为成熟的教育法制体系,同时也伴随出现了规范碎片化倾向,不可避免影响着教育法治实施的效率,因此国家提出要"加快完善教育法律制度体系"的要求。法典作为制度文明的显赫篇章、治国治法的要途要径,②具有高度体系化、逻辑一体化、实践高效化的优异特性,如能实现教育法规法典化对解决我国教育法制体系缺乏整体设计的问题而言意义非凡。基于此,学界开始了对教育法规法典化的研究,主要分为必要性和可行性研究以及法典的编纂构思研究两大类,但总的来说起步较晚、数量不多。③ 目前的研究主要以本土经验为主,鲜见域外经验,即便有也仅是顺带提及、散见各处,并未有针对某一国教育法典进行的较为全面的介绍或借鉴。④ 本文拟对《法国教育法典》展开研究,一方面,可以对该主题的域外经验研究起到一定的补足作用;另一方面,该法典由拥有丰富而成熟法典编纂经验的法国历时近10年完成,在世界各国教育法典中极具代表性,对其进行法律移植类研究十分必要。

一、法国教育法典的编纂背景与历程

如果说19世纪是欧洲法典编纂的黄金时期,出现了诸如《法国民法典》和《德国民法典》等举世闻名的法典,那么20世纪就是法典编纂的新时代,法典被认为可以发生在每一个法律领域。⑤《法国教育法典》就

---

① 参见秦惠民、谷昆鹏:《对完善我国教育法律体系的思考》,载《北京师范大学学报(社会科学版)》2016年第2期。

② 参见周旺生:《法典在制度文明中的位置》,载《法学论坛》2002年第4期。

③ 截至2021年4月21日,在中国知网以"教育法典"为主题,以"CSSCI"为来源类别搜索,共获文章9篇,其中直接相关的仅6篇,最早的一篇发表于2019年。

④ 例如,提及哪些国家已经拥有了教育法典,参见童云峰、欧阳本祺:《我国教育法法典化之提倡》,载《国家教育行政学院学报》2021年第3期;或对域外教育法典中的部分内容进行研究,参见黄硕:《法国高等教育立法的新近发展及其对中国高校治理的启示》,载《复旦教育论坛》2019年第3期。

⑤ See Van Reenen, T. P, *Reflections on the Codification of South Africa Environmental Law (1): General Considerations*, Stellenbosch L. Rev., 5, 1994, p. 214 - 231.

在这一时期应运而生。

第二次世界大战后,法国成立了高级委员会专门负责研究法律法规文本的编纂和简化工作,这种行政性质的编纂为法典赋予了简单的监管价值,但先前的法律并不会因此被废除,故而在后期引起了法律适用上的不确定性。到法国第五共和国时期,官方开始有意识地在不修改法律的情况下合理地对现有法律进行分组编纂。通过1989年第89-647号法令,法国又重新设立了一个高级编纂委员会,委员会将不同类型法典的编纂责任委托给相应的政府部门,目的是通过法典的形式将同一领域所有分散的条款予以汇总,进而简化和明确法律。这样制定出的法典由议会予以通过后,先前的法律条款就会因为新法典的颁布而宣告废除。这一立法思路的改变为法典编纂工作注入了新的活力,也标志着法国法典的编纂过渡到了一个崭新的时代。

对于编纂教育法典而言,除了回应高级编纂委员会的要求外,还有更为现实的理由。第一,当时法国的教育法规数量过于庞大。由于法国在过去的几十年里一直处于战争和政权更迭的动荡环境中,立法活动的开展无法满足正当程序的需要,常常是时用时立,导致法律的设立混乱不堪。当时法国教育领域有将近120项立法,其中19世纪后半叶通过的十几项法律(特别是第三共和国初期共和学派的主要创始法律)被全部或部分废除,继而被分散成约千条法律条文。⑥ 第二,教育法规内容的适用模糊。大量教育法规的存在难免出现条文间的彼此重复现象,再加上法国政权经历多次更替,在不同的政治背景、政权体制下制定的教育法规也会有相互矛盾的情况,进而形成特别复杂的立法结构,且除了1956年的《职业教育法典》(该法典并未通过实施)尝试,教育领域的法规从未得到过编纂。⑦

---

⑥ Rapport n° 140 (2002 - 2003) de M. Philippe RICHERT, *fait au nom de la commission des affaires culturelles*, déposé le 22 janvier 2003. Accessed Aug 10, 2020. https://www.senat.fr/rap/l02-140/l02-140_mono.html.

⑦ Rapport n° 140 (2002 - 2003) de M. Philippe RICHERT, *fait au nom de la commission des affaires culturelles*, déposé le 22 janvier 2003. Accessed Aug 10, 2020. https://www.senat.fr/rap/l02-140/l02-140_mono.html.

为了改进当时法国教育法规，推动教育秩序稳定化，1991 年年初，时任国民教育部长决定制定教育法典。同年 4 月，法国国家教育法律事务部成立了专门的教育法典编纂团队，由国家教育局监察长担任负责人；1994 年 3 月，高级编纂委员会通过了教育法典的编纂计划；1994 年 12 月至 1995 年 11 月，委员会对教育法典所设的九卷内容陆续进行审查；1996 年 3 月到 12 月，教育法典草案经过部际磋商；1996 年 12 月至 1997 年 7 月，法国国务委员会对教育法典草案展开内部审查并以大会形式发表意见；1997 年 7 月 30 日，与教育法典立法部分（Partie Législative）有关的草案被提交至国民议会办公室。⑧ 按照传统，法典的编纂不得对现有法规进行实质性修改，只能进行措辞的更新以及对默示废止和过时规定失效的承认，通过框架建构和法规选择使法典保持先进性和内部协调一致。尽管已耗时七年多的时间，期间也经过了一系列的审查和磋商等核检过程，但国民议会委员会仍然决定不予通过该草案。不予通过决定的理由是：首先，国民议会委员会下属的文化、家庭和社会事务委员会在审议时发现教育法典草案仍然存在太多参考错误、遗漏、文本复制得不完善、动词时态不一致、术语过时甚至拼写错误等问题，由此认为需要对草案文本进行充分的法律及其附属法规更正。⑨ 其次，在法典体系框架设计上，教师工会认为私立教育的有关规定存在一定逻辑问题。⑩ 事实上，这一时期除了教育法典外，诸如环境、商业等法典的制定程序也都停滞在国民议会审议这一环，出现了一个大范围的法典编纂中断期。

为了打破僵局，同时也因为草案在此期间得到了较为妥善的修改和

---

⑧ Rapport n° 140 (2002 – 2003) de M. Philippe RICHERT, *fait au nom de la commission des affaires culturelles*, déposé le 22 janvier 2003. Accessed Aug 10, 2020. https://www. senat. fr/rap/l02 – 140/l02 – 140_mono. html.

⑨ Rapport n° 140 (2002 – 2003) de M. Philippe RICHERT, *fait au nom de la commission des affaires culturelles*, déposé le 22 janvier 2003. Accessed Aug 10, 2020. https://www. senat. fr/rap/l02 – 140/l02 – 140_mono. html.

⑩ Rapport n° 140 (2002 – 2003) de M. Philippe RICHERT, *fait au nom de la commission des affaires culturelles*, déposé le 22 janvier 2003. Accessed Aug 10, 2020. https://www. senat. fr/rap/l02 – 140/l02 – 140_mono. html.

完善,1999年12月16日法国议会出台第99-1071号法令,采取委任立法的方式授权政府一次性通过包括教育法典、商业法典、环境法典等在内的9部法典的立法部分。2000年6月15日,法国政府发布第2000-549号法令宣布通过教育法典立法部分,并废除了已被编纂的119份前立法案文。其后,法国教育部继续进行法典行政法规部分(Partie Réglementaire)的编纂工作,从2004年第一卷到2015年第九卷,再到2018年通过与技术大学有关的规定,法典行政部分也逐渐成形。目前,《法国教育法典》仍在以法令的方式通过增添、废除、替换等多种手段不断更新修订,以保持内容的先进性和体系的稳定性。

二、《法国教育法典》的体系与内容设置

《法国教育法典》分为立法与行政法规两大部分。立法部分条文的序号前标为L(法律),行政法规部分条文的序号前标为D(一般法令)或R(国家行政法院法令),且两部分的序号标记顺序是一致的,从111起到974结束。其中立法部分包含九个层级,从高到低依次为"部分"(Partie)—"卷"(Livre)—"编"(Titre)—"章"(Chapitre)—"节"(Section)—"分节"(Sous-Section)—"段"(Paragraphe)—"分段"(Sous-paragraphe)—"条文"(Article),基本满足了条理清晰、分类细致的法典立法需求。

法国宪法委员会认为法典编纂的目的是回应宪法价值的目标,即实现法律的可及性和可理解性,以允许公民行使和维护自己的权利。[11] 基于此初衷,再加上教育法典本身内容繁多,因此法典设有具体到"编"的目录索引以方便查找。法典立法和行政法规两部分体系框架基本相同,这里只选择立法部分进行介绍。以层级上的"部分"为划分,《法国教育法典》立法部分主要内容如下:

---

⑪ Henri Peretti, *Le Code de l'éducation*, Education & management, 6, 2002, p. 74.

部分	卷	编
总则与共同条款	教育总则	受教育权的一般规定、针对残疾儿童和少年以及学前儿童教育的专门规定(第一编);教育的目标和任务、职业教育的课程和期限(第二编);义务教育、免费公立教育、幼儿园和中小学生的接收(第三编);公立教育的世俗主义(第四编);教育自由(第五编)
	教育行政管理	国家权能、市政权能、各相关部门权能、各地区权能、地方政府的共同管辖权(第一编);中央行政服务系统、学校服务系统(第二编);高等教育委员会、高等计划委员会、全国高等教育与研究理事会、高等教育机构负责人会议、国家学术委员会、国家教育委员会、国家和地方大学机构的共同规定、职业教育咨询机构、农业教育咨询机构、其他咨询机构、国民教育和高等教育督导员(第三编);教育检查和评估任务的实施、学校评估委员会、对科学、文化和职业公共机构的评估(第四编)
中小学教育	中小学教育组织	特定教学科目的规定、信息与指导、教学研究和实验(第一编);小学教育的规定(第二编);中学教育的规定、初中和高中教学的具体规定、业士学位规定、技术及职业培训的通用规定和专门规定(第三编);农业教育、海事教育(第四编);残疾儿童和青少年的教育及职业培训(第五编);艺术和体育教育机构培训(第六编)
	中小学教育机构	幼儿园和小学的组织和运作、寄宿制小学有关规定(第一编);地方公立和私立中学教育机构的组织和运作、公立中学学校团体、职业学校、军事中学(第二编);学徒培训中心(第三编);私立学校的开设、国家与私立教育机构的关系、私立技术教育机构、提供远程教育的私立学校、教育辅导机构(第四编);法国海外教育机构、法国驻德国部队的教育机构、安道尔公国的法国教育机构(第五编);艺术与体育专业培训学校(第六编);广告和刑事处罚的通用规定(第七编)
	中小学学校生活	学生的权利和义务(第一编);学校有关时间和空间的组织(第二编);助学金和国家奖学金、返校津贴、地方政府给予的教育援助(第三编);卫生健康(第四编);课外活动、体育活动(第五编)

续表

部分	卷	编
高等教育	高等教育组织	教学组织共同规定、高等教育课程、大学学位及称号、高等教育的规划与发展(第一编);大学法律、政治、经济与行政、科学技术、文学、语言、艺术以及人文社科、体育课程的规定,教师和教育工作者的培训(第二编);卫生教育共同规定、医学教育、药物学教育、口腔学教育、助产学教育、其他卫生教育(第三编);技术教育共同规定、长期技术培训、短期技术培训(第四编);大学以外的学院和学校的培训、高等师范学校的培训、大型机构的培训(第五编);大学的研究(第六编);公立农业和兽医高等教育、建筑学教育、商科教育、国家矿业学校教育、高等军事学校教育、卫生和社会学校教育、海事学校教育(第七编)
	高等教育机构	公共科学、文化和职业机构创立和自治有关的原则、大学的职能、大学的组成、大学以外的高等学校和机构、高等师范学校、大型学校、域外的法国学校、学校合作与分立、其他共同规定(第一编);高等国立教育学院的任务和组织、国家和有关部门对教师培训机构、高等师范学院、教育机构和国家高等师范教育机构的权利和义务、有关学校工作人员适应和融合学校的培训机构的任务和组织(第二编);私立高等教育机构的设立、国家与私立非营利高等教育机构之间的关系(第三编);有关在高等教育部长的督导下具有行政性质的高等教育机构(第四编);农业和兽医高等教育学院、建筑学院、商学院、司法部、内政部、工业部、可持续发展部、能源部和体育部下属的机构、军事高等学院、卫生与社会学院、国家高等海事学院、国家政治科学基金会、表演艺术和造型艺术领域的艺术创作高等院校、电影和视听传播领域的艺术创作高等院校的规定(第五编);公立和私立机构通用规定、公立机构间的通用规定(第六编)
	大学生生活	公立高等教育服务享有者的权利和义务(第一编);助学金、学术成果(第二编);学生的健康和社会保护(第三编);学术、体育和文化活动的规定(第四编)

续表

部分	卷	编
人事制度	教育人事	教学人员、行政人员、技术人员、工人、社会人员、卫生和服务人员、私立教育机构人员、国家公立教育机构人员、助教、残疾学生陪护者(第一编);初等教育从业人员(第二编);中等教育从业人员、咨询人员、监事、职业培训中心人员、继续教育人员(第三编);检验和管理人员(第四编);高等教育人员间的共同规定、教学—研究员、工程员、行政人员、技术人员、工人和服务人员(第五编);农业教育人员、建筑教育人员、艺术教育人员、舞蹈教育人员、体育活动教育人员、海事教育人员(第六编)

法国教育法典立法部分的结构被划分为四个层级,除总则与共同条款部分外,划分依据主要是教育行为的不同阶段,分为中小学教育和高等教育,并把这两阶段教育所涉及的规制内容主要划分为组织、机构和生活三部分。而人事制度部分虽属于教育行为参与主体的领域,但因其在各教育阶段的规定并没有本质区别,为避免立法重复而单独被设为一个部分。对内容而言,因为结构划分科学得当且层级精细深化,《法国教育法典》立法部分内容较为全面而翔实,且其对培训机构、残疾学生陪护者等的规制都体现着立法的先进性和精致性。同时,《法国教育法典》在内容上又不过分追求规范与教育有关的一切法律内容,编纂者通过使用很多准用性规则一方面来缓释法典内容可能会过于饱满的压力;另一方面也避免压缩其他法律的存在空间。

此外,文本中还有一个值得注意的预立法现象。预立法部分虽然设置了主标题,但并没有具体内容,像第二卷第二编的"中央行政服务系统"、第四卷第三编"学徒培训中心"等部分的规定均为空白。这可能出于立法经验不足或领域内暂未出现可以加以规制的法律纠纷类型等原因,导致《法国教育法典》编纂团队目前并未对该部分内容进行具体设定,只先将其纳入教育法典的规制之中。

三、《法国教育法典》成功编纂的主要因素

新事物的产生要顺应时代发展的脚步并以壮士断腕般的决心与旧事物进行切割,法律的变革尤甚,需要满足诸多条件。国内外学界对法典编纂可行性的探讨繁多,得出的结论也不尽相同。许多国家也曾或正在进行教育法规法典化的思考乃至实践,但《法国教育法典》无疑是其中翘楚,是尝试或探讨教育法规法典化不可绕过的研究对象。总的来说,《法国教育法典》得以成功编纂的主要原因如下:

(一)中央政府的全力支持

《法国教育法典》的成功编纂自然离不开法国政府的推动,其过程也体现着较为浓厚的国家主义的立场。国家主义是近代兴起的一种政治学说,强调国家的一元化统治,使国家意志贯穿于全部的社会活动,保障国家政令、法令的统一与权威,并在各项事务中优先考虑国家利益、社会利益,个人利益和要求也应当服从国家需要。[12]《法国教育法典》编纂中的国家主义立场主要体现在以下几个方面:第一,法典化就其本质而言,是一项主权者的行为,其目的在于消除法律渊源的混乱状况,实现立法的"国有化"。[13] 立法工作是一个高度依赖国家权力的活动,立法权本身作为国家权力的一极,容易成为权力话语贯彻自身意志的手段。[14] 教育法规法典化需要巨大的人力、物力支持,还要面临不小的反对阻力与失败风险,只有中央政府才能有如此能力整合资源支撑这项工作。且在20世纪末法典编纂处于停滞之时,也是中央政府决定打破僵局,打包通

---

⑫ 参见于浩:《共和国法治建构中的国家主义立场》,载《法制与社会发展》2014年第5期。

⑬ Frédéric Zenati-Castaing, *L'avenir de la codification*, Revue internationale de droit comparé, Année 63, 2011, p. 366. 转引自石佳友:《解码法典化:基于比较法的全景式观察》,载《比较法研究》2020年第4期。

⑭ 参见于浩:《当代中国立法中的国家主义立场》,载《华东政法大学学报》2018年第5期。

过了包括教育法典在内的诸多法典，使法典的编纂不再过分囿于编纂程序的条框。第二，《法国教育法典》编纂中的构建理性主义。国家主义意味着国家常借助国家权力实现自身理性，包括对立法的高度信赖和依靠。[15] 在《法国教育法典》编纂工作伊始，专门的编纂团队在高级编纂委员会的指导和法典编纂总体要求之下制订了较为详细的编纂计划，这种计划体现着在整体主义思维下主导的建构理性主义，即希望通过制定基本详备的规划来推进法典编纂，并在可预见的合理期间实现既定的编纂目标。[16]

（二）经验传承与技术贡献

首先，法国法典编纂的历史经验传承为教育法典的制定提供有力借鉴。[17] 从15世纪开始，法国皇室成员就已经试图收集并减少各种法律和习俗；1789年人权宣言颁布后，统一民法成为革命的基本要求，到18世纪末法国已经开启了民法典编纂项目，但政治的动荡导致民法典的完整起草条件不能得到满足。[18] 直到拿破仑命令四位法学专家开始起草完整的民法典，经过四年的起草、审核和修改，于1804年颁布《法国民法典》。至此之后，多国民法典乃至其他部门法的法典编纂都会或多或少地参考借鉴《法国民法典》的相关经验。[19] 同时，它也成为学者研究法典问题所最常被提及的一部经典。这样的宝贵经验使法国在后续教育法典的编纂中更具优势，也因为民法典所取得的瞩目成绩，为后续法典编纂工作的开展提供了有力支撑。

《法国教育法典》的成功编纂也离不开专业编纂人员的辛劳付出和精湛技术。旧有教育法规内容庞大、制定混乱，需要进行抽丝剥茧般的

---

⑮ 参见于浩：《当代中国立法中的国家主义立场》，载《华东政法大学学报》2018年第5期。

⑯ 参见于浩：《当代中国立法中的国家主义立场》，载《华东政法大学学报》2018年第5期。

⑰ 参见周旺生：《法典在制度文明中的位置》，载《法学论坛》2002年第4期。

⑱ *Naissance du Code civil des Français.* Accessed Aug 10, 2020. https://www.gouvernement.fr/partage/9056 – naissance-du-code-civil-des-francais.

⑲ 参见[美]庞德：《法典编纂的源流考察：以民法典的编纂为主要视角》，汪全胜译，载何勤华主编：《全国外国法制史研究会学术丛书——20世纪外国民商法的变革》，法律出版社2004年版。

整理,工作量不可不谓之大;法典编纂需要对教育法制从内容上进行选择、从框架上进行设计、从逻辑上进行串联,这需要编纂者们拥有极强的教育法知识背景乃至实践经验,有宏大的法典编纂格局。此外,编纂人员还需要有同法典审查、表决等有关部门和相关个人进行有效科学沟通和对社会批评或建议及时得体回应的能力等。这些工作都对专家们的编纂技术和团队合作能力提出了超高要求。

(三)实用主义编纂思路推动

法典和法典编纂可以采取不同的风格和选取不同的理论基础,这就可以使它们不至于成为僵化的东西,而可以尽可能适合各国和各民族法律制度建置的需要,[20]这一定程度上体现了实用主义的编纂思路。进一步说,实用主义编纂思路注重解决实际问题、强调降低立法成本、注重立法程序意义上的可能性。[21]《法国教育法典》的编纂就体现着较强的实用主义立场,以下两种法典"问题"表现可以作为论证:第一,正如第二章所说,《法国教育法典》存在着部分预立法现象,这在一定程度上可以视为法国尚未具备编纂教育法典的成熟条件,诚然不能要求在法制不存在任何空白的情况下才能进行法典的编纂,但在编纂时就很明确需要纳入且并不复杂的内容可以先予制定后再编入。第二,《法国教育法典》颁布后历经大量修订,据统计仅在2006~2016年的修订就多达417次,[22]这也说明该法典在全面性和前瞻性上有很大的完善空间。法国作为有着深厚法典化经验传承的国家,其专业的编纂团队对上述问题应当有所关注,但没有对此作出过多调整,究其原因,法国需要的是尽快出台一部推进教育法制体系进一步完善的法典,而不是力图编纂一部在普适意义上相对完美的法典。这种实用主义的法典编纂思路减少了论证的摩擦,降低了法典编纂久拖不决乃至失败的风险,提高了编纂效率,且从出台后的情况来看,《法国教育法典》并未因其"不完美"而失去其现实

---

[20] 参见周旺生:《法典在制度文明中的位置》,载《法学论坛》2002年第4期。

[21] 参见王竹:《民法典起草实用主义思路下的"债法总则"立法模式研究》,载《四川大学学报(哲学社会科学版)》2012年第3期。

[22] *Code de l'éducation.* Accessed Aug 10, 2020. https://www.legifrance.gouv.fr/Droit-francais/Codification/Tables-de-concordance/Code-de-l-education.

价值，法国的教育法治运行状况也因其变得更为和谐。

四、法国教育法典化对我国的启示

国家间立法环境大有不同，我们当然无法也不必复刻法国教育法典的成功编纂经验，不过却可以从中剥离出能为我国教育法制完善和教育法规法典化研究所用的共性经验。

（一）法典化是推进全面依法治教的有利选择

法国编纂教育法典的根本初衷就是保障国家教育法治良性运行。《法国教育法典》编纂之前的教育法制条文数量繁多、内容琐碎、缺乏连贯性，无法满足法制所必须提供的便利性和明确性，导致法律实施的恶性循环。基于知识的匮乏和信息的模糊，民众在遇到相关法律问题时往往不得不购买法律服务，但面对迷宫般的立法，尽管是专业的法律服务提供者与裁判者也要花费大量时间精力去寻找和适用法律规定，因此法律服务报价甚高，司法官员裁判成本巨大。在这种循环链条中，参与诉讼的三方主体都面临着双重的压力：当事人挣扎于破财免灾还是知难弃权，法律服务者纠结于赔本赚吆喝还是无案可做，裁判者迷茫在草草结案还是辛劳捍卫“迟到”正义。最终结果显然是无法兼顾教育法治的普遍性、高效性和公正性，教育法制变成一种极为尴尬的存在。通过法典化，法国教育法制被重新梳理，最终以一定的逻辑顺序被纳入统一的体系之中，各种规范更为明确，查找使用更为便捷，最终法国的教育法治运行也更为高效。在我国，为实现全面依法治教需要构建完善的教育法律与制度体系，加强教育系统法治观念，明确法定权力与责任、权利与义务，通过法国经验表明进行教育法规法典化对实现这一目标可以起到积极作用。

（二）正视法典本身的限制与不足

进行法典化改革并不意味着一劳永逸。首先，法典不是无所不包的。最大限度保留和继承旧制度下优秀法律成果的法典只能在内容上保证尽可能地完善,却无法做到完美,更无法解决所有可能出现的争议。[23]《法国教育法典》自然也并非细致全面,它更像一个框架性的组合,且存在大量准用性规范和预立法内容,这都意味着单行法将继续存在,解法典化趋势在所避免。其次,法典难以伴随社会的进步。正如拉德布鲁赫在谈到《德国民法典》时所委婉陈述的:"凡是大的立法成就,经常也同时带来一种法律发展的短暂平静。在杰出和统一的建筑上,人们会对进行妨害其风格的改造犹豫不决。"[24]尽管法典的稳定性可以对社会关系的存在和发展发挥极大的制度固化作用,但这种稳定也可能甚至必然会使法典的某些规定在迅速发展的实际生活面前表现出落后于实际生活甚或阻碍实际生活的保守症状。[25]但法典不完美不是我们拒绝法典化的充分必要条件,我们要对法典抱有合理的现实期待,以缩小实然与应然间的落差,更高效地展开编纂工作,同时在后续的编纂过程中针对局限或问题作出积极应对。

(三)制定科学的编纂规划

法典编纂对中国乃至世界各国而言都绝非易事,我国民法典编纂就曾历经4次尝试。当下我国仍处于法典编纂进程的初期,需要开展大量前期准备和论证工作以尽可能避免问题出现,减少法典本身的限制。这些背景和要求都使教育法典前期的编纂规划一定要科学有效。通过对《法国教育法典》以及相关法典编纂研究进行梳理,本文认为教育法典的编纂规划至少要科学处理以下三个方面的问题:

1. 价值位阶的选择。法律制度的生成、法律规范的设计均以一定的价值判断为依归。[26]法律价值表示的是法律对法律主体的需要的满足,主体的需求是多元的,因而规范体系中的价值也是多元化的,会受到国

---

[23] 参见朱明哲:《从19世纪三次演讲看"法典化时代"的法律观》,载《清华法学》2019年第3期。

[24] [德]拉德布鲁赫:《法学导论》,米健、朱林译,中国大百科全书出版社1997年版,第71页。

[25] 参见周旺生:《法典在制度文明中的位置》,载《法学论坛》2002年第4期。

[26] 参见朱庆育:《寻求民法的体系方法——以物权追及力理论为个案》,载《比较法研究》2000年第2期。

家政治、经济、文化等环境的影响,且必然存在层次上的高低之分。论证并明确教育法典的价值位阶,建立各价值间的和谐联动关系是编纂工作的基础性任务。《法国教育法典》的价值在第一卷便得到了较为清晰的展示。

2. 内容范围的设定。内容范围的划分既要满足法典确定性、稳定性与开放性的要求,避免大杂烩式的法律汇编,又要经受住社会变迁的挑战并与其他法渊源进行有机衔接。此外,编纂时也要具备部门间合作的全局视野,因教育法典不能也不需要在每个与教育相关的领域达到彻底的全覆盖,所以给予其内容一定的开放性和部门间的联动性也非常重要,[27]像《法国教育法典》中的预立法就会在一定程度上保全法典的完整性,也避免日后该内容被单独立法造成解法典化威胁,而准用性规则的出现则体现了部门法间的联动。

3. 模式体例的建构。构成法典的内容以什么形式被整合、以什么标准进行分类和排序,便是法典的模式和体例问题,这也关系着法典的稳定性。针对模式问题,当前法典编纂模式主要有两种:一种是通过创制一套互相耦合的规则来系统化地革新法律秩序的实质编纂。另一种是仅针对现行法进行类型化的重述与汇集的形式编纂。[28] 关于体例问题,《法国教育法典》在立法部分主要按教育的不同阶段进行划分,再加上最后中小学教育和高等教育两阶段共有的教育人事制度规定。这种按教育阶段分类的方式使索引高效且同时在一定程度上解决了排列顺序的问题,对我国的教育法典编纂体例提供了良好的借鉴。

五、结语

《中华人民共和国民法典》的出台给予了我国法制极大的冲击和自

---

[27] See Weiss, G. A, *The Enchantment of Codification in the Common-Law world*, Yale J. Int'l L., 25, 2000, p. 435 – 532.

[28] See Bergel, J. L. *Principal Features and Methods of Codification*, La. L. Rev., 48, 1987, p. 1073 – 1097.

信,也让我国法制发展迎来了一个法典化的蓬勃时期。本文对《法国教育法典》这一世界经典教育法典展开研究,可以给予我国教育法规法典化以积极的启示。当然,仅对《法国教育法典》进行研究和借鉴对推进我国教育法规法典化来说是远远不够的,一个高质量的教育法典应当体现世界性、民族性和时代性,既要吸纳普适的教育法规则,又要回应本国教育领域的法律需求,还要彰显时代的特色,㉙因此后续还需要对我国教育法规法典化问题展开更为全面而深入的探讨。

On the Experience of Codification of French Education Laws and Its Enlightenment to China

Liu Yue

Abstract: At the beginning of this century, France formulated the *Education Code* in order to simplify and clarify education laws and stabilize the legal environment of education. This Code is very representative of the world's experience in codifying education laws and has great reference significance for further improving China's education legal system. To sort out the codification background, process, style and content of the *Education Code* of France, we can have a more comprehensive understanding of it, and conclude that its successful codification is mainly due to the full support of the central government, rich experience and technical and realistic codification strategy. It is a favorable move to codify education laws to promote the comprehensively managing of education with laws in China, but at the same time, we must face up to the limitations of the Code itself.

㉙ 参见谢鸿飞:《〈民法典〉制度革新的三个维度:世界、中国和时代》,载《法制与社会发展》2020 年第 4 期。

Drawing on the Education Code of France based on the actual situation of China to make a code codification plan on the value hierarchy, content range and model style, and then give full play to the role of the education code.

Key Words: France, education laws, education code, codification

《法学教育研究》稿约

《法学教育研究》创办于2009年,是国内较早系统关注法学教育研究的专门性学术出版物,由西北政法大学高等教育研究所主办、法律出版社定期出版。2017年起本书每年出版4卷,现已入选南京大学CSSCI来源集刊。

宗旨:本书恪守科学性、实践性、创新性、开放性原则,集中出版法学教育教学研究成果,探索法学教育教学规律,促进法学教育事业的发展。

主要栏目有理论探讨、教学研究、比较研究、教材体系、管理经纬、学问人生、教育法制、法务反哺、法学资讯、书评等。

《法学教育研究》致力于搭建高水平的学术探讨平台,所有来稿均以学术价值为遴选标准。敬请作者来稿时提供:(1)中英文题目及作者姓名,标题尽量确切、简洁;(2)中英文摘要(不超过200字);(3)中英文关键词(3~5个);(4)作者简介(含姓名、工作单位、职称、学历学位、研究方向、通信地址、邮政编码、联系电话、电子邮箱),如果来稿系作者承担的省级以上科研基金项目,请注明项目名称和编号;(5)正文;(6)注释。

注释是对文内某一特定内容的进一步解释或补充说明。用①②③……数字标注序号,采用每页脚注整篇连续编号形式。著作类包括"序号,著者:《书名》,出版社出版年,起止页码";论文类包括"序号,作者:《题目》,载《报刊名》出版日期或期号"。

声明:《法学教育研究》已许可中国学术期刊(光盘版)电子杂志社在中国知网及其系列数据库产品中以数字化方式复制、汇编、发行、信息网络传播全文。《法学教育研究》已许可北大法宝法学期刊数据库以电子形式对本书进行制作,以不脱离于数据库的形式进行传播和销售;《法学教育研究》被北京万方数据股份有限公司、万方数据电子出版社数据库收录,相关著作权使用费和稿费一并支付;《法学教育研究》已被维普网全文收录。如无特别说明,作者提交文章发表的行为即视为同意上述声明。

本书的微信公众号为 fxjyyj-xfd,定期发布相关信息,敬请关注,官方网站为 http://ler. nwupl. cn/。本书的网络采编系统现已开通,网址为 http://fxjy. cbpt. cnki. net,请通过网络采编系统投稿。

联系方式:

E-mail:fxjyyj@126. com

电话:029 - 88182796

地址:西安市长安区西长安街 558 号

西北政法大学长安校区 80 号信箱

邮编:710122

图书在版编目(CIP)数据

法学教育研究. 第35卷 / 杨宗科主编. -- 北京 : 法律出版社, 2021
ISBN 978-7-5197-6615-3

Ⅰ. ①法… Ⅱ. ①杨… Ⅲ. ①法学教育-研究-中国 Ⅳ. ①D92-4

中国版本图书馆CIP数据核字(2022)第058145号

法学教育研究(第35卷)
FAXUE JIAOYU YANJIU (DI-35 JUAN)

杨宗科 主编

责任编辑 孙东育 曲 杰
装帧设计 李 瞻

出版发行 法律出版社
编辑统筹 学术·对外出版分社
责任校对 裴 黎
责任印制 陶 松
经 销 新华书店

开本 710毫米×1000毫米 1/16
印张 20.75 **字数** 281千
版本 2021年12月第1版
印次 2021年12月第1次印刷
印刷 北京虎彩文化传播有限公司

地址:北京市丰台区莲花池西里7号(100073)
网址:www.lawpress.com.cn
投稿邮箱:info@lawpress.com.cn
举报盗版邮箱:jbwq@lawpress.com.cn
销售电话:010-83938349
客服电话:010-83938350
咨询电话:010-63939796

书号:ISBN 978-7-5197-6615-3
定价:88.00元